STRATEGY OR ARBITRAGE

战略与套利

海外中概股回归与上市之路

张立洲 乔加伟◎著

中信出版集团·北京

图书在版编目（CIP）数据

战略与套利：海外中概股回归与上市之路 / 张立洲，
乔加伟著 . -- 北京：中信出版社，2017.11
　ISBN 978-7-5086-8129-0

　Ⅰ . ①战⋯　Ⅱ . ①张⋯ ②乔⋯　Ⅲ . ①上市公司－研
究－中国　Ⅳ . ① F279.246

中国版本图书馆 CIP 数据核字〔2017〕第 215931 号

战略与套利：海外中概股回归与上市之路

著　　者：张立洲　乔加伟
出版发行：中信出版集团股份有限公司
　　　　　（北京市朝阳区惠新东街甲 4 号富盛大厦 2 座　邮编　100029）
承 印 者：北京盛通印刷股份有限公司

开　　本：787mm×1092mm　1/16　　印　　张：22.25　　字　　数：260 千字
版　　次：2017 年 11 月第 1 版　　　　印　　次：2017 年 11 月第 1 次印刷
广告经营许可证：京朝工商广字第 8087 号
书　　号：ISBN 978-7-5086-8129-0
定　　价：69.00 元

目录
CONTENTS

I

第八章

利弊之辩： 市场冲击与政策取向 251

第九章

重温经典：分众传媒回归还原　271

前言
PREFACE

战略选择与套利交易

一两年前，中概股①回归是一个炙热而广受追捧的投资主题，而此时，它却是一个充满争议而又仿佛渐失热度的复杂话题。在海外证券市场上市的中概股的回归，笔者称之为中概股的"A计划"——从海外市场回归 A 股的梦想与抉择。

过去 20 年里，中国企业在远赴海外资本市场上市的历程中，既曾经历荣耀与辉煌，也曾遭遇挫折与无奈。而当下，回归之路亦充满荆棘与坎坷，这正是摆在读者面前的这本书的主题。

在过去一段时间，随着中国经济发展转入"三期叠加"的新常态，经济增速处于持续调整之中。政府在努力"调结构"的同时，把"稳增长"作为经济工作的中心，这也是国家宏观调控的主要政策目

---

① "中概股"是"中国概念股"的简称，通常指在境外证券交易所上市的中国内地公司。已搭建海外架构而尚未登陆海外证券市场的公司则称为"中概公司"，是"中国概念公司"的简称。海外中概股、中概公司和在我国香港上市的内地公司通称为"红筹公司"。本书采用了这些定义及其内涵，但考虑到市场上的习惯表达方式，以及本书的论述重点是海外中概股，并非在港上市公司，因此笔者用"海外中概股回归与上市之路"作为本书的副书名，并在行文中按照中概股和中概公司来加以区分。海外上市的红筹公司私有化大致可分为三波：第一波是 2008~2009 年的私有化；第二波是 2012~2015 年的私有化；第三波是 2016 年以后的私有化。应该说明的是，与前两波红筹公司私有化潮流相比，2016 年以来在我国香港上市的红筹公司私有化案例越来越多，比如东鹏陶瓷、万达商业、百丽等。

IX

标。中国金融市场在保持总体相对稳定的情况下，经历了十分显著的波动。无论是 2013 年 6 月的突袭式"钱荒"，还是 2015 年股市的剧烈"震荡"，都表明中国金融市场正在经历深刻转折。

在实体经济转型期和金融市场转折期，伴随着金融监管政策的不断调整和市场可预测性的降低，中国金融领域的风险防范和投资驾驭难度也显著增加。经济金融环境的显著变迁，特别是转型过程中出现的严重产能过剩，以及传统行业衰落的趋势，都使得好的投资机会变得日益稀缺，资本开始显得过剩。

正是在这样的大背景下，过去几年中，海外上市的中概股或拟海外上市的中概公司回归成为国内市场的热点。与此相呼应的是，中国作为转型经济体和新兴金融市场，经济转型升级的迫切性，以及对传统行业衰落的担忧，使得新兴行业企业获得了空前追捧和高估值，这也成为刺激海外中概股选择回归的直接动因。

一时间，在中国投资领域，特别是在资本市场上，无论是企业经营者，还是资本投资者，都将回归的中概股视为绝佳的投资对象。然而，这场万众瞩目的资本盛宴却经历了急剧的热冷切换。回归的中概股群体中，既有承载着辉煌与荣耀的分众传媒、巨人网络等成功者，也有充满无奈与彷徨的奇虎 360 等尚在证券市场门外的徘徊者。而从政府与监管者的视角来看，过去短短两年多，既有张开怀抱欢迎回归的鼓励与热情，也有举棋不定的质疑与犹豫。众多的市场投资者则经历了从热捧到冷观，从逐富梦想到回归理性的情感变化。

站在当下这个时点，回望曾经的投资追捧热潮，审视当前的艰难局面，有必要对中概股回归做一次理性的回顾、分析与反思。这既有利于市场参与者理性看待市场中的机遇与挑战，也有利于市场监管者客观评价中概股回归，以及其对金融市场的现实影响与潜在贡献，从而修正投资思维和监管取向，为未来的投资取向和政策安排提供有益的借鉴。

在笔者看来，海外中概股回归国内证券市场作为一种企业决策，首先是基于企业发展需要和股东利益而做出的战略选择，特别是对已在海外成功上市的企业而言，选择从纽约证券交易所（简称"纽交所"）、纳斯达克等国际主流资本市场退市回归 A 股，这是企业极为重大的战略考量。

事实上，在海外上市的中概股当初远赴海外上市，最根本的原因还是 A 股资本市场无法满足企业发展的需要。在过去近 20 年的大部分时间里，海外上市成为国内企业经营成功的重要标志，也给这些企业带来了成功与荣耀。这些海外上市企业借助国际资本市场的融资便利获得了良好的发展，特别是以互联网为代表的一大批新兴企业，既获得了发展所需的资金，也在海外资本市场监管政策的影响下，形成了较为规范的治理机制和较为先进的管理理念。一些企业也借助海外上市的机会在国际市场上树立了很好的形象，打造了品牌，并将海外的新兴产业、技术、管理引入国内，由此促进了国内经济，特别是新经济的发展。

但是，海外中概股毕竟是主要业务经营都在国内的企业，海外上市的身份也给企业带来了很多困扰。基于协议控制（VIE）的架构设计，以及跨境资本管制等，都使得企业发展遇到诸多障碍。而随着海外资本市场监管政策的变化，特别是美国《萨班斯—奥克斯利法案》（Sarbanes-Oxley Act）的实施，这些企业为保持海外上市地位的成本支出大大提高，尤其是在遭遇浑水研究公司（Muddy Waters Research）等公司做空的冲击下，当初上市的再融资便利渐失，而且企业价值被低估，交投不活跃，再融资困难。因此，对比维持海外上市地位公司付出的巨大成本，于大部分中概股而言，既没有太多的利益与优势，也不再有昔日的风光与荣耀。因而，选择从海外退市回归 A 股，应该是一项明智且理性的战略选择。

客观而言，除了阿里巴巴等少数优势企业外，大部分海外中概股回归 A 股后，对其更好地融入和利用国内资本市场，增强资本实力，并借助品牌影响力的提升，促进企业发展具有战略意义。因此，从市场上看到，以分众传媒、药明康德、奇虎 360 等为代表的一大批中概股选择了回归国内。

当然，市场对中概股的大批回归也一直存在着质疑，甚至批评。一种观点认为，中概股回归主要是为了跨境、跨市场进行资本套利，尤其是在海外尚未实现上市而拆除 VIE 架构回归 A 股的暴风科技，在 A 股上市后连续 29 个交易日股价涨停，既羡煞了很多回归企业和市场投资者，也让很多人强烈质疑中概股回归的主要动机与目的。

不可否认，A 股市场作为新兴证券市场，给予上市企业的估值水平与海外成熟资本市场相比，必然会偏高一些，A 股市场整体平均 30 倍左右的市盈率要远高于纽交所以及纳斯达克市场的估值水平。因此，从海外回归的企业在登陆 A 股时，通常会获得高于海外市场的估值水平，形成赚钱效应，这是事实。客观而言，中概股选择回归 A 股，获得更高的估值应该是重要考虑因素之一，但这并不是核心因素。毕竟一家企业改变上市地，并不像做一笔普通的跨市场套利业务那么简单，没有企业能够经得起以套利为目的的频繁跨市场迁徙。

如果中概股仅仅因为国内证券市场能提供更高的估值，就选择退市回归是不客观的，也是不理性的。对企业经营者，特别是大股东或实际控制人而言，在 A 股上市并不意味着把公司彻底卖掉，毕竟长期持有和经营公司是市场主流。从这个意义上讲，回归 A 股获得更高估值固然是好事，但是贴近经营所在地市场，获得更多本土投资者认同，从而获得更友好的发展环境、更便利的融资渠道、更多客户的理解和支持，以及更多样的企业发展资源，才是中概股选择回归国内最重要的考量。

在笔者看来，海外中概股选择回归首先是企业的战略选择，也是基于企业长期发展需要而做出的理性选择，并非出于短期跨市场套利的片面投机性行为。当然，在海外市场所遭受的冷遇和困境，与 A 股市场投资热情、高估值之间的强烈对比，也成为中概股做出回归这一战略决策的推动因素。因此，将中概股回归看作短期投机套利行为的观点是有失偏颇的，更不应以"阴谋论"思维看待中概股回归。

近一段时间，一批已经回归和正在回归路上的中概股正遭遇双重"瓶颈"：一是以奇虎 360 等为代表的部分已退市回归的企业再次 A 股上市遇阻；二是因资本管制趋严，一部分计划退市或已私有化的企业，在拆 VIE 架构时遇到跨境资本流动的限制，处于比较尴尬的境地。这些问题的妥善解决尚需等待时间窗口与改革契机。但是，从更长的时期来看，我们有理由相信，上市遇阻、资本流动限制等制约因素最终都将得到解决。

对任何一个经济体和金融市场而言，潜在上市企业毕竟是重要的经济金融资源，对照当前全球主要资本市场纷纷争取"石油巨无霸"沙特阿美石油公司到本地上市，对中概股回归上市的误解，甚至质疑与冷漠，都是存有偏见或短视的。理性面对和积极引导中概股回归，坚持一视同仁的公平国民待遇原则，是解决此问题的关键。

我们期待中概股回归能够迎来新的春天！

第一章

潮起潮落：荣耀与困境

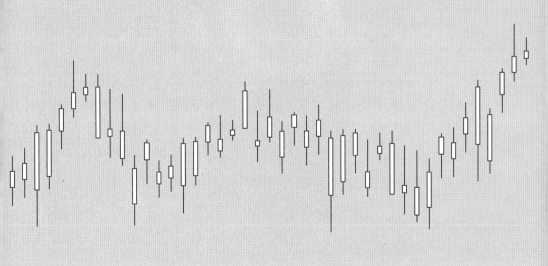

20世纪90年代末,在即将跨入新千年的门槛上,互联网热潮席卷全球,受到资本的热烈追捧。无论是在初创的中国资本市场,还是成熟的华尔街金融帝国,互联网企业都成为投资者的新宠。

正是在这样的氛围中,1997年,中华网成为中国在美国纳斯达克上市的第一股,受到了美国资本市场的青睐,其承销商是华尔街的前投行名宿——雷曼兄弟公司(Lehman Brothers)。投资者对中华网的超额认购促使承销商将发行价格区间从14～16美元上调至17～19美元,并最终于1999年7月12日以每股20美元的价格成功发行。当天,中华网股价一度达到了67美元。到2000年2月,搭上互联网史上最大泡沫"末班车"的中华网,股价高达220.31美元,市值更是一度超过50亿美元。

彼时,在中华网上市前夕,中国国内门户网站生态已初步形成"四大门户"鼎立的基本格局。在中华网成功登陆纳斯达克后不到一年的时间,其他三大门户网站——新浪、网易、搜狐也相继在纳斯达克上市。互联网公司成为第一批"攻陷"美国资本市场的中国企业,而它们有一个共同的称呼:中概股。

潮起: 赶海的企业

赶海的机遇

2013年,一部以三名北大青年创办国内某知名英语培训机构为故事原型的电影《中国合伙人》一经上映,便在国内引发了对"青春梦想"的集体回忆与思考。在这家培训机构于美国上市前夕,三名合伙人有过这样一段经典对话:

"只有我们站在纽交所挥锤的那一刻,他们(西方国家)才能真正看到你、认可你、尊重你。"

"吃完饭,我们就去攻陷美国。"

次日，"新梦想"在华尔街（纽交所）上市，成为中国第一只教育产业股。"新梦想"的上市代码、标识和巨型海报在纽约时代广场滚动播放，鼓舞人心。电影给了这一幕长长的镜头，令人印象深刻。

恰如电影所描绘的，能在美国资本市场敲钟上市，曾代表了一代中国创业者的光荣与梦想。

历史启示我们，每一次社会制度变革都会开启一个崭新的时代，谱写出一个时代的主旋律，在这个时代主旋律下，所有的"选手"都会被赋予新的生命和角色。失败者，在于不能紧跟潮流，而被潮流遗弃或是被淹没吞噬；成功者，在于能够顺势而为、争取话语权，并获得新时代的领先地位。

互联网、WTO（世界贸易组织）、创业板、中概股、国际资本……20世纪90年代到21世纪初的中国意气风发，一大堆新名词扑面而来。经济保持快速增长，加入WTO推动贸易崛起，使得中国企业迅速融入世界体系，成为国际经济领域一支快速成长的新兴力量。"给世界提供一个共享中国经济成长的机会"，这是当时中国企业融入世界进程中所发出的最强音。

2000年前后，一批中国互联网企业陆续在美国成功上市，揭开了中国企业进军国际资本市场融资的帷幕，也迎来了中概股在海外资本市场的"美丽的春天"。

中概股是指有中资背景，或者主要业务在中国内地，并在境外资本市场上市（比如纳斯达克）的中国公司。也有另一种界定方式是，中概股是指在境外注册和上市，但最大控股权（通常为30%以上）或实际控制人直接或间接隶属于中国内地的企业或个人的上市公司。

正如笔者在开篇所言，第一只真正意义上的中概股——中华网是于1999年在美国纳斯达克证券市场成功上市的，它也是第一家在海外成功募集资金的中国互联网创业公司。随后，2000年，互联网"三剑客"新浪、网易、搜狐均在美国成功上市。因此，这一年也被称为中概股元年。

专栏
1.1

中概股先驱——中华网

1994 年，新华社在香港注册成立全资子公司——中国国际网络传讯有限公司（简称"CIC"）。1996 年，CIC 在百慕大群岛注册 CIC 控股公司，将部分股权出让给海外风险投资者。

1997 年，CIC 在开曼群岛注册从事门户网站及相关业务的中华网，中华网主要从事商业软件应用及信息技术咨询等业务。1999 年，中华网作为第一只具有"中国概念"的互联网股票登陆纳斯达克市场。2000 年 3 月，中华网分拆旗下的香港网在香港创业板上市，募集资金 1.7 亿美元。

然而，随着全球互联网泡沫的破灭，所有网站都被迫重新定位可持续而清晰的盈利模式。在上市当年，新浪、网易、搜狐、中华网均处于亏损状态，网易更一度因股价持续低于 1 美元而被摘牌。跌入低谷的几大门户网站开始寻找各自的出路，在找准定位后，三大门户网站全力出击并稳占山头，唯独中华网模式依然凌乱和不成气候。

2004 年，事实上已被挤出四大门户网站之列的中华网开始了新计划——拆分上市。中华网一直持续着融资、收购、整合、拆分上市动作，并在 2005 年将中华网更名为中华网投资集团（简称"CDC"）。从 2006 年进军游戏市场，到 2009 年涉猎软件开发，CDC 进行了一系列业务运作，但都没有大的起色。2008 年，CDC 对公司股份实施 40 股合成 1 股；2009 年 8 月，旗下全资子公司 CDC 软件在纳斯达克上市，募资 5 760 万美元。无论是从开始做门户网站，还是到后期做软件，CDC 很少有过让市场真正认可的核心业务。几经折腾，CDC 业务逐渐衰落，由此逐渐被资本市场边缘化。2011 年，在纳斯达克上市的 CDC 于纽约当地时间 10 月 5 日申请破产保护，持续萎靡不振的股价当天直线暴跌逾 50%。

> 2016 年 4 月 5 日，A 股上市公司莱茵体育发布公告称将以不低于 1.5 亿元的价格收购国广控股持有的中华网（香港）科技有限公司（简称"中华网香港"）、北京华网汇通技术服务有限公司（简称"华网汇通"）100% 的股权，双方将基于现有的网络平台打造"品牌＋体育"的多媒体网络平台，同时双方将通过国广控股旗下媒体资源，展开全领域的业务合作。
>
> 但是，中华网曾经的光辉已经逝去，重生机遇尚待探寻。

2003 年 4 月，股神巴菲特在中国香港大笔买入中国石油，迅速掀起了国际资本市场投资领域的"中国旋风"，促使越来越多的海外投资者涌向中概股，中概股年代就此来临，这也被视为中国企业"赶海"的历史性机遇。

此后，搭着中国经济增长的高速列车，中国企业开始在华尔街掀起一轮又一轮的上市热潮。一时间，一批中国最具创新性、最有成长前景的"新经济"公司纷纷远赴海外上市融资，诸如盛大游戏、百度、巨人网络、新东方等相继在美国成功上市。

相较于早前以门户网站为主的海外上市军团，中药第一股——同济堂，安防第一股——中国安防技术有限公司等也在此后相继登陆纽交所，中概股队伍的行业结构日趋多元化。

据不完全统计，截至 2015 年 11 月，中资企业赴海外上市数量超过 500 家，涉及各行各业。这些企业已成为海外资本市场的重要国际军团，也是来自经济增长最迅速国度的新锐成长力量。图 1.1 和图 1.2 分别显示了中国企业历年赴美 IPO（首次公开募股）数量及募资金额。

中概股能够大批成功登陆海外资本市场，最主要的原因是外资看好中国经济快速增长，以及迅速成长的庞大市场，希望分享中国经济增长的收益。中概股也以突出的市场表现给海外投资者带来了丰厚回报。2005年，百度上市就曾创下了884%的投资回报率。统计表明，到中概股上市高潮时期的2009年，在美上市的中国公司股价平均涨幅高达130%，其中有五家公司的涨幅超过1 000%。到2010年，中概股继续大放异彩，2010年上市的优酷土豆和当当网，在上市首日便分别大涨161%和87%；被誉为"中国最牛概念股"的神舟矿业，更是年度累计上涨1 083%，涨幅超过10倍。

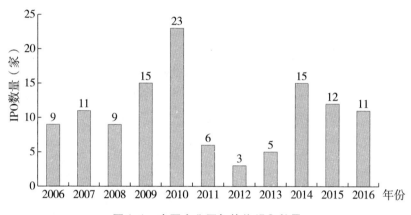

图1.1　中国企业历年赴美IPO数量

资料来源：万得资讯（WIND）。

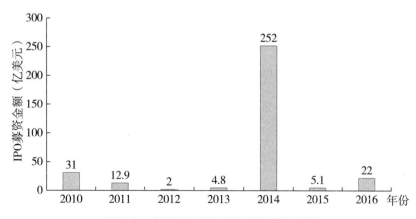

图1.2　中国企业历年赴美IPO募资金额

资料来源：万得资讯，部分企业募集资金数据缺失，募资总额含股东售股。

在 2000～2011 年，纳斯达克指数累计下跌了 36%，2008 年国际金融危机爆发，纳斯达克指数更是狂跌 41%。在美国股市的熊市环境里，中概股的优异表现成为基金经理们的重要投资亮点之一，也使很多美国中小投资者从中概股投资中获益颇丰。当年益普索（Ipsos）联合《中国经济评论》发布的"在美上市中国公司的美国股民"首次调查结果显示，在截至 2011 年 5 月 1 日的前 12 个月里，中国公司股票交易者的平均利润为 2 433 美元，有 96.5% 的人称从对中国公司股票的投资中获得净收益。

20 世纪末以来的近 20 年间，正是这一批创新的中国企业顺势而为，把握住了中国经济快速增长和国际资本市场看好的历史机遇，打通了国内产业与国际金融资本之间的通道，推动了中国经济快速融入世界体系，同时也为自己赢得了发展先机。

专栏 1.2　　　　中国企业海外上市大事记

——2000 年，新浪首次采用协议控制内资公司模式成功实现海外上市，这一模式被称为 VIE 模式，满足了国内监管和公司海外上市的双重要求。10 多年来，到境外上市的传媒、教育、消费、广电类企业纷纷借鉴并采纳这一模式。据不完全统计，从 2000 年至今，通过 VIE 模式实现境外上市的内资企业超过 250 家。

——2010 年，中国企业赴美上市达到最高峰，刷新了中国企业海外上市单年最高数量。

——2010 年 6 月，卡森·布洛克（Carson Block）在他的浑水研究公司网站发布了一份东方纸业财务造假报告，掀起了中概股做空潮。之后两年，中概股股价狂泻，多只股票退出主板交易。

——2014 年，阿里巴巴和京东登陆美股，两家公司全年募资额创造纪录达到 304.52 亿美元。其中，阿里巴巴一家独占 82%。

——2015 年 12 月 1 日，美国著名指数编制公司——明晟公司（MSCI）首次将在美国上市的 14 家中概股纳入 MSCI 新兴市场指数和 MSCI 中国指数，这也是中国股票首次进入国际指数。这 14 家公司分别是阿里巴巴、百度、京东、携程、网易、新东方、奇虎、58 同城、去哪儿、搜房网、唯品会、优酷土豆、欢聚时代、学而思。

海外目的地

2014 年，我国香港联合交易所（简称"港交所"）和美国纽交所为争夺阿里巴巴上市上演了一幕剧情跌宕起伏的大戏，剧本的核心就是阿里巴巴上市目的地选择与监管规则协调问题。最终，因为在遵循港交所上市规则方面的分歧，阿里巴巴还是选择了在纽交所上市。

通常情况下，提及上市中概股，读者的第一反应往往是那些在美国上市的中国境内企业。但实际上，尽管美国市场确实是中国境内企业上市的主要目的地，但并非境内企业上市的唯一彼岸。境内企业境外上市的主要目的地，除了纽交所和纳斯达克外，还包括港交所、伦敦证券交易所、新加坡证券交易所、泛欧证券交易所、东京证券交易所、法兰克福证券交易所，甚至还包括韩国证券交易所等。境外中概股分布见图 1.3、图 1.4。

阿里巴巴在选择上市地时出现的插曲，为我们生动地展示了中概股选择境外上市地的基本脉络及主要考量因素。目前，除了在美国上市外，中概股最为集中的市场就是我国港交所。在香港上市的中概股也是人们熟知的"红筹股"①。所谓红筹股，是指最大控股权直接或间接隶属于中国内地有关企业或个人，并在港交所上市的公司。由于人

---

① 中概股也有一部分以 H 股形式在港交所上市。与红筹股的不同之处在于，H 股上市公司是上市主体注册在内地，上市地在香港的公司。

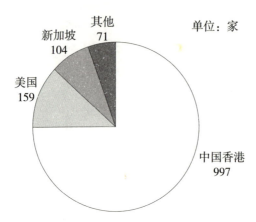

图 1.3　境外中概股分布（以企业数量为标准）

资料来源：万得资讯，香港中概股含 H 股、红筹股、中资民营股，数据截至 2017
年 4 月。

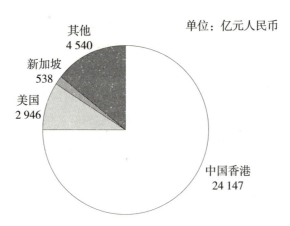

图 1.4　境外中概股分布（以募资总额为标准）

资料来源：万得资讯，香港中概股含 H 股、红筹股、中资民营股，数据截至 2017
年 4 月。

们经常用红色形容中国，中国的国旗又是五星红旗，因此，把与内地
相联系的香港上市公司统称为"红筹股"。

就中概股最为集中的纽约证券市场和香港证券市场来看，选择在
这两个地方上市各有优劣。从上市规则来看，港交所的规则是同股同
权，不允许双重股权结构，而纽交所则不同。这也是港交所与阿里巴

巴在其 IPO 问题上产生分歧的主要原因。如果港交所接纳了阿里巴巴的"合伙人制度"，则意味着港交所放弃了一直坚持的原则，这样有可能失信于市场和投资者。即使港交所同意阿里巴巴的上市要求，也必须修改上市规则条例，因而需要香港特区政府、香港证监会，以及香港财经事务及库务局等机构通过，而且历时会比较久。在香港地区，一项法规的修订从调研到最终发布生效，往往需要数年甚至十数年的时间。而美国证券市场本来就允许 AB 股，谷歌（Google）和脸书（Facebook）等公司的上市就是很好的先例。

从估值来看，两个市场都是非常开放的国际化市场，估值水平和融资规模的差别不大。不过，由于美国证券市场有中小投资者集体诉讼机制，很多电商类企业都有上市后遭遇诉讼导致股票暴跌的记录。因此，这有可能会影响企业在美国证券市场估值的稳定。当然，从上市企业群体所属行业来看，中国赴美上市企业以 TMT（Technology、Media、Telecom，即科技、媒体和通信）行业的企业居多，此类型企业在美上市更容易与同类企业对标，从而有助于提升影响力。

此外，从流动性角度来看，美国证券市场整体交投规模要大于我国香港市场，在美国市场那些规模大、模式领先的公司交投十分活跃。当然，对小市值的上市公司而言，其流动性也可能会比较差。

2017 年以来，港股市场启动多项改革，以期进一步提高对中概股的吸引力。3 年前，阿里巴巴因为上市规则的原因，未能在港交所上市；3 年后，港交所宣布拟改革主板和创业板，并且设立一个新的板块——创新板，以吸引财务指标没有达到主板或创业板标准的创新公司，或财务达标但公司治理结构不符合港交所上市条件的公司到香港上市。

2017 年 6 月 16 日，港交所就创新板的设立展开咨询和征求公众意见。为了让更多类型的发行人赴港上市，港交所将拓宽资本市场的上市渠道，计划分别开设针对散户和机构投资者的创新主板和创新初板，增加投资者的投资渠道，并同时对主板与创业板进行改革。

对于创新板的目标挂牌公司，香港交易所集团表示：创新板希望吸引新经济公司，所谓新经济公司主要是它的驱动力不再是简单的资本本身，而可能是思想、技术、知识产权等无形资产。

显然，港交所推出创新板是为了保持港股与时俱进，争取内地新经济公司赴港上市，从而增加香港市场的综合竞争力。

此外，随着内地资本市场的调整，A 股与港股的估值差正呈现缩小趋势。万得资讯数据显示，截至 2017 年 8 月 3 日，A 股平均市盈率 26.43 倍，港股主板平均市盈率 14.04 倍，创业板平均市盈率 36.51 倍。特别是从中概股集中的信息技术行业平均市盈率来看，A 股信息技术行业平均市盈率 53.5 倍，港股资讯科技行业平均市盈率 39.79 倍，估值水平正在趋近。香港市场对于拟出海内地企业的吸引力正在增强。

除了美国和中国香港市场外，境内企业境外上市较多是在另一大市场——伦敦证券交易所。中国企业赴伦敦上市始于 1997 年，当年北京大唐发电股份有限公司在伦敦证券交易所成功上市。在此之后，赴伦敦上市的中国企业逐步增多。2006～2008 年是中国企业赴伦敦上市的高峰期，期间上市的中国企业从 26 家猛增到 50 多家。这其中不乏大型企业，如中国国际航空公司、中石化等。

2008 年金融危机以后，中国企业赴伦敦上市的数量有所减少。目前，共有 50 多家中国企业在伦敦主板及创业板——AIM（Alternative Investment Market，另类投资）市场上市。在伦敦证券交易所上市最大的优势在于上市操作相对灵活、限制比较少、国际化水平高，对于一些中小型企业具有较大吸引力。同时，在伦敦上市也便于企业拓展在欧洲的市场与业务。与香港、纽约等地主板及创业板相比，伦敦 AIM 市场上市流程较为简单，等候时间比较短，而且上市成本也比香港等市场低。

2012 年前后，中概股在美国市场陷入做空危机，但英国受到的影响较小。目前，英国国内机构投资者对于投资中国企业股票依然有比较浓厚的兴趣，这也提升了国内企业赴英国上市的意愿。如上文所述，伦敦 AIM 市场是一部分中国企业的重要上市地，该市场创建于 1995 年，是美国纳斯达克市场之后欧洲第一个设立的"二板"市场，主要为小规模、新成立和成长性公司服务，除了对会计报表有特定要求外，没有其他限制，因此上市审查比较宽松，伦敦证券交易所对拟上市企业不进行实质性审查，上市担保由保荐人负责，实行"终身保荐人"制，并实行做市商制度，上市企业须及时充分地进行信息披露，交易所进行风险监察。AIM 市场的缺陷在于股票流动性不足，交投规模相对较小。

新加坡是亚洲的重要金融中心之一，也是部分中国企业海外上市的目的地。新加坡超过 70% 的人口有华人血统，文化相似性以及语言互通等，便于投资者沟通。因此，新加坡证券交易所也吸引了一批中国企业前去上市。新加坡证券交易所成立于 1973 年 5 月，是发展中国家和地区中比较有代表性的证券市场。从该市场优势来看，首先，由于新加坡经济腹地面积小，所以外国企业比重高，因而国际化程度比较高。目前，有 20 多个国家和地区的企业在这里挂牌上市。其次，新加坡市场机构投资者占比较大，有相对成熟稳健的股票二级市场，加上制定了较为市场化的监管规则，使得企业上市相对比较便利。

当然，在新加坡证券市场上市的劣势也是比较明显的。一方面，该市场制造类公司所占比重大，以互联网、新技术等为主的科技型企业占比较小①，因而没有形成集群和对标效应；另一方面，更为重要的是，相比美国和我国香港证券市场，新加坡市场的交投不够活跃，市场整体规模不够大，资金池也相对比较小，不适于容纳体量较大的公司在此 IPO 上市。

除了在纽约、香港、伦敦、新加坡等证券市场上市外，中国企业境外上市选择其他地区的数量总体较少，主要顾虑是市场流动性、投

---

① 从 2010 年 10 月 22 日起，新加坡证券交易所最新成立的 Global Quote 板块推出了 19 家大型亚洲企业的美国存托凭证（ADR）交易，其中包括百度、网易、盛大游戏、如家等 6 家中国企业。

资者认同度，以及法律兼容性等方面的问题。

事实上，一些区域性证券交易所在争取海外企业前去上市方面，也在做很大努力。例如，法兰克福证券交易所是仅次于伦敦证券交易所的欧洲第二大交易所，也是德国最大的证券交易所。通过设立红筹结构在法兰克福证券交易所 IPO 上市，整个流程需要的时间周期大约为 7～8 个月。该所为了吸引外国公司到交易所上市，专门成立了被称为"自由市场"的上市三部，其上市条件比较宽松，因而吸引了大量外国公司前去上市，海外公司几乎已经占据了法兰克福证券交易所的半壁江山。

专栏 1.3　　　　　　**中国企业海外上市的行业分布**

据统计，美国证券市场的中概股主要集中在 TMT、医药、信息技术和可选消费等领域，这些领域的中概股绝对数量与市值占比均有显著优势。国内最主要的门户网站、视频网站等基本在美国上市。在美国上市中概股行业分布见图 1.5、图 1.6。

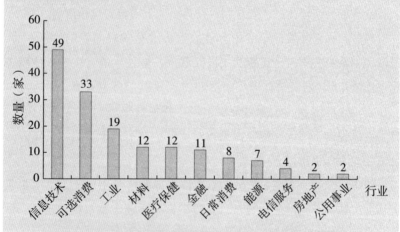

图 1.5　在美国上市中概股行业分布（以数量为标准）
资料来源：万得资讯，数据截至 2017 年 4 月。

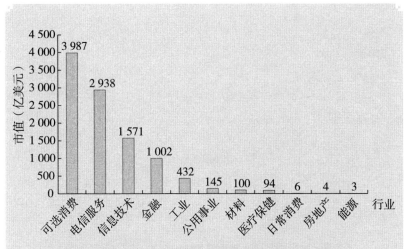

图 1.6 在美国上市中概股行业分布（以市值为标准）

资料来源：万得资讯，为 2017 年 4 月 25 日市值。

　　在我国香港上市的中概股除了传媒、信息技术外，房地产、商贸等传统周期性行业也占有相当比例，如保利、富力、碧桂园、龙湖和雅居乐等地产企业均集中于香港市场。在我国香港上市中概股行业分布见图 1.7、图 1.8。

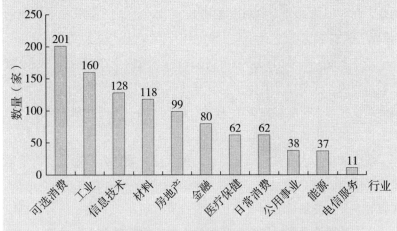

图 1.7 在我国香港上市中概股行业分布（以数量为标准）

资料来源：万得资讯，数据截至 2017 年 4 月。

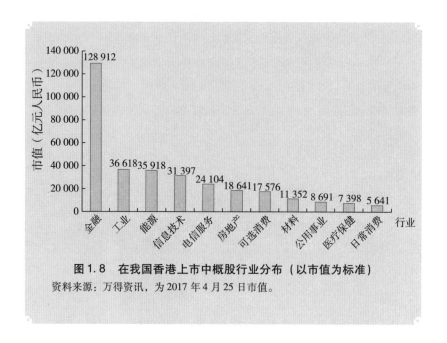

图1.8 在我国香港上市中概股行业分布（以市值为标准）
资料来源：万得资讯，为2017年4月25日市值。

出海的路径

通常，人们将中国企业海外上市模式通称为红筹模式。应该说明的是，红筹模式并非单指红筹股上市模式，而是泛指所有中概股的"出海"模式。

总体来说，红筹模式是指内公司将其境内资产/权益以股权/资产形式收购，或是以VIE等形式转移至在境外注册的离岸公司，通过境外离岸公司来持有境内资产/权益，然后，再以境外注册的离岸公司为上市主体，申请在境外证券交易所上市。

按照《中华人民共和国证券法》的规定，境内公司赴境外上市需要获得中国证监会的批准，同时受外商投资产业政策的限制，电信、传媒等多个业务领域限制或禁止外资投资。因此，一些公司为获得国际资本支持通常会选择搭建红筹架构来规避国家相关限制政策，实现引入境外资本投资和在境外上市的目的。

按照资产/权益转移形式的不同，红筹模式又被分为"小红筹"

（股权收购模式，或称直接持股模式）和 VIE 模式（或称新浪模式）。

所谓"小红筹"模式，实现路径与方式是公司创始人在境外设立离岸主体，通过该主体持有境内运营公司（根据不同需求，可能设有多家间接持股公司），离岸主体则作为接受境外资本投资，以及在境外上市的主体。"小红筹"模式见图1.9。

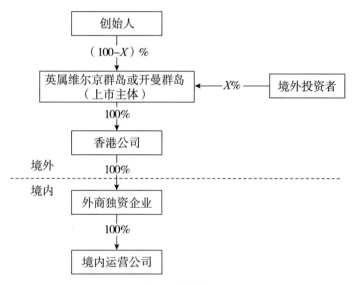

图 1.9　"小红筹"模式示意图

所谓 VIE 模式，实现路径与方式是境外设立的控制公司虽不直接拥有境内经营实体的股权，但可以通过一系列协议安排，达到实际控制和支配境内经营实体的股权、收益权和决策权等目的。同时，也可以按照国际会计准则和美国通用会计准则合并经营实体的财务报表。新浪最早采用这一模式完成境外上市，因此，这一模式又被称为新浪模式。VIE 模式见图 1.10。

统计显示，截至 2015 年 7 月，赴美上市的中概股中超过 90 家采用了 VIE 架构，占比接近 60%。其中，受到国家对信息、通信等产业对外资投资的管制，国内 TMT 行业公司赴海外上市接近 100% 采用 VIE 架构。不同行业在美上市中概股 VIE 架构占比见表 1.1。

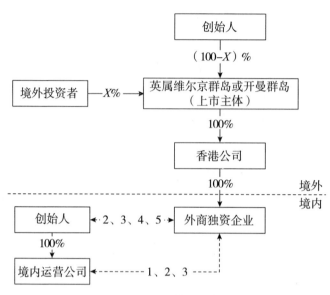

图 1.10　VIE 模式示意图

注：VIE 控制文件——1. 独家业务合作协议；2. 独家购买权协议；3. 股权质押协议；4. 股东授权书；5. 借款协议。

表 1.1　不同行业在美上市中概股 VIE 架构占比

行业分类	VIE 架构	非 VIE 架构	VIE 占比（%）
采掘	2	3	40
传媒	35	0	100
电子	10	0	100
房地产	2	3	40
非银金融	1	3	25
计算机	16	1	94
建筑材料	2	0	100
农林牧渔	2	1	67
汽车	1	5	17
轻工制造	3	2	60
商业贸易	8	1	89
通信	3	0	100
医药生物	4	15	21
综合	4	5	44

资料来源：彭博（Bloomberg）社，数据截至 2015 年 7 月。

新浪模式

　　海外上市的 VIE 模式又被称为新浪模式，这缘于 2000 年新浪在美国上市时，开先河地采取该架构而实现境外红筹上市。为满足国内监管和公司海外上市的双重要求，受中国联通"中中外"模式的启发，新浪开创性地使用了这一套复杂的结构体系。

　　新浪开创 VIE 架构的原因包括三个方面：一是受当时外商投资产业政策的限制，增值电信业务属于限制外商投资的产业领域；二是境外融资和红筹上市需求；三是在国际会计准则、美国通用会计准则下，VIE 架构可使新浪海外公司合并其国内内资公司的财务报表。

　　新浪成功上市后，以互联网公司为代表的众多中国企业纷纷采用 VIE 架构，并相继在海外证券市场上市。在纽交所和纳斯达克上市的 200 多家中国企业中，有 100 家左右使用 VIE 架构。

　　同时，随着近年来中国企业投融资浪潮的兴起，VIE 架构的适用范围不断扩展，VIE 模式逐渐拓展至其他限制外商投资的行业，包括广告、新媒体、文化、教育培训、医疗连锁、金融服务、网络游戏、制造等。

荣耀与隐忧

　　中国企业海外上市成为中国经济领域一道亮丽的风景。海外上市从计划启动到上市成功，都是财经媒体追逐报道的热点，无论是较高的发行价，还是上市初期的高涨幅，都是激动人心的财富故事。这里包含着创始团队与投资者的辉煌与荣耀，也有中介服务机构的激情与自豪。

　　然而，在中概股海外证券市场受追捧，一批中国优秀企业赴美上市的同时也潜藏隐忧。VIE 架构的稳定性和法律支持问题，以及一部分资质较差、发展前景并不明朗的公司也通过反向收购等途径在美挂牌上市，为海外中概股的未来发展埋下隐患。

就法律风险角度而言，VIE 架构的风险和隐患至少包括以下几个方面：

（1）VIE 架构在中国法律规范下仍带有某些"灰色"特征，尽管有某些尝试性案例，但国内法院并没有对控制协议的合法性做出过肯定或有相关判例。

（2）国内政府相关部门对 VIE 架构的态度并不明朗，保留、控制和取缔 VIE 架构的不同声音并存。

（3）目前已经被采用的绝大部分 VIE 版本的控制协议，如果完全根据中国法律则存在执行上的某些瑕疵。

（4）外国投资者如申请中国法院去执行域外法院生效的判决，可能性并不大。

（5）外国投资者向中国法院提起针对控制协议违约的诉讼，其可能性和可操作性也不大。

（6）从会计角度看，国内法律规范对技术公司直接或间接地向离岸公司转移利润、股息或红利设定了诸多限制，给 VIE 架构企业的财务并表造成了实际困难。

（7）为规避相关法律规范，VIE 架构存在某些被滥用的问题，这加剧了市场和投资者对于 VIE 架构前景的担忧。

此外，一些企业业绩滑坡亮红灯、投资经营行为不严谨、财务报表不规范，甚至有部分企业遭遇财务造假质疑等，成为潜藏在中概股繁荣背后的"幽灵"。

以 2014 年为例，当年在阿里巴巴和京东等 15 家企业成功上市的同时，也有众多中概股被做空，遭遇诉讼挑战。2014 年新爆发的 11 起诉讼，其中有 5 家公司的市值超过 10 亿美元，分别是澜起科技、巨人网络、中国手游、世纪互联和聚美优品。遭遇集体诉讼的主要原因包括：股票被做空导致诉讼（如澜起科技和世纪互联）；IPO之后业绩下滑导致诉讼和被做空（如聚美优品）；重大人事调整导致诉讼（如中国手游）；因私有化被诉讼（如巨人网络）等。2014年中概股新发生的集体诉讼案见表1.2。

表1.2 2014年中概股新发生的集体诉讼案

公司名称	交易所	诉讼日期	案由
东北石油	场外交易市场（OTC）	2014.12.31	关联交易、几千万美元资金往来不透明
聚美优品	纽约证券交易所	2014.12.11	被指控公司业绩披露模式有误导作用
远洋渔业	纳斯达克	2014.11.24	涉及2012年和2013年关联方渔船租赁的报表重述
世纪互联	纳斯达克	2014.9.12	被指控收入虚增、业绩不真实
鲈乡小贷	纳斯达克	2014.8.6	5月股票增发，7月公告两笔数百万美元贷款坏账
鑫达集团	纳斯达克	2014.7.15	被指控中国报表和美国报表之间有重大差异，公司首席执行官（CEO）涉嫌刑事案件
中国手游	纳斯达克	2014.6.20	9名高管同时被免职
中国陶瓷	纳斯达克	2014.6.16	因为子公司设备减值，审计师辞职，年报无法提交
丽华国际	纳斯达克	2014.5.1	被指控董事长挪用被法院查封的抵押库存
巨人网络	纽约证券交易所	2014.4.30	私有化退市导致诉讼
澜起科技	纳斯达克	2014.2.19	被指控收入等财务信息不实

资料来源：美国联邦法院公开文档及媒体报道。

动因： 缘何远走海外

在 20 世纪末到 21 世纪初的十几年间，一大批中国创业、创新型企业远赴海外证券市场上市，并非偶然现象。这与当时国内资本市场监管政策、国家产业政策，以及投融资政策等宏观政策环境密切相关。

A 股"独木桥"

国内资本市场初创期的不成熟，特别是当时对资本市场功能定位的局限性，使得一大批新兴企业无法实现国内上市。然而，这些企业的发展又急需资金与资本的支持，寻求海外上市更多是无奈的选择。

2015 年 6 月，一位证监会前官员和笔者的交流，很能反映一大批企业的生存状态。

"我接触过一家企业的领导，他告诉我说 3~4 年前他把材料报到证监会，证监会进行了审核研究，问他说，你这家互联网企业未来会怎样？并再三追问，称企业模式看不懂。最后这个领导无奈把材料撤了下来。"

"这两天我见到一家北京企业的领导。他说，这两年企业业绩非常好，但是因为前年有一项亏损，如果弥补该亏损之后又变成亏损了。所以上市门槛将很多企业挡在外面。现在上市还要获得发改委的批文，叫'固定资产投资'批文。我曾经遇到过一家轻资产企业的管理者，最后发改委给他的批文是，'这个不属于固定资产投资，不属于我委需要备案的项目，请证监会根据自己的审核规则来审核'。以前对一家企业的固定资产投资如何，发改委总会有一个评论。当我们拿到这样一个回函的时候，感到不知道该怎么办。"

显然，监管理念和规则上的这些制约，都成了 TMT 行业企业在 A 股上市的"玻璃门"。特别是互联网行业是一个具有"赢者通吃"特征的行业，如果排名行业第一、第二的企业都去海外上市了，国内资本市场很可能就错失了这个行业最优秀的企业，或是最有成长前景的企业。

随着战略新兴板（简称"战新板"）的搁浅和注册制的无限期延后，以互联网公司为代表的新兴行业企业要登陆 A 股市场，目前仍然存在诸多困难。如果没有理念和制度上的重大突破，资本市场行业格局和互联网等轻资产企业上市仍然要走很长的路。

按照国内资本市场的监管理念，为了保证上市公司业绩的可靠性与稳定性，企业在上市之前必须有一定规模的利润。创业板要求企业在 3 年内达到 500 万元利润，并且逐年递增，而主板的要求则更高。这使得众多互联网公司难以达到我国上市规则的要求，客观上形成了潜在的上市高门槛，灵活度不够。美国证券市场没有发行条件，而只有上市条件，上市门槛较为宽松和灵活，更能容纳尚处于亏损期的成长性企业，特别是具有爆发性潜力的互联网类公司。

此外，国内 IPO 的隐性门槛也容易让很多新兴企业望而却步，这些隐性门槛包括股权激励、募集资金投向等规定。由于信息技术、互联网等行业快速转换与迭代更新的特征，在经营与竞争中这类企业更容易要求变更募集资金投向，而由于行业特点，股权激励几乎更是这些企业的标配。

尽管在过去 20 多年里，A 股市场的发行制度历经审批制、核准制等诸多变迁和修订，但 A 股市场 IPO 一直是拥挤的"独木桥"。大量企业排队等待上市，而二级市场的波动又常令 IPO 审批陷于暂停状态，最长的一次 IPO 暂停时间接近两年。IPO 停摆频繁使得由此积压的申请上市企业形成了中国独特的资本市场"堰塞湖"。

除此之外，审批周期长也是很多急需发展资金的快速成长企业难以坚持等待的原因。一般情况下，在美国上市或是在我国香港上市时间周期大约为 6 个月，而在 A 股上市可能要两三年，甚至 5 年以上。这是很多新兴企业无法承受的周期。

庞大的"堰塞湖"、窄窄的"独木桥"、漫长的等待周期，以及重过往业绩的理念，都促使很多企业选择远赴海外上市。尽管这也是艰难之旅，但与在 A 股上市相比，毕竟更具可行性和现实性。

值得说明的是，在笔者写作本书的此时此刻，正在北京召开的 2017 年全国两会，尽管明确了年内要对《中华人民共和国证券法》进行修改，但有关注册制的内容已然被删除。而要等待下一次修法，日程还很遥远。从长期来看，实行注册制将是有效解决 A 股审核"玻璃门"、上市排队"堰塞湖"和发行"独木桥"的唯一途径。

专栏 1.5　　　　　A 股 IPO　"堰塞湖"

媒体曾形象地将 A 股市场排队等待 IPO 审批的企业队伍比作深不见底的"堰塞湖"。"堰塞湖"之所以存在，是因为上市通道这个泄洪渠被人为地筑起了密实的大坝，一些传统甚至过时的观念和规则，以及二级市场的涨跌表现决定性地主导着大坝何时能够开闸泄洪。

从 2010 年年初开始，随着新股发行的暂停，最高峰时累积了约 900 家企业排队等待上市审批，且仍有大量企业加入排队行列，监管者为了"保护市场，保护投资者"，以及改革新股发行制度，从 2012 年开始，陆续暂停了几次 IPO 审批，特别是 2012 年 12 月至 2013 年 12 月的整整一年里，只有两只新股发行。由此，A 股市场外排队企业进一步增加，最终形成"堰塞湖"。

据统计，截至 2015 年 11 月 26 日，中国证监会受理首发企业 684 家，其中已过会 52 家，未过会 632 家。未过会企业中正常待审企业有 614 家，中止审查企业有 18 家，数量之多全球称冠。

仅以一个特殊的拟上市群体——地方银行的上市来看，自北京银行、南京银行和宁波银行三家城商行 2007 年上市之后，A 股至 2015 年之前未新增一家地方银行 IPO。一大批地方银行长期等待排队上市，江浙地区一些银行从递交上市材料到最终在 2016 年上市，苦苦等候了近 10 年。所以，2014 年以后，部分放弃等待的城商行选择了港股上市，如徽商银行、哈尔滨银行、重庆银行等。

从这个意义上来说，当前的证券市场监管者严把再融资审批，特别是并购相关的配套融资规模，同时加速 IPO 申请的审批，也许是解决存在多年的资本市场"堰塞湖"的有效途径。当然，建立制度化、市场化的常态 IPO 审批机制，推进注册制改革才是解决这一问题的根本对策。

投资者认同

美国投资市场流行着这样一种理念："信息比物质更重要，比特比原子更重要。"尽管言过其实，但反映了其投资理念的取向，特别是对互联网公司的认同与支持。因此，在投资哲学基础上，美国资本市场对新兴行业公司给予更大程度的认同，即使是尚在亏损状态的公司，只要投资者认同其未来有成长前景，也会获得资本支持，并实现上市。由此，美国一大批尚处于亏损期的公司成功上市，并且受到了投资者的追捧。

实际上，亏损公司上市在美国也曾长期不被投资者接受，尤其是在第二次世界大战以后[①]。1995 年，网景（Netscape）公司上市是美国投资理念转变的标志性事件。当时，网景浏览器是公司有重大技术意义的发明，尽管公司仍处于亏损期，但成功实现上市。随后，1996 年，由杨致远创立的雅虎公司，在获得美国红杉资本（Sequoia Capital）和日本软银（Soft Bank）的投资后也成功上市，投资者获得巨额

---

① 在 20 世纪 20 年代，美国股票市场最狂热的时期，也出现过亏损公司上市的情形，但那被公认是资本泡沫，尽管人们的确能够看到公司实现盈利的前景。比如，当时飞机制造企业兴起，投资者坚信飞机制造业会随着行业的快速成长而实现盈利。

回报。雅虎的财富故事在激发美国金融界投资热情和更新投资理念上具有里程碑的意义。

创新的投资理念使得美国资本市场培育了一个新兴的产业板块——信息产业（特别是互联网领域）。此后，包括谷歌、亚马逊（Amazon），以及后来的脸书、推特（Twitter）、色拉布（Snapchat）、爱彼迎（Airbnb）等一批独角兽公司兴起。这些公司的兴起与成长是美国经济能够持续成长的中坚力量。

正是在这样的产业成长背景和外部投资环境下，以美国为代表的发达金融市场对互联网和科技公司形成了巨大的吸引力。由于投资者认同、市场追捧等原因，中国早期兴起的以四大门户网站为代表的互联网公司，以及一批创新性科技公司选择赴美上市，自然也在情理之中。

从某种意义上讲，正是美国的投资者和资本市场支持了中国早期互联网行业的发展，特别是在 2000 年网络泡沫破灭以后，美国快速恢复的互联网投资信心，是支撑 21 世纪初中国互联产业成长的重要因素。正是由于一大批标杆性互联网和科技企业在美国市场的成功上市，鼓舞和吸引了国内资本和创业者投身 TMT 行业，才出现了该行业大发展的局面。

企业选择其上市地的过程就是寻找和选择对其感兴趣的投资者的过程。对拟上市企业而言，全球各地的证券交易所就是不同的股票出售市场，这些市场会吸引有不同偏好的投资者进行投资与交易。这些投资者群体与拟去这个市场发行股票的公司之间会形成一个长期的双向选择过程，并通过筛选与过滤机制，形成投资者与上市公司之间的良性双向互动——投资者认同这类上市公司，上市公司也需要这些投资者。因此，全球如此之多的互联网公司、新兴科技企业要去美国证券市场上市，其中一个重要的原因就在于，美国市场有适应投资者需求的股票供给者——互联网、科技类上市公司，以及偏好此类企业股票的"顾客"——投资者。

此外，发达资本市场由于有健全的证券监管制度体系，以及丰富的市场监管经验，除了规模庞大的机构投资者外，零散的个人投资者也通过多种方式将资金聚集起来，成为资本市场的重要投资力量。美国投资者对非美国公司股票的投资大约占这些投资者所拥有资金总额的 12%。

对优质公司而言，国际化的投资者结构，以及投资者对公司的认同非常有助于提高公司的全球知名度，形成良好声誉。优势品牌在一定程度上也代表着公司价值，公司在美国资本市场挂牌这一信息，在路演、IPO 过程中通过媒体传播，对公司声誉、品牌等无形资产的提升可起到巨大促进作用。

融资便利性

IPO 与再融资市场化是海外证券市场的特征与优势，也是其市场监管的基本理念。因此，相较于国内资本市场的发行制度、监管规则，公司在海外上市及再融资都更为便利。

正如前文所述，就 IPO 来看，美国等国家的资本市场准入门槛十分透明，市场化运行机制也更加突出。以美国为例，在注册制下，符合证券交易所要求就可以挂牌上市，而且不设盈利门槛要求，纽交所和纳斯达克对 IPO 公司都没有强制性连续盈利的要求，且盈利标准可以用其他标准替代。只要公司的商业模式和业务增长预期明确，投资者认同，即使是亏损的公司，也能在纳斯达克上市。如国内的优酷土豆、京东等，都是还处于亏损期在美国上市的。这样的上市标准与机制吸引了全球主要的互联网类企业寻求在美国上市。

美国证券市场监管规则突出强调信息披露，注册制下审核速度快、上市确定性高等特点，更能满足高科技企业对资金需求的紧迫性。由于互联网企业的成长与发展具有更多的不确定性，美国证券交易委员会（SEC）以充分信息披露为核心原则，不涉及商业判断的监管理念非常符合互联网行业企业的特征。

从再融资的便利性来看，企业在境内证券市场 IPO 上市后，再融资一直不够便利，虽然历经配股、增发、定向增发等各种再融资模式创新，以及不同的审批机制优化，但再融资比 IPO 审核的流程仍复杂不少，融资条件、融资规模、发行价格、融资周期与频率等都受到严格限制。此外，证监会还会根据股票二级市场的状况对股票发行总量进行节奏调控，导致获得审批的周期不确定，进而直接影响企业经营计划的执行，甚至制约企业战略的实施。

从再融资方式的多样性和成本来看，美国等境外证券市场也更为便利。除了股权方式再融资，境外债券、优先股等融资形式也更为丰富，而且，由于美国、我国香港等借贷市场利率水平更低，证券市场的债务类融资成本较境内也明显偏低。百度在登陆纳斯达克后，2012年发行 5 年期、10 年期债券，筹集 15 亿美元资金，使其成为首个专门面向传统的美国信贷投资者发售债券的中国借款人。百度首只美元债券相对美国国债的息差仅大约为 160 个基点，成本大幅小于当时境内的利率水平。

再以我国香港证券市场为例，同样是人民币币种融资，在香港发行点心债，其成本在 2014 年以前也大幅低于内地人民币融资，息差最高曾达 200 个基点以上。2015 年后，尽管香港点心债成本有所上升，但与内地相比仍具有一定息差优势。

当然，随着中概股在海外市场被做空，中概股海外再融资环境变得窘迫。对这些已经上市的中概股而言，海外市场相对国内的优势正在缩小，特别是目前由于多数中概股市值相对被低估，通过股权再融资的成本将大幅提升，而且实施难度加大。同时，在海外市场被做空也使得中概股的形象受到很大影响，这进一步限制了其海外再融资。

先天的基因

20 世纪 90 年代，中国互联网产业初见端倪时，境外资本就已大举进军国内，几乎涉及从 WEB 1.0 的门户网站、搜索引擎、电子商务到

WEB 2.0 的博客、论坛、微博等所有网络经济模式。中国最知名的互联网公司，包括腾讯、网易、搜狐、新浪、百度、阿里巴巴等，对境外资本都持有大比例股权，因而具有很强的内部话语权。

究其原因，一是由于中国早期金融服务是以贷款为主的单一金融服务业务模式；二是当时国内风险投资类机构缺乏且十分弱小。而且，当时国内互联网行业处于发展初期，尽管资金非常短缺，但基本都不符合传统商业银行的贷款准入条件，拿不到银行贷款。正是在这样的背景下，早期的互联网主要依靠股本融资，而在当时的环境下，市场主要投资机构，包括天使投资、风险投资和 PE（Private Equity，私募股权）基金都以境外公司为主，诸如日本软银、美国红杉资本等。

由于这些特殊历史发展渊源，国内科技公司的股权结构中普遍都有境外基金。近些年来，为更多地进入中国投资市场，几乎所有的海外知名投资机构都在中国建立了相关机构，瞄准这个快速增长的第二大经济体，以及 10 多亿人的庞大消费市场，寻求投资机会。

币种主要为美元的海外各类投资基金，其退出方式也主要是依赖被投资企业海外上市。这些股东的引导和支持，也推动了中国互联网和高科技公司去海外证券市场 IPO。在此过程中，海外投资机构因熟谙海外资本市场，并拥有良好的海外投资纽带、中介服务网络，也为中国企业海外 IPO 提供了极大支持与便利。

这些便利性主要体现在三个方面：一是在 IPO 准备阶段，或是上市之时，帮助引入全球知名投资机构，如凯雷投资（Carlyle）、黑石集团（Blackstone）、德太投资（TPG）、科尔伯格·克拉维斯集团（KKR）等 PE 机构，以及中东的主权财富基金和欧美的私人家族投资者，从而提高企业在海外的声誉和知名度；二是海外投资机构更为熟悉海外市场上市规则，并具有大量的实际操作经验，这有助于提高中国企业海外上市的成功率；三是海外投资机构的入股使得这些中国公司具有了海外股东背景，因而也让中国公司更容易为海外投资者所接受和认可，在公司估值和上市后的股票流动性上具有相对优势。

但是，近两年来，海外风险投资机构在中国变得越来越谨慎，主要是因为近几年中概股在海外被做空后，新赴美上市的中国公司在美国资本市场表现不尽如人意。例如，在中概股处于低谷的 2012 年，唯品会在美国上市时，戴盛资本（DCM）、红杉资本中国基金等账面退出回报只有一倍左右；而当年在港交所上市的 6 家具有外资风险投资背景的内地企业，退出时投资者的平均账面回报率更低。

平庸的投资业绩直接影响了海外机构在中国内地投资的积极性。与此同时，A 股上市的高估值成为一面对比强烈的镜子，直接刺激着海外美元基金的敏感神经。

优等生标签

2014 年，随着中国电子商务巨头阿里巴巴在纽交所敲响上市的钟声，中国规模最大的三家互联网公司百度、阿里巴巴、腾讯已全部登陆境外市场，其中，阿里巴巴和百度在美国上市，腾讯在我国香港上市。

显然，百度、阿里巴巴、腾讯是中国互联网领域的优势企业，也是被境外市场认可的"优等生"，这个优等生标签是企业的境外通行证。优等生的标签包含着这样几层内涵：处于行业或细分领域的领先位置，获得过境外知名机构的认可与投资，成功在境外上市并获得认同，有着良好的估值水平，并具有很好的公众形象等。

事实上，在各个互联网细分领域，其他行业的情况也非常类似。一家企业成为名列行业前茅的"优等生"，不仅会吸引早期的风险投资和 PE 基金的青睐，也会在境外上市中更加顺利，而这反过来又成为促使优等生企业积极寻求境外上市的动力。因此，我们看到一大批具有优等生标签的企业扎堆在美国和我国香港市场上市，例如电子商务 B2C（企业对个人）领域的阿里巴巴和京东，网络视频领域的优酷土豆，门户领域的网易、搜狐、新浪，网络娱乐领域的盛大游戏、巨人网络、完美世界等都是如此。

在华尔街，这些优等生标签是国际投资者对"美国模式"嫁接"中国企业"的认可。中国企业如果在美国能够找到相应的对标企业，并在中国细分行业里名列前两位，则很容易被美国投资者理解和接受。例如，对标谷歌的百度、对标亚马逊的阿里巴巴、对标优兔（YouTube）的优酷土豆等，都获得了很大的成功。由于中国市场用户数量远大于美国，资本故事甚至可以更大胆地加以想象。

挫折：　浑水研究公司与做空潮

大空头：　浑水研究公司兴起

2009 年，因在美国证券市场上成功阻击了多家中国公司，一家名为"浑水研究"的公司声名鹊起，这家公司通过发布针对中概股公司的"揭丑"性调查报告来做空中概股，被媒体称为"中概股杀手"。

浑水研究公司的创始人卡森·布洛克是个中国通，他曾公开表示，"浑水"这个名字源自中国成语"浑水摸鱼"，意指在美国上市的中概股公司中，很多公司都有各种各样的问题。通过揭示中概股公司存在的问题，导致其股票在资本市场的异动与混乱，做空机构可以从中牟利。

2009 年，浑水研究公司先后在研究报告中揭露了四家在北美上市的问题中国公司——东方纸业、绿诺科技、多元环球水务和中国高速传媒。这四家中概股公司股价随之大跌，后来分别被交易所停牌或摘牌。浑水研究公司因此"一战成名"，成为中概股的煞星。

1. 一战成名

布洛克是个有着中国情结的美国人，他 1998 年从美国南加州大学毕业，主修金融学，选修中文，因此会说汉语。他从 1998 年开始就多次往返中国，并在中国创办了一个提供中国商业信息的网站，以及一家名为 LoveBox 的私人仓储公司。

布洛克最初来到上海，希望能找到创业机会。受其父亲影响，布洛克早在 12 岁就萌生了投资的想法，并认为中国市场蕴藏着巨大的商业机会。来到中国后，布洛克将目光放在了当时监管尚不完善、投机盛行的中国股市。他在上海古北租了一间公寓，专门研究 B 股①，并拜访其中的部分公司。但半年后，布洛克意识到价值投资在当时的中国资本市场根本行不通，失望之余，1999 年 1 月他飞回美国，加入了其父亲的投资咨询公司，并为一些公司写"公关稿"。但最终因与父亲意见不合，布洛克还是选择了离开。

对于中国存在的商业机会，布洛克似乎从来没有怀疑过。2005 年他再次来到上海，LoveBox 私人仓储公司就是于 2009 年在上海创办的。布洛克对中国的私人仓储行业发展充满信心，但其公司经营始终没有让布洛克在财富上实现"中国梦"。

浑水研究公司的"成功"最终还是要感谢布洛克的父亲。2009 年下半年，布洛克的父亲在美国佛罗里达州的一个会议上遇到了来自东方纸业的代表，该代表称东方纸业是一家优秀的中国企业，当时布洛克的父亲正在寻找中概股中潜藏的机会，在其父亲的强烈要求下，2010 年 1 月布洛克邀其南加州校友肖恩·里根（Sean Regan）共同拜访东方纸业。肖恩·里根拥有 10 余年工厂经营咨询经验，但令他们大跌眼镜的是，一个半小时的参观，他们看到的是废弃的大门、一排陈旧的仓库和宿舍，以及无所事事的工人，布洛克建议父亲卖空而非买多东方纸业。

但半年过去，市值超 1.5 亿美元的东方纸业股价并没有什么反应。于是，2010 年 6 月 28 日，布洛克和肖恩·里根合伙在我国香港成立了

---

① B 股的正式名称是人民币特种股票，是以人民币标明面值，以外币认购和买卖，并在境内（上海、深圳）证券交易所上市交易的股票。投资者限于：外国的自然人、法人和其他组织，中国香港、澳门、台湾地区的自然人、法人和其他组织，定居在国外的中国公民等。

浑水研究公司，并在同日发布了一份有关东方纸业的长达 30 页的卖空报告。该报告明确指出，东方纸业存在严重欺诈行为：2008 年的收入被夸大了 27 倍，2009 年的收入被夸大了 40 倍，资产则虚高了至少 10 倍。当时，东方纸业的股价约为 8.3 美元，报告给出的目标价是"低于 1 美元"。此报告发布后 3 个交易日，东方纸业的股价应声跌至 5.09 美元，累计跌幅近 40%。之后，双方口水战不断。浑水研究公司在东方纸业上做空的"成功"，让布洛克意识到做空中概股也能成为"生财之道"①。

2. 阻击中概股

在做空东方纸业之后，布洛克开始集中阻击更多中概股。他公开宣称："东方纸业是个偶然发现，我父亲的公司想要做多，于是他让我去做尽职调查，我发现这是一个骗局。当时我不知道问题有多大，有多少公司进行了欺诈，只知道这家公司是欺诈，就发布了针对它的报告，不知道会造成什么影响。发布后许多人都注意到了这一报告，很多在中国的人开始联系我，其中一些是对冲基金、投资银行、咨询师和律师。他们都知道真相。他们说，嘿，我是知情人，我想告诉你，第一你做得很好，第二还有很多公司是这样的。"

浑水研究公司调查的第二家公司是绿诺科技。2010 年 11 月 10 日，浑水研究公司发布了长达 30 页的报告，强烈建议卖出该公司股票，并给出 2.45 美元的目标价，报告详述了绿诺科技财报中的种种疑点，包括不存在的客户和伪造的财务数据等。绿诺科技的股价从 15 美元左右开始跳水，11 月中旬，数家律师事务所开始召集绿诺科技股东发起集体诉讼。11 月 17 日，绿诺科技停牌，12 月 8 日，绿诺科技被纳斯达克摘牌。曾经 OTC 买壳，转板到纳斯达克，市值最高时超过 10 亿美元，先后从市场上融资 2 亿美元的绿诺科技被打回原形。

---

① 资料来源：《新闻晨报》，2011 年 7 月 5 日，《浑水研究公司：我如何做空四家中国概念股》。

在余下的时间里，浑水研究公司还成功做空了中国高速传媒、多元环球水务、嘉汉林业等10余家在美国上市的中概股。

2011年，浑水研究公司突袭分众传媒，做空活动达到高峰。分众传媒2005年登陆纳斯达克，创造了中国传媒公司的上市"神话"，股价一度冲至60多美元。2011年11月，浑水研究公司发布报告，直指分众传媒虚增LCD（液晶显示屏）数量、内部交易导致股东受损、资产减值不合理等问题，并强烈建议卖出分众传媒股票。

浑水研究公司的质疑一是分众传媒夸大其LCD数量近50%，"其日常公布数据中显示LCD的数量为17万台左右，但其在某些场合公开的数据却只有12万台"；二是分众传媒在收购中明显且故意支付过高价格，自2005年以来，分众传媒在16亿美元收购中减记了11亿美元，这些减记相当于分众传媒现有市值34亿美元的1/3；三是分众传媒至少进行了21次并购，但是都没有记录在案，因为多次并购，分众传媒已经支出4.3亿美元；四是认为分众传媒存在内部交易，在买入和卖出分众传媒子公司时，数名内部人士至少获利7010万美元，股东亏损近1.6亿美元。

分众传媒当时在纳斯达克市值近43亿美元，被浑水研究公司沽空之后，2011年11月21日收盘股价大跌40%。

在初期，浑水研究公司对中概股的阻击还主要是针对市值在10亿美元及以下的小型公司。布洛克曾表示，大公司造假的情况比小公司少，英文中有个词语叫"low hanging fruit"，意思是一伸手就能摘到的果子，小公司造假容易被发现和证明，而大公司由于信息量很庞杂，不容易被证明造假。对分众传媒的做空表明，浑水研究公司已将目标扩至中大型中概股公司。在做空分众传媒之后，浑水研究公司又分别在2012年做空新东方，在2013年做空网秦，两者的股价都曾最高下跌近50%。

3. 掠食者转型

浑水研究公司在早期做空中屡屡得手的一个重要原因就是被围猎

的中概股公司面对阻击，往往反应迟钝或者反驳苍白。通常情况下，针对做空行为，中概股公司倾向于申明以下几点意见：

（1）我们爱股东，我们是诚实的（虽然暂时不能直接逐条反驳攻击）！

（2）我们会成立特别委员会进行调查。

（3）独立研究机构是空头，他们有利益，他们利用市场的恐慌和怀疑。

（4）我们可能会起诉造谣者。

显然，资本市场对这些回应并不满意，因此只有在市场上抛售股票——"用脚投票"。

不过，随着相关机构及上市公司已开始熟悉浑水研究公司的做空手法，中概股在遭遇做空时学会了及时和有力反击。例如，2012年浑水研究公司做空傅氏科普威和旭光新材料，当年4月11日，也就是浑水研究公司发布报告的当天，傅氏科普威即做出回应，否认浑水研究公司报告中对其所有指控。这两条回应包括：认为该报告语意模糊，并且缺乏与该公司的任何接触；表示针对此类对公司业绩、管理层以及运营情况的质疑报告，该公司将立即反驳，并宣布于2012年5月3日公布2012年一季度财报。正是因为这种快速、有力的回应，傅氏科普威的股票并未出现大幅波动。

据笔者观察，2012年以后，浑水研究公司做空中概股基本上成败各半，一些本身资质良好且反应及时的中概股，并未因浑水研究公司做空遭受过多损失。

事实上，来自中概股公司的反击和市场对浑水研究公司做空手法的逐渐熟悉，迫使浑水研究公司自身也谋求转型。2016年年初，SEC资料显示，浑水研究公司旗下的浑水资本已获得监管机构批准，浑水研究公司还成立了对冲基金公司。在投资策略上，浑水资本主要采取多空策略，而不再一味做空，同时也关注看涨股票。

2016年1月，布洛克表示，做空欧洲股票正当时。欧洲有一些公司存在严重问题，这些公司通过金融工程粉饰财报、债务高企，而投资者没有进行足够的尽职调查。显然，做空中概股已不再是浑水研究公司的唯一目标。

做空潮：遭遇逆风

东方纸业和绿诺科技遭遇快速做空之后，做空中概股迅速成为一股强劲的逆风，席卷在美上市的中概股公司。一时间，做空阴影笼罩在所有海外中概股公司头上。无论是潜在的问题公司，还是资质优良的企业，一片恐慌。而海外投资者也是草木皆兵，迅速"逃离"中概股成为避险的第一选择。

2011 年 2 月 4 日，浑水研究公司发布了一份针对中国高速传媒的研究报告，质疑该公司蓄意夸大盈利能力，指控其向中国工商局提交的盈利数据与向 SEC 递交的财务报告数据严重不符，并对中国高速传媒给出"强力卖出"评级，同时声明，将直接参与做空这只涉嫌"造假"的股票。

在美国证券市场，做空就是在预期某只股票可能会下跌的情况下，选择先卖出该股票，然后在股票下跌之后再买入同样数量的该股票来平仓，以获得差价盈利的一种正常操作模式。当浑水研究公司的这篇报告出炉后，中国高速传媒的股价在报告发布当日便暴跌 33.23%。2011 年 5 月 19 日，中国高速传媒公告宣布接到纳斯达克摘牌通知书，股票转至粉单市场①进行交易。

在中国高速传媒之后，中概股开始接二连三地遭遇做空。截至 2011 年 11 月，此轮中概股危机中被长期停牌和退市的中概股公司总数

---

① 粉单市场是美国场外交易集团（OTC Markets Group, Inc.）负责的一个证券交易场所，场外交易集团是一家提供柜台买卖服务的公司，其服务内容包括证券报价，以及交易和相关信息的发布与传播。根据 SEC 的规定，场外交易集团所负责的粉单市场并不是一个证券交易所。粉单市场的公司大部分不符合诸如纽交所等交易机构的基本上市要求，同时，这些公司没有定期披露公司信息的责任和提交经过会计师事务所审核的财务报告的义务。

达到 46 家。到 2012 年 3 月 19 日，在美国上市的 263 家中概股公司，45 家股价跌到了 1 美元以下，约占 17%；157 家股价跌到了 5 美元以下，约占 60%；仅有 61 家股价仍在 10 美元以上。

我们回顾一下中国高速传媒遭遇做空的过程。为做出针对中国高速传媒的做空研究报告，布洛克实地调研了一个月。他首先伪称自己是中国高速传媒的潜在客户，向公司索取了一份广告客户资料，之后便向中国高速传媒的竞争对手、客户以及供应商询问有关该公司各方面的具体情况，并前往北京、天津、石家庄、福州等地实地观察中国高速传媒广告播放设备的运转情况。同时，他还核对了中国高速传媒向中国工商局和 SEC 提交的相关财务数据是否匹配。2011 年 2 月 4 日，浑水研究公司发布报告，质疑中国高速传媒蓄意夸大盈利能力，并指出其向中国工商局提交的盈利数据与向 SEC 递交的财务报告数据严重不符。

客观地说，从早期遭遇做空的中概股来看，其被做空的原因主要是由于公司自身存在财务等方面的问题，这一遭曝光的"蛋壳上的裂缝"吸引了美国做空基金、相关机构、律师和网络等的协同围堵，后者进而通过猎杀中概股公司牟利。

做空的基本操作模式是，先由基金卖空，然后相关人士或机构大量发布做空报告，引起股价大跌，接着律师跟进集体诉讼，造成股价继续下挫，最后做空基金大获其利。

但是，随着做空潮的扩散，在此后的中概股做空中，一些并非基于扎实调查和真凭实据的投机性做空开始出现。由于投资者特别是散户投资者的从众心理，当研究机构发布一些针对中概股公司的负面信息，而投资者又无法证实相关信息真伪时，股票市场就会表现出非理性的一面——快速下跌。因此，这些散布公司负面消息的掠食阻击者做空的成功率很高。

在美国，有一些规模较小的律师事务所往往乐于去主动发掘一些"可能的被告"，然后与个人投资者——原告逐一接触，说服他们签订法律诉讼的代表合同。如果诉讼成功，则原告所获赔偿的 50% 将充当律师费用。如果败诉，原告也无须向律师事务所支付费用。"中国公司遭遇做空"成为这些律师最热衷跟踪的案件。

再透视： 做空成因

反思浑水研究公司创始人做空中概股的起因和发展历程不难发现，中概股被做空并不是偶然的，而是有其内在逻辑和必然性。

第一，中概股公司财务报表不规范，甚至直接造假是被做空的最根本祸因。从东方纸业、绿诺科技到中国高速传媒，被浑水研究公司等机构阻击的根源在于公司在营收、利润、资产、客户数量，以及税收等财务数据上存在瑕疵及造假行为。从浑水研究公司创始人创立该公司的起因也可以看出，部分中概股公司在财务上造假成为这类机构"做空"中概股的最直接原因。

深入分析来看，一方面，这是很多上市公司追求"包装上市"的直接结果。在中国资本市场，公司申请 IPO 时进行报表"粉饰"是长期存在的顽疾。但是，在国际资本市场，由于监管理念、监管机制和制度规范的差异，造假行为是要付出沉重代价的。这与国内还没有建立完善的诚信体系，公司造假成本低的现状形成鲜明对比，而不少已经走出国门的中国公司并没有重视这一点，也没有为此做好准备。

某种意义上，财务造假也与国内部分公司长期存在财务制度不健全、财务管理不规范的"传统"一脉相承。许多中国公司，尤其是部分民营公司存在财务管理混乱、报表随意操控，甚至出现几套财务账的现象。这些不同的账套大多是为了满足工商、税务、银行等不同主体的不同"需要"。但是，当公司成为上市公司，尤其是在境外成熟资本市场上市时，这样的行为习惯必然会导致严重后果，轻则触犯监管，重则构成犯罪。在过去几年发生的中概股丑闻事件中，几乎所有涉事公司都被发现其在国内的工商登记资料，以及纳税记录上的利税、资产、收入数据，与其递交给 SEC 的财报数据存在显著差异。

第二，一些会计师事务所逃避或推卸责任为做空行为推波助澜。过去几年，被勒令停牌或退市的中概股公司中，聘请全球"四大"会计师事务所担任独立审计师的公司达到 14 家。从所属地域看，其中65% 来自美国本土，13% 来自中国内地。在涉及中国内地的审计机构中，有 4 家是四大会计师事务所在中国的注册机构。但是，这些机构在关键时刻为保全自身，经常在中概股公司遭遇财务造假质疑时，选择临危脱责，而使中概股公司陷于极为被动的地位。在临近提交财务报告时，审计师的辞任往往直接导致上市公司无法按时披露季报或年报，这进一步加剧了中概股因违规而被交易所停牌或退市的风险。

根据统计显示，四大会计师事务所在审计所谓"问题"中概股公司时，辞任率高达57.1%；而在同期，其他所有会计师事务所的辞任率为26.9%。这些大型知名会计师事务所并没有为维护中概股公司的正当合法权益而有理有据地仗义执言、据理力争，而是选择急于撇清关系、溜之大吉，这些不可靠的"伙伴"常常成为打垮上市中概股公司的关键一击。

第三，在海外证券市场，以反向收购方式"借壳上市"容易潜藏风险，这与国内证券市场有很大的差异。在中国概念于海外市场受追捧时期，国内许多公司为了实现尽快上市，特别是一些尚不完全具备海外上市条件的公司因急于登陆海外市场，采取了反向收购的方式实现快速上市。

所谓反向收购，是指非上市公司的股东通过收购一家已经上市的"壳"公司的股份，控制该上市公司，再由该公司反向收购非上市公司的资产和业务，将资产和业务注入该上市壳公司，或使之成为上市壳公司的子公司。

在美国证券市场上市的中国公司有 260 多家，在中概股做空潮中，成为被阻击对象的公司多是以反向收购方式上市的。分析其原因，最可能的诱因就是在快速上市的进程中，有不少未考虑周全的瑕疵留下了隐患，甚至存在某种程度的故意造假。而在上市后，一些公司并没有努力整改完善，夯实发展基础，遵循美国证券监管的要求，最后被浑水研究这样的公司抓住把柄遭遇做空，并引起 SEC 的严查，从而被停牌或是摘牌，这其中的教训值得深刻反思。

第四，不合理或不理性的对赌协议（Valuation Adjustment Mechanism，简称"VAM"）往往成为缠绕在中概股公司身上的绞索。这也经常是一些中概股公司进行财务造假的最初动因。

所谓对赌协议，是指投资方与融资方在达成协议时，双方对于未来可能出现不确定情况的一种事前约定。如果约定的条件不出现，投资方可以行使一种权利；如果约定的条件出现，融资方则行使另一种权利。一些公司为了达到尽快融资上市的目的，常会和投资机构签署对赌协议。但是，由于对赌协议潜藏很大的风险，一旦出现不利情况，会给签约公司带来巨大的风险。前几年，太子奶、碧桂园、南方航空等都曾经因对赌协议遭受过重创，中华网破产的直接导火索也是因为对赌失败。

公司在融资时，尤其是在上市融资过程中，一定要结合自身实际情况谨慎从事，量力而行，做好对重大风险的控制，而不能有赌博心理，让公司承担过大的不可控风险，更不能在对赌协议中的不利条款即将被触发时，进行财务造假，而使公司处于颠覆性风险之中。否则，一旦出现问题，中概股公司往往会成为被阻击与围猎的对象。

第五，一些企业缺乏忧患意识，没有筑起防范恶意做空的"护城河"，在遭遇做空袭击时无法进行积极有效的反击，以保护公司不受伤害或是少受影响。在中概股遭遇的集体做空潮中，虽然起源在于一小部分公司的财务造假和其他漏洞，并非大多数赴美上市中概股公司都存在此类问题，但类似浑水研究公司、香橼研究公司（Citron Research）等机构敢于借助部分中概股的漏洞肆意做空所谓"问题企业"，并引发大规模的中概股恐慌性下跌，说明大部分中概股公司都没有提前筑起对抗这类风险的"护城河"。

事实上，在国外证券市场，做空是一种正常的盈利操作模式与手段，做空行为并不鲜见，更不是只针对中国公司。但是，类似浑水研究公司这类机构以"揭丑"方式进行的大规模做空行为却是比较少见的。尽管一些资质优良的公司也存在被"枉杀""错杀"的情况，但真正能保护公司自身安全的就是诚实守信、规范经营，并积极做好信息披露，以扎实的经营基础筑牢公司的"护城河"。就连做空中概股的始作俑者布洛克也表示，将来会考虑做多中概股，这也是部分中概股成功经受住做空考验之后，对阻击者的启示。

新东方挺过做空袭击

2012 年 7 月 17 日，针对在美上市的中国教育产业第一股新东方公告，SEC 开始调查其 VIE 架构与合并报表会计政策，当天公司股价下跌约 35％。第二天，浑水研究公司发布报告，指出新东方存在 VIE 架构、合并报表、税务等一系列问题，新东方股价当天再次下跌 35％。新东方股票市值累计缩水接近 60％，损失约为 20 亿美元。

7 月 23 日，针对新东方的集体诉讼爆发，原告主要围绕 VIE 架构及其相关协议提出指控。第一，在针对 VIE 架构的指控上，原告指出，被告的 VIE 相关合同在诉讼期间无法满足公认会计准则下的报表合并要求，新东方不是 VIE 公司的主要受益人（primary beneficiary），对其进行报表合并违反公认会计准则。第二，在 VIE 相关协议（新东方海外上市的 VIE 相关合同包括服务合同、权益抵押合同、权益独家回购合同）的指控上，（1）原告指控，被告没有披露某些年度服务合同的收费金额和费率信息，2011 年披露的收费率很低，明显不足以支持对 VIE 的控制权，被告并没有向法庭提供证据表明其有单方面的调价权，而且没有证据可以表明，在诉讼期间被告有权依照服务合同收取 VIE 的大部分剩余回报（residual return）；（2）针对权益抵押合同，原告还指出，该合同并没有在有效的政府部门登记，所以是不可执行（无效）的；（3）关于权益独家回购合同，原告指出，在诉讼期间，中国法律并不允许外商独资企业并购该案中从事教育活动的 VIE 公司，所以该合同在约定可执行的法律范围内也是无效的。

据此，法院认为，原告已经充分指控了被告缺乏对 VIE 的有效控制权。法院在该案中对 VIE 是否有效的法律逻辑推理对其他可能产生的 VIE 诉讼案而言，有可能成为司法判例。因此，针对原告的上述指控，被告从重大不实陈述、欺诈企图、损失因果关系这三个方面进行抗辩，申请法院驳回原告的起诉。被告抗辩指出，其报表并没有进行重述，而且外部审计师仍然出具的是无保留意见，因此不存在重大不实陈述。法院认为，虽然可以在诚信的基础上接受审计师的意见，但审计师的审计意见并不能解除公司在 VIE 合同有效性上的义务。被告还抗辩指出，公司成立调查委员会启动调查，因此不存在欺诈的企图。法院指出被告的调查委员会在 VIE 上并没有做出最终结论，而且，当新东方公布 SEC 企业融资部门（Corporate Finance Division）启动了对新东方 VIE 调查的时候，股价开始下滑。虽然后来该调查终止了，而且 SEC 该部门并不反对新东方的 VIE 会计合并政策，但 SEC 的执法部门（Enforcement Division）对新东方的调查并没有终止，因此，法院认为依照判例法，本案中在损失因果关系要素上 SEC 的调查起到关键作用，原告符合指控要求。法院还认为，假设原告所指控属实（仅仅是假设，并不是认定指控属实），那么就 VIE 诉讼事项而言，原告的指控内容已经符合重大不实陈述、欺诈企图、损失因果关系这三个要求。因此，虽然从原告指控可以推导出被告在 VIE 报表合并事项上，不存在故意的动机或者企图，但至少属于轻率（reckless）性质，而这符合证券集体诉讼起诉标准中的欺诈要件。因此，2013 年 12 月 23 日，法院就 VIE 的指控拒绝了新东方的驳回申请。但法院本身并没有裁决这个 VIE 是否有效，也没有裁决新东方是否存在欺诈或者轻率，因为案件并没有进入开庭审理阶段。

从公开信息来看，对新东方 VIE 的指控更像是合同文字和会计技术处理这些形式上存在小瑕疵，从而被做空机构钻了空子。至于新东方是否存在实质上的问题，由于案件并没有进入证据开示阶段，所以外界无法判断。

但为何会有形式上的小瑕疵，新东方后期进行了哪些改进措施？这同样值得中概股公司思考、借鉴和学习。做空机构曾指控和公司业务规模及同期其他中概股公司相比，新东方的数个年度审计费偏低，并因此质疑新东方财务报表的可靠性。虽然法院并没有认可这样的指控，但从中亦可以看出做空机构的丰富遐想能力和成熟的做空套路。

法院拒绝了新东方驳回起诉的申请，意味着该案可以继续往前走，或者进入证据开示阶段然后庭审，交由陪审团裁决，或者当事人双方考虑庭外和解。因此，2014 年 4 月 19 日，原被告双方律师开始进行和解谈判，并于 2014 年 5 月 23 日达成和解赔偿 475 万美元（其中，存托股诉讼 450 万美元，期权诉讼 25 万美元）。这样的结果对新东方来说无疑是个巨大胜利，算得上是有惊无险，赔偿金额不大，避免了接下来的证据开示程序，并可以彻底摆脱 VIE 所导致的集体诉讼纠缠，走出被做空的危机。

VIE 风险从最初被放大从而引发华尔街恐慌，到投资者相对理性把控各中概股的 VIE 风险，至少从目前来看，VIE 的现实风险是可控的，并得到了投资者的认可。

资料来源：雪球网站，作者布莱克·庞普（Black Pum），笔者进行了补充与调整。

潮落： 海外困境

"爱她，就带她去华尔街，参加敲钟仪式，共享喜悦；恨他，就留他在那街上，面对 360 度的全天候治理，独受煎熬"[1]。这是自 21 世纪

---

[1] 引自《战火 2014：美国中概股集体诉讼综述》，作者卓继民，2015 年 2 月。

初的中概股热潮之后，近几年来中概股公司在海外证券市场所面临境遇的真实写照，特别是在美国证券市场。

《萨班斯—奥克斯利法案》

2001 年 12 月，美国最大的能源公司——安然公司突然申请破产保护。此后，该公司丑闻不断，特别是 2002 年 6 月的世界通信会计丑闻事件"彻底打击了（美国）投资者对（美国）资本市场的信心①"。为了改变这一局面，美国国会和政府加速通过了《萨班斯—奥克斯利法案》，该法案的另一个名称是《公众公司会计改革与投资者保护法案》，它对在美国上市的公司提出了合规性要求，使上市公司不得不开始考虑控制包括 IT（信息）风险在内的各种风险。

该法案旨在提高公司信息披露的准确性和可靠性，保护投资者，并加强了对上市公司欺诈行为的刑事惩罚力度，要求公司的首席执行官和首席财务官（CFO）个人对财务报告的可靠性承担责任。

该法案出台后，业界普遍认为对于上市公司的监管过严，导致上市公司的运作成本显著提高，出现了不少上市公司选择进行私有化的案例。同时，监管过严也导致美国作为上市地的吸引力降低，一些公司选择到其他国家的证券市场挂牌上市。

正因为如此，在美国上市的中国公司所面对的监管环境很严格，投资者一旦发现公司有不规范行为，往往容易采取集体诉讼的办法，对公司提出指控。上市公司为此需要承担额外的监管风险，在日常的经营和管理中面临很大压力。表 1.3 列示了 2014 年到 2015 年 3 月间，针对中概股的集体诉讼案件。

分众传媒就是遭遇集体诉讼的一个典型案例。针对 2013 年美国投资者发起的诉讼，经过为期两年多的调查，SEC 于 2015 年 9 月与分众传媒及其首席执行官江南春达成和解协议，分众传媒采取既不承认也

---

① 引自 2002 年美国国会报告。

不否认 SEC 指控的方式，缴纳了总额高达 5 558 万美元的和解金。责罚的主要原因是分众传媒在向 SEC 申报的文件中做了不准确的信息披露。通过此案，SEC 向市场清楚地传达了这样的信息：发行人及其管理层在确保公开披露信息的真实、准确方面，具有不可推卸的责任；对于向公众披露的信息，以及任何上报 SEC 的文件，一定要据实披露，否则将遭受重罚。

表 1.3　2014~2015 年 3 月针对中概股的集体诉讼案件一览表

股票代码	公司名称	诉讼爆发日期	诱因
MONT	澜起科技	2014. 2	遭机构做空
GA	巨人网络	2014. 4	私有化
CMGE	中国手游	2014. 6	重大人事调整
VNET	世纪互联	2014. 9	遭机构做空
JMEI	聚美优品	2014. 12	IPO 后业绩下滑
BABA	阿里巴巴	2015. 1	中国工商总局批评其售假
WBAI	500 彩票网	2015. 2	遭机构做空
LAS	联拓国际	2015. 3	遭机构做空
DSKY	乐逗游戏	2015. 3	下调营收预期
YOKU	优酷土豆	2015. 3	SEC 问询

从美国证券市场出现的一张张天价罚单不难看出，SEC 对信息披露违规的处罚可谓相当严厉，即便是对分众传媒这种所谓疏忽大意式的信息披露"失误"，SEC 也是毫不手软。这种异常严格的监管压力显然大大增加了上市公司承担的隐性成本。

当然，从长远角度看，严苛的监管规则有利于营造健康、稳定、规范的资本市场环境。与之形成鲜明对比的是，国内证券市场监管中对信息披露违规的处罚力度明显偏弱，难以起到强有力的震慑作用，操控业绩、粉饰财务报表，或是隐瞒重要信息等违法违规行为屡禁不止，其危害不仅是在一级市场产生"劣币驱除良币"效应，公司上市后即"变脸"，一些上市公司不安心或不愿意踏踏实实做主业，习惯于投机操纵，耍弄所谓"财技"。而且，这种危害还会进一步传导到二级市场，由于难以从上市公司的长期投资中获取合理回报，市场投资行为难免呈现出短期化、投机化的趋势，这在某种程度上会导致内幕交易、市场操纵等二级市场证券欺诈行为的滋生。

专栏 1.7　　　分众传媒的数千万美元巨额罚单

2010 年 3 月，分众传媒披露了针对分众传媒及其全资子公司好耶广告（Allyes）部分高管和特定员工的管理层收购计划，即以 1 330 万美元的价格向上述人员出售分众传媒全资子公司好耶广告 38％的股权。据计算，好耶广告的估值约为 3 500 万美元，分众传媒称此价格是基于第三方独立评估得出的。然而，不为公众投资者所知的是，在该收购计划实施前，一家意图收购好耶广告的私募基金已经开始与其展开商谈，价格在 1.5 亿 ~2 亿美元之间。2010 年 7 月分众传媒宣布，将以 2 亿美元的整体估值，将好耶广告出售给这家私募基金。短短四个月时间内，好耶广告的公司估值就翻了将近 6 倍。而分众传媒和此前参与管理层收购计划的高管和股东均因此而获益。

根据 SEC 的调查，由于分众传媒及江南春疏忽了交易过程中的明显异常，不仅使得分众传媒董事会未能获取准确的信息，也导致分众传媒在公开披露时出现了虚假和误导性陈述。这些明显异常包括：

（1）管理层收购计划包括了非公司雇员的顾问。

（2）在本意为激励好耶广告管理层的收购计划中，母公司首席执行官江南春却是最大受益人。

（3）在短短的数月内，好耶广告的估值发生了巨大差异。

(4) 有证据表明在实施管理层收购之前，好耶广告与后来的收购方就已经展开商谈。

(5) 公司对这些交易的批准和执行缺乏制度规范。

SEC 认为，分众传媒及江南春违反了美国《证券交易法》中有关反欺诈的条款，分众传媒还违反了有关过程记录和资料保存的程序性规定。据此，江南春需退回非法所得 969 万美元，另外缴纳预估利息 160 万美元，以及罚款 969 万美元；分众传媒则需支付 3 460 万美元的罚款。SEC 将用上述款项建立专门的公平基金，退还所得给受害的分众传媒公众投资者。

估值偏低

2011 年以后，随着中概股做空潮的逐渐兴起，在美国证券市场上市的中概股公司的处境每况愈下。近几年，中概股的市场表现整体跑输美国股票市场大市，曾经大放异彩的中国传奇日显落寞。

与此同时，作为新兴市场的境内证券市场，虽然近几年经历巨幅波动，但 A 股公司（特别是新兴行业的公司）的整体估值水平普遍高于美国市场。从对中概股和 A 股行业龙头企业的市场表现进行比较分析来看，不同领域的龙头企业市值差异巨大。

以 2017 年 3 月 17 日的收盘价对比来看，在纳斯达克上市的云计算领域中概股蓝汛和 A 股上市的网宿科技相比，前者市值只有 5 378.23 万美元，折合人民币 3.72 亿元，而后者市值为 365.26 亿元，网宿科技市值是蓝汛的 98 倍多；在 A 股上市的互联网信息服务领域的东方财富市值为 565.77 亿元，而在美上市的金融界市值为 6 914.71 万美元，折合人民币约为 4.77 亿元，东方财富市值是金融界的约 118 倍；在 A 股上市的户外传媒领域的粤传媒市值为 85.57 亿元，而在美上市的航美传媒的市值为 1.46 亿美元，折合人民币 10.1 亿元，粤传媒市值是航美传媒的 8 倍多。

在中概股退市高峰时期的 2015 年，中美两个证券市场的估值水平也相差巨大。当年第一季度，尽管暴风科技的市值相当于 8 个迅雷，但是第一季度暴风科技的净利润亏损 320.85 万元，同比下降 146.72%，而迅雷第一季度净利润高达 240 万美元。游戏公司昆仑万维停牌前市值为 437 亿元，而当时在美国上市的游戏公司中，市值最高的盛大游戏也只有 113 亿元，昆仑万维的市值超过盛大游戏、完美世界、畅游等中概股游戏公司的市值总和。而从财报看，昆仑万维的业绩远不如这几家老牌游戏公司（见表 1.4）。

表 1.4　2015 年 5 月 20 日 A 股与中概股市值对比　　　　　　单位：亿元

股票名称（代码）	总市值
暴风科技	360.97
迅雷	45.66
乐视网	1 378.71
优酷土豆	272.04
东方财富	1 309.03
金融界	7.09
网宿科技	381.31
蓝汛	24.54
万达院线	1 371.38
博纳影业	44.89
粤传媒	174.67
航美传媒	22.25
昆仑万维	437
盛大游戏	113.75
完美世界	60.09
畅游	108.3

资料来源：万得资讯。

再以手游行业为例，截至 2014 年第四季度，中国手游占国内手游发行商 20.1% 的市场份额，位列第一，龙图游戏、乐逗游戏、昆仑万维分别以 16.7%、15.7%、10.3% 的市场份额列第 2 位至第 4 位，但海外上市的中国手游和乐逗游戏估值低于 10 亿美元，而国内上市的昆仑万维市值同期则在 400 亿元左右。

尽管 A 股市场在 2015 年经历了一轮剧烈调整后，上市公司整体估值水平有显著下降，但与境内外市场的估值差仍非常明显。以当年借壳上市的分众传媒为例，到 2015 年 12 月 14 日，其收盘价为 44.9 元，市盈率超过在美国退市时的一倍，同时也普遍高于目前仍在美国上市的科技企业。图 1.11 显示了在 A 股经历调整后的 2015 年 7 月，A 股、美股与港股热门行业市盈率比较。

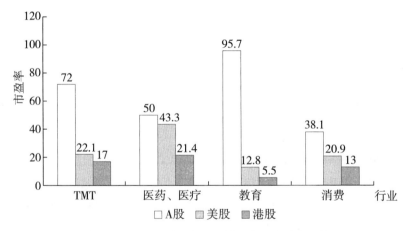

图 1.11　A 股、美股与港股热门行业市盈率比较

资料来源：彭博社，数据截至 2015 年 7 月 18 日。

除了新兴市场和成熟市场的差别外，估值差异也与中美两国证券市场的交易机制不同有关。美国与中国资本市场交易制度与规则存在的重要差异就是美国市场有做空机制，在投资者做多、做空都能盈利的市场上，空头与多头常常通过制衡机制形成有效均衡，因而一只股票很难长期背离其真实价值。市场交易机制和投资者选择的结果是低估的股票会被发现价值，而高估的股票会被做空。

因此，基于市盈率水平的显著差异，从融资规模看，海外中概股平均融资额明显小于 A 股，并且差距有拉大趋势，除计算机、汽车、商业贸易外的几乎所有行业在美国证券市场上的融资能力均不如 A 股（见图 1.12）。

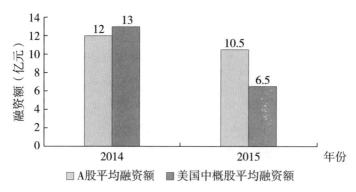

图 1.12　A 股、美国中概股平均融资额比较
资料来源：彭博社，数据截至 2015 年 7 月。

中美两个资本市场投资者的投资逻辑与偏好的差异也导致了两地上市的差异，这体现在多个方面。例如，美国市场投资者更偏爱重大科技创新，特别是那些对改变世界具有重要影响的科技创新；中国投资者更注重实用科技创新，这些科技创新更多是相对于行业传统技术而言的。从市值来看，美国机构投资者更加偏好商业模式被市场验证，且抗风险能力强的大市值公司，而在美国上市的中概股公司市值大多偏小，且很多商业模式尚未被有效验证，由此导致估值折价成为常态。从投资标的稀缺性来看，美国机构投资者更愿意给稀缺且真正具有成长性的公司以高估值，而大部分中概股公司在美国市场都有对标的目标公司，导致其估值溢价不会太高。从信息的对称性来看，国内企业造假成本低的客观现实，让美国机构投资者更加偏好信息对称、调研考察与沟通方便的本土公司，美国市场投资者由于信息不对称而导致的"怕生"感，进一步加剧了中概股不易被投资者接受的不利局面。从发展阶段来看，一部分中概股公司所处行业在国内也许正处于高速成长期，但在美国市场也许已经处于成熟期，如小贷金融等，因而估值也不高。

因此，按照美国投资者的逻辑，多数在美国上市的中概股公司估值水平偏低。面对这样的局面，中概股公司主要有四种策略选择面对低估值：一是继续留在美国坚守阵地，等待被发现价值，反击美国资本市场上的各类做空机构；二是积极引入知名战略投资者站台，以展现公司的真实价值；三是选择两地上市，即除了在美国上市外，还可以再选择在 A 股或 H 股市场上市；四是选择私有化退市，并寻求在 A 股市场重新上市。

与美国市场对比来看，按照 A 股目前的市场状况，两个市场确实存在进行不同市场间估值差异套利操作的空间。但是，尽管如此，投资者也需要综合考虑多个因素：一是行业因素，对于估值超过行业平均值的项目，需要论证其合理性，并谨慎决策，因为在几年后真正可实现退出的时点，资本市场的估值水平可能会发生巨大变化；二是增长率、总市值等对估值的影响，通常市值与 PE 倍数呈反向相关，而净利润增长率则与 PE 倍数呈正向相关。这也从侧面说明，为何 TMT、医药、环保等高增长的行业通常会获得较高的估值水平。

成本高昂

2015 年 5 月，曾经凭借《捕鱼达人》游戏风靡一时的触控科技因估值太低，无奈宣布暂缓赴美上市；同年 4 月，万洲国际也是因为认购额严重不足，宣布暂停赴港 IPO。由于筹不到足够资金，进行 IPO 时公司价值被过分低估，IPO 披露规则严苛等问题，中国企业境外 IPO 的成本陡升，不少企业的 IPO 计划搁浅。

事实上，相较于 A 股上市的"独木桥"，境外上市条件看似宽松，审核流程也更快，但上市费用高昂。此外，落实严格的监管制度也导致高昂的上市维护费用，这使一些企业即使顺利在境外挂牌上市，但后续一旦出现某些问题，则很难扭转局面。选择私有化退市企业的增多足以表明，早期赴美上市企业正遭遇诸多困难，这些困难成为制约这些企业发展的瓶颈。

前瞻投资顾问进行的统计研究表明，境外资本市场的高成本主要体现在两个方面：

一是上市费用及后期维护费用高。赴美上市的企业每年必须承担上市年费、投资者关系维护费、法律顾问费、审计费、信息披露费等高额维护费用，这远远高于我国A股市场和香港市场（见表1.5）。同时，美国对市场行情与上市时机要求甚高。如遇市场低迷时，上市过程会被推迟或彻底取消，比如中海油、中国电信等大型国企在美上市都曾经历过失败，第二次才成功。经历两次上市申请，会产生大量的额外费用。

表1.5　中美资本市场上市费用及后期维护费用比较　　金额单位：万元

可预测费用	A股	香港主板	香港创业板	纽交所	纳斯达克
上市费用占融资额比例（%）	4～5	15～20	10～15	15～25	9～16
每年投资者关系维护费用	5～10	25	25	630	630
上市年费	0.6～3	8～90	6～18	25～315	17～63
每年法律顾问费用	10	60～100	40～100	160	160
每年审计费用	30～40	100	60～100	160	160
每年信息披露费用	12	30～50	30～50	50～100	50～100

资料来源：根据公开资料整理。

二是以美国市场为代表的境外资本市场监管制度严格，遭遇做空、封杀、退市的风险很高。在境外，尤其是在美国资本市场，中概股公司被机构恶意做空，或因信息披露瑕疵而遭遇阻击退市的风险时刻存在。尤其是在财务管理、公司治理、信息披露等方面，在美国上市的公司只要某一环节达不到标准或经营不善，就可能遭到停牌甚至摘牌的处罚。此外，在美国上市的公司受政治舆论环境影响而被华尔街封杀等现象也并不少见。

需要特别指出的是，在境外资本市场上市的企业一旦涉及投资者诉讼，需要承担的成本也是十分高昂的。公开的统计数据显示，诉讼高峰期的 2010 年，284 家在美国上市的中国企业中，有多达 25 家遇到集体诉讼事件。此后几年，中概股公司被投资者诉讼的事件也是持续不断。

纳斯达克市场平均每年的退市率高达 8% 左右。在 1985 年到 2008 年间，纳斯达克市场共新增上市公司 11 820 家，而在此期间，退市企业达到 12 965 家，也就是说，经过十几年的发展，纳斯达克市场的上市公司数量减少了 1 000 多家。由此可见，美国股市监管制度之严苛，上市公司为保持上市地位，在信息披露、公司治理等方面的费用自然不菲。

交投清淡

对一家上市公司而言，活跃的二级市场交易能够为投资者提供良好的流动性，因而也更容易得到投资者的青睐。同时，这也反过来为公司再融资创造了良好的外部市场条件，公司可通过批股、供股、配股、增发等各种方式在二级市场进行再次融资，募集发展所需资金，这也是公司上市的最大意义所在。但是，并不是每家公司都会自动处于这样的市场环境中。对海外中概股而言，大部分股票长期处于"三低"——股价低、市值低、成交量低的状态，交投清淡的状态使得再融资成为既不可能，也不可行的困局。

上市公司股票交易的活跃度（即其股票流通性）除了受企业自身经营发展状况的直接影响，还会受到多种其他因素的影响和制约，主要包括以下几个方面：

一是上市公司的资本结构。在 IPO 中仅发行小部分股票的公司，其流通在外的股票数量必然很少，特别是对于股本规模并不大的公司来说，小比例、低流动的流通股常常导致股价异常低迷，这是在新加坡证券交易所和澳大利亚证券交易所上市的中概股遇到的最大困难。以澳大利亚证券交易所为例，由于该所并未对上市公司流通股份设定下限，2013 年 10 月上市的中概股公司 99 无限在上市时仅有 5% 的股份公开流通。据相关统计显示，过去几年间在澳大利亚证券市场挂牌的一批中概股公司中，有多家流动股份比例不足 2%。过低的流通股比例使得公司资本结构扭曲，直接制约股票交易的活跃度。

值得注意的是，一些海外证券交易所已开始检讨外资企业在本国上市时流通股比例的设定问题。例如，澳大利亚监管当局就在考虑进行软性筛查，逐渐提升对新股的流动性要求。而我国香港证券交易所，对选择在香港地区上市的境内企业的上市流通股份比例设定了明确的下限。

二是投资者选择偏好。在成熟的资本市场上，投资者更愿意选择流通股比例高、流动性强的股票进行投资。在机构投资者占主流地位的市场，股票流通性是投资决策的重要考量，规模大、流动性强的股票不仅估值相对稳定，而且为资金量相对更大的机构进行买卖交易提供了便利。因此，大型蓝筹股是大型基金的基石投资对象，也是压舱石。在美国市场，除了阿里巴巴、百度、京东等少数中概股规模比较大，流动性较好外，大部分中概股股本总规模小，流通股规模更小，这意味着增加了投资的流动性风险，因而不容易被机构投资者认同，这也在客观上决定了其流通性要受到显著影响。一部分中概股除了在受追捧的高潮期流动性较好外，大部分时间里所受投资者关注较少。尤其是在中概股做空潮之后，投资者惧怕投资风险导致流动性更加恶化。

三是证券市场投资者对公司的了解程度。二级市场投资的一条基本规则是尽可能投资熟悉的股票，机构投资者在做出投资决策之前，会对上市公司进行深入的分析研究，而对散户投资者来说，"做熟不做生"更是基本原则。对于一大批漂洋过海在海外市场上市的中概股公司而言，其业务经营基本都是在中国国内，海外投资者对此知之甚少，国内投资者也不关注。在美国证券市场，很多中概股只有在IPO时会获得一定的关注度，之后便悄无声息，甚至那些通过反向收购上市的公司在刚上市时也是默默无闻。

统计显示，200多家在美国上市的中概股公司中，有大量市值仅有1 000多万美元甚至更低的小公司，例如，在股价低点，中网在线的市值为1 550万美元，联合信息的市值为467.58万美元，能发伟业的市值为679万美元。由于美股市场股票供给极为充足，有相当部分的中概股日均成交金额仅有几千美元。更有一些中概股公司在美国市场几乎就是"短期游"，在上市很短时间后即遭到资本市场淘汰，被迫退市。岳鹏成电机在2010年年初通过借壳在美国纳斯达克上市，但到了2011年6月就退入粉单市场。

四是上市公司所在证券市场的整体流动性。一些境外交易所或交易所的某些板块，因监管规则不完善、上市股票数量不够多、股市总市值偏小、上市公司来源地单一、行业结构过于集中、缺少新兴行业公司等原因，整体缺乏流动性。在这样的非主流证券市场上市，上市公司几乎很难获得好的流动性和估值水平。与A股市场20多年高速发展形成的市场体量相比，很多小型经济体国家的证券市场缺乏吸引力，尽管也吸引了一些非行业主流中国公司前去上市，但这些公司的整体市场表现比较差。例如，一些去马来西亚证券市场、泰国证券市场上市的公司大都属于非行业主流公司，在这些市场中市场表现好、流动性强的中国公司并不多见。

自2011年以来，随着中概股屡被做空，海外市场一些中小盘中概股的流动性变得更差。2007~2015年纳斯达克中概股换手率见图1.13。尽管其中有不少公司属于互联网或者新兴科技类公司，但其与国内同类上市公司获得的较高关注度和较高流动性相比，差距巨大。

图1.13 2007～2015年纳斯达克中概股换手率

资料来源：彭博社，数据截至2015年7月。

专栏 1.8　　　　**中概股纳入MSCI指数影响**

2015年12月，MSCI宣布将包括百度、阿里巴巴、网易等在内的14家中概股首度纳入MSCI中国指数和MSCI新兴市场指数。

按资金规模计算，MSCI是全球使用最广泛的指数体系，其指数覆盖了75个主要的发达、新兴和前沿市场。根据MSCI的统计，截至2015年3月，全球以MSCI指数为基准指数的资金规模高达9.5万亿美元（其中，以MSCI新兴市场指数为基准指数的资金规模为1.6万亿美元）。

MSCI中国指数属于MSCI新兴市场指数的一部分（占比约为24%），是目前中国区市场最为重要和常用的基准指数（A股尚未进入MSCI指数体系），主要涵盖在我国香港地区上市的内资公司和少量B股，在其143只成份股中，H股占74只，红筹股占33只，中资民营占34只，B股占2只。按市值计算，覆盖了79%的香港内资股。从板块分布来看，金融、信息科技和电信行业占比最高，而原材料和医疗保健行业的权重最低。

由于 MSCI 指数体系采用"搭积木"的构建方式，因此 MSCI 中国指数的变动也会自动在以其为子集的更高一级指数中体现（如 MSCI 亚太和 MSCI 新兴市场指数），再考虑到追踪 MSCI 指数的庞大资金规模，所以任何主要指数的变动都会引发资产（特别是被动型资金）的重新配置和相应的资金流动，并可能对股价产生影响。

被纳入 MSCI 指数，对中概股来说将带来潜在资金流入，投资者结构趋同将促进 ADR 和 H 股市场的进一步融合。

首先，考虑到 MSCI 指数体系在全球的广泛应用，以及以其为基准指数的庞大资产管理规模，中概股公司在被纳入 MSCI 中国指数后，不仅将促使所有追踪相关受影响指数的被动型基金按比例配置入选标的，同时也会明显提升中概股，特别是其中的中小公司的知名度，进而有助于吸引更多主动型基金的配置和资金流入。

其次，ADR 被纳入 MSCI 中国指数后，将会促使中概股和 H 股市场投资者群体的进一步趋同。投资者群体的不同实际上决定了市场行为的差异，举例而言，虽然中概股是中国公司，但受到美股大环境的影响更为显著，其与纳斯达克指数的相关系数长期以来一直高达 70% 左右；相反与 H 股的相关性明显偏低，但在市场大幅波动后，中概股与 MSCI 中国指数的相关性显著攀升。ADR 被纳入 MSCI 中国指数后，将从边际上增加两地市场投资者的重合度，使得交易行为和市场表现更为趋同，进而会促进 ADR 与 H 股市场的进一步融合。

融资困境

近年来，随着中国经济进入新常态，经济转型升级和结构调整的力度不断提升，一些中概股公司所处行业周期与经济结构调整密切相关，因而遇到经营困难。在此过程中，又恰逢全球市场复苏动力不足，中国资本故事常常遭遇质疑。除了股票被浑水研究公司之类的机构做空外，对中国故事本身的质疑也令在海外市场上市交易的中概股成了重灾区，甚至近期那些名称中带有"China"字样的股票，都遭遇了更多质疑，进而形成"中国因素"的"折价"。

据万得资讯统计，2015年第一季度，在有可比性的33家中概股公司中，营收实现增长的有28家，优酷土豆、欢聚时代、58同城、汽车之家、易车等公司营收同比增长在50%以上，中国手游、猎豹、乐逗游戏、畅游、陌陌等营收同比更是翻倍。但同期，超过一半中概股股价却是下跌的。

正是由于多数中概股市值被相对低估，对于很多上市公司而言，通过增发等形式进行再融资的成本大幅提升，也使得上市公司的再融资能力大打折扣。另外，在新股上市过程中，除了阿里巴巴、京东等少数大型企业外，多数中概股很难得到海外投资者的认可。例如，2015年5月登陆美股的宝尊科技，IPO最终定价为10美元，低于之前预计的12~14美元。而在宝尊科技IPO之前，也有触控科技等因投资者估值过低而放弃赴美IPO。对比当前A股对新兴公司的高度关注与追捧，海外市场再融资便利等优势的吸引力明显下降。

特别是在2011~2012年，中概股遭遇了史上最大的做空危机后，股价遭受重创，部分公司如绿诺科技、东南融通和多元环球水务等深陷造假丑闻，并最终被迫退市。2013年以后，奇虎360、网秦等也同样遭到一些机构的质疑和做空。在这种大背景下，中概股再融资环境变得大不如前，外国投资者对再融资的认可度也显著降低，再融资很难实施，成本大幅提升，回归A股变成了更为适当的选择。

跌出主流

纵观中国公司海外上市近20年的历史，不难发现，随着中国资本故事吸引力的降低，以及做空潮的兴起，中概股公司的光环正在慢慢消退，多数中概股公司正在被海外资本市场边缘化，特别是在美国等世界主流证券市场。

据笔者观察，除了一些领头羊公司，如阿里巴巴、百度、京东等，其他中概股公司的机构投资者主要还是来自国内，一些中国基金配置的股票是"A 股 + H 股 + 中概股"的整体组合，中概股因盘子太小、交易量不够、流通性不足在美股市场是被边缘化的。对市值不到 100 亿美元的中概股，美国养老基金等稳健的主流投资机构很少配置。

国信证券 2015 年发布的研究报告指出，从 2014 年 11 月开始，纳斯达克和创业板指数都远远超越美股中国互联网公司指数。从 2014 年 11 月到 2015 年 4 月，纳斯达克指数和美股中国互联网公司指数完全背离。国内创业板指数将美股中国互联网公司指数大幅甩开，长期的低估值可能会使企业陷入恶性循环——由于市值比较低，所以对机构投资者缺乏吸引力，研究机构对其失去兴趣，从而导致较低的成交量，进一步使得市值更低。

全国工商联并购公会、国浩律师集团事务所联合发布的《在美中概企业问题分析及退市转板策略报告》中指出，在中概股做空潮兴起的 2011 年，在美国股市被长期停牌和已经退市的中概企业总数达 46 家。同时，将近 1/4 的中概股遭到不同程度的财务质疑。

近年来，在中概股做空潮的影响下，中概股因估值和流动性困境一直未能有实质性好转而逐渐被边缘化，一些中小盘的中概股流动性变得更差，这些公司多属于互联网或科技类公司，而其同类公司在境内证券市场却获得很高的关注度，成为 A 股的主流公司。

以在我国香港上市的匹克体育为例，该公司于 2009 年 9 月 29 日在香港上市，当日开盘价为每股 3.7 港元，收盘价为每股 3.4 港元。此后，公司股价一路起伏涨跌，到 2010 年 10 月 14 日，股价达到每股 6.95 港元，而这个价格也成为匹克体育上市后的股价最高点。

从匹克体育的市场走势分析，自 2010 年 10 月之后，其股价一路下滑，直到 2012 年，国内运动品牌集体面临高库存压力期间，其股价触及每股 1.1 港元的历史最低点。此后两年中，匹克体育的股价一直在每股 1 港元左右的价位徘徊，直到 2014 年，其股价才突破每股 1 港元的价位涨至每股 2 港元。值得注意的是，匹克体育的股价即使是在

A股牛市大涨期间也没能突破每股3港元的阻力价位，虽然在A股大涨期间，其港股股价也有所上涨，但最高股价仅涨至每股2.94港元。

匹克体育的股价从2010年10月开始从高点一路下滑，一直处于低迷状态。但与股价低迷形成巨大反差的是，公司业绩连续3年上升。很显然，匹克体育实际上已经被港股市场边缘化。

匹克体育的财务数据显示，公司营收一直保持同比增长态势。从2013年到2015年，公司营业额分别为26.13亿元、28.41亿元和31.08亿元，净利润分别实现了2.44亿元、3.21亿元和3.92亿元。匹克体育的困境表明，该公司股价自上市以来的表现不尽如人意，公司价值长期被低估，而且因流通量小，很难有效运用上市公司的资本平台价值有所作为。作为一家国内领先的运动用品公司，低迷的股价也严重影响了其声誉，进而影响了公司的业务经营与发展。因此，2016年7月，匹克体育发布公告，拟进行私有化，选择退出港股市场。

反思： 失落的中国资本故事

在海外资本市场，中国资本故事的逆转是随着2008年金融危机后，中国在经历大规模经济刺激计划后再次出现的经济增速逐级回落而产生的。在中国经济发展颠簸下行，并逐渐进入新常态的过程中，因搭乘中国经济高速发展列车而熠熠生辉的中国资本故事，也随着国际经济金融舆论场上对中国经济可持续增长的质疑声，以及做空者的阻击而渐趋黯淡，遭遇冷落。

搜房网的海外证券市场上市之路正是这一时期中国公司经历的生动写照。2010年9月17日，搜房网于美国纽交所成功上市，发行价为42.50美元，上市首日开盘价为67美元，收盘价为73.50美元，较发行价上涨72.9%。彼时，搜房网身上罩着多个光环——受益于宏观刺激政策的"高速增长的行业""火爆地产市场的受益者""中国地产行业的新兴互联网模式"等。

然而，仅仅在 4 年之后，搜房网就沦为投资者的噩梦。截至美国东部时间 2014 年 11 月 19 日美股收盘，搜房网每股收报 6.59 美元，对比发行上市首日的收盘价，只剩下不到 1/10。4 年前驱动股价上涨的光环正成为此时股价大跌的利空因素。西方舆论场正在掀起新一波的唱空中国论调，华尔街投资机构和中小投资者纷纷抛掉手上的中概股，选择远离避险。

实际上，搜房网的状况并非孤例，只不过是中国资本故事在西方市场渐趋衰落的一个缩影。近些年，部分国际顶级评级公司和经济研究机构齐声唱衰中国。例如，2016 年，穆迪将中国的评级展望从"稳定"转为"负面"，其依据就是忧虑中国财政收入状况恶化，汇率走低导致人民币贬值，外汇储备持续下降，改革成效不彰致改革红利落空，以及由此导致的债务规模急剧上升等。

在这样的大背景下，一些著名投资机构和投机家，诸如金融大鳄乔治·索罗斯（George Soros）等，这几年更是陆续发出"中国危机即将爆发"的言论。在 2016 年的达沃斯论坛上，索罗斯表示，当他看到中国的大量信贷增长时，认为这是个警示信号，意味着中国如今已需要如此之多的信贷来阻止经济下滑，中国经济无法承受大规模的失业，所以政府在不断推动建筑业和房地产业的繁荣。与几年前美国的政策相似，如今中国正在经历信贷规模的大幅扩张，而这种扩张最终会无法持续。"2008 年金融危机时的美国也是如此，在 2005 年和 2006 年时，已有很多人认为金融危机要来了，比如前美联储主席保罗·沃尔克（Paul Volcker）。但事实上，金融危机在 2007～2008 年才正式爆发。"

在持续唱衰、唱空中国的论调中，首当其冲的就是在境外上市的中概股，昔日被追捧的成长股如今备受冷落，甚至遭遇做空袭击。

根据彭博社的数据，2014 年以来，深证成份指数已超越彭博中概股指数（Bloomberg China-US Equity Index）将近 50%。彭博中概股指数主要追踪在美上市中概股的市场表现，然而在 2010 年年底之后的一段时间里，彭博中概股指数表现是好于中国股票市场指数的。

　　如表 1.6 所示，2013 年以后，深证成份指数已经完全跑赢了彭博中概股指数，而且两者之间的差距也在逐步拉大。

表 1.6　深证成份指数与彭博中概股指数对比

年份	深证成份指数	彭博中概股指数	差值（%）
2015	67	18	49
2014	34	3	31
2013	20	7	13
2012	2	10	−8
2011	−33	−17	−16
2010	7	33	−26
2009	117	50	67
2008	−62	−52	−10

资料来源：彭博社、万得资讯。

　　此外，我们通过对中概股指数和纳斯达克指数的走势进行比较，也可以看出中概股的跌落。纵观纳斯达克指数近 6 年的走势（见图 1.14），很显然，纳斯达克指数从 2011 年以来已经涨至两倍之巨，这远远好于同期在纳斯达上市的中概股的市场表现。

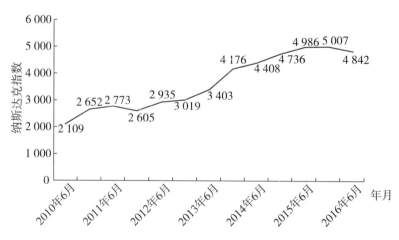

图 1.14　2010～2016 年纳斯达克指数上涨趋势

资料来源：百度股市通。

应该说明的是，在美国证券市场的大多数中国资本故事渐趋黯淡之时，仍然有极少数超大型中国公司成功实现了海外上市，其中的典型代表就是 2014 年阿里巴巴史无前例的海外上市，融资额达到 260 亿美元之巨。但是，这些巨型互联网公司的海外成功上市，并没有改变海外中概股渐受冷落的趋势，回归国内市场成为这些公司在艰难处境中的希望。

峰回路转：大转型与新道路

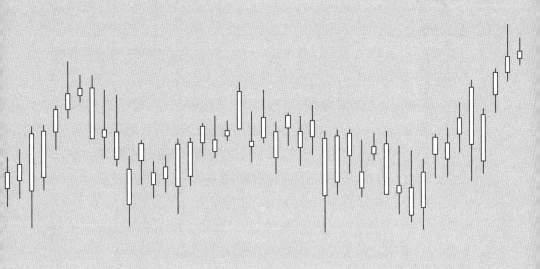

近 40 年的经济改革，使中国实现了持续的高速增长，并成为世界第二大经济体。当前，随着经济发展进入中速增长的新常态，经济结构调整和产业转型升级成为经济发展的首要任务，与之相伴的是，金融发展与监管也进入转型期。两大转型的同时展开，深刻地改变着中国经济发展的路径，并影响着国家的宏观政策选择。

国民经济发展方式和国家宏观政策的转型，必将深刻地改变企业经营与发展的外部环境。扎根中国市场，并在海外上市的中概股也必然深受影响。适应外部变化，确定新的企业发展方向，优化资本战略是中概股的必然选择。

大转型：中国经济与金融转型

经济发展转型

笔者以为，中国要实现经济发展方式的转型，必须要改变过去以外延式扩张、粗放式增长和出口主导为特征的传统增长方式。发展转型意味着经济增长的目标、动力、结构和质量必然经历转换，在这个过程中，实现未来 30 年的可持续增长是核心目标。

1. 增长方式转型

在中国经济发展结束高速增长阶段后，良性可持续的中速增长是未来经济发展的根本目标。为了实现这个目标，必然要进行经济发展动力、结构和质量的调整。笔者以为，这需要经济发展动力"再平衡"来实现，即由以外需为导向的规模化、粗放式、外延式经济增长，向以内需为导向的创新型、高端化、内涵式增长转变。因此，驱动经济发展的三驾马车——出口、投资和消费的重要性发生快速转换，消费成为驱动经济发展的主要因素，创新逐步替代投资居于主导地位，同时保持出口的相对稳定并进行结构升级。

实现这样的经济增长方式转换意味着：一是国民经济将经历战略性重组，传统产能过剩产业将经历强制去杠杆与转型，新兴产业将会以创新为基础强势崛起，从而实现国民经济在宏观层面的战略重构；二是由此带来社会平均利润率长期持续下降，传统行业盈利水平将不断走低，而新兴行业能够继续保持较高的盈利能力，从而使得传统产业区产能、新兴行业加杠杆，在优化国民经济宏观结构的同时，提升经济发展的质量与内涵；三是在中观与微观层面，各行业内部将经历以竞争力为核心的重新洗牌，传统行业将会依靠科技创新和资本重组提高行业集中度与核心竞争力，新兴行业将形成以创新为主导的竞争格局，企业竞争的秘诀是以新代旧、以快胜慢，从而彻底改变宏观经济的微观基础，塑造高质量的经济体。

因此，微观经营主体面对快速变化的外部经济环境，需要深刻理解当前实体经济所经历的急剧变化与过去高速经济增长时期的周期性波动截然不同。经济发展转型意味着国民经济所经历的产业重构、行业重组和企业转型深刻而剧烈。在此过程中的产业变迁，过剩产业要去产能并进行结构重组，新兴产业则崭露头角并迅速崛起，由此掀起新一轮的产业升级浪潮。

海外上市中概股的主要力量是中国本土企业群体中的新兴行业公司，包括互联网、新技术、新科技型公司，这些公司将迎来巨大的发展机遇。

2. 消除产能过剩

所谓产能过剩是指生产能力的总和大于消费能力的总和。产能也就是生产能力，是指在一定时期内，企业参与生产的全部固定资产在既定的组织技术条件下，所能生产的产品数量，或者能够处理的原材料数量。生产能力是反映企业所拥有加工能力的技术参数，与生产过程中的固定资产数量、质量、组织技术条件有很大关联。从一定意义上讲，在政府具有重要影响力的转型经济体中，产能过剩是市场失灵和政策失误的混血儿，因此，需要通过外部政策干预，利用和促进市场自我修复机制才能尽快实现新的平衡。

经济转型依赖两大驱动因素：一是消除过剩产能，这是最大难点和核心任务；二是依靠持续创新实现产业转型升级，培育新兴产业与新型企业。

分析中国产能过剩的成因首先应该分析改革开放以来中国经济发展的三个阶段。第一阶段是 1978～1997 年：从重工型计划经济向产业轻型化转型；第二阶段是 1998～2013 年：从产业轻型化向重型化转型/从内贸经济向外向型经济转型；第三阶段是 2013 年以后：从"制造大国"向"智造大国"转型。

1978～1997 年的第一阶段，其特点是中国全面实行改革开放，国家内需市场由重工型计划经济向产业轻型化转型，由旧体制下"抓军事、重工业"发展到新时期"抓吃穿用"。

这其中出现了后来为人称道的"1984 现象"，这一年，柳传志、王石、李经纬、张瑞敏、潘宁等人陆续创业，联想、万科、海尔、兰德、德力西等企业纷纷建立，因此，1984 年被视为"中国公司元年"。"1984 现象"也印证了经济向产业轻型化转型趋势，新设立的伟大公司基本属于围绕民生的制造业。

1998～2013 年的第二阶段与第一阶段的分界点在 1998 年。在 1997 年发生的亚洲金融危机中，中国虽然经受住了考验，但也遭受了严重冲击。此后，中国民营经济发展史上首次出现了大规模的企业倒闭现象，体现为政府紧缩银根，市场萧条。

1998 年，国家发布了三大影响深远的政策：一是政府逐步取消了福利分房，商品房问世，由此形成了一直影响至今的推动中国经济发展的第一驾马车——以不动产需求为主的居民消费；二是政府逐渐取消了外贸限制，以民营企业为代表的几十万家中小型外贸企业逐步支撑起了中国经济的第二驾马车——出口；三是中央政府还发行了 6 000 亿元国债，中国开始修高速公路，这就构成了此后以"铁公基"为主的经济增长的第三驾马车——投资。

1998 年以后的政策转型推动了发展转型，促进了由地产、城市发展和"铁工基"建设带动的煤炭、钢铁、水泥、玻璃、电力等行业的急速扩张，并由此埋下了产能过剩的隐患。回顾经济发展的三个阶段，中国的过剩产能在 2012 年左右达到了高峰。导致产能过剩的原因包括过度投资、有效需求不足、技术进步与外部冲击等诸多因素。2013 年国家出台的《关于化解产能严重过剩矛盾的指导意见》总结了导致产能过剩的原因，如盲目投资、产业集中度低、要素价格扭曲、地方发展依靠投资政策等。笔者以为，长期依靠投资驱动的增长模式、地方政府和企业投资激励的扭曲，以及 2008 年金融危机后推行的大规模刺激计划，是中国出现严重产能过剩的主要原因。

从宏观经济层面分析，中国经济在过去 30 多年中保持着持续高速增长，1978～2014 年国内生产总值（GDP）年均增长率为 9.8%。2001 年之后，有一半的年份中投资是拉动 GDP 增长的第一动力。金融危机后的 2009 年，GDP 增速为 9.2%，而投资贡献率达 86%；出口贡献率则为 -42%。分析来看，2003～2014 年，中国固定资产投资主要流向制造业和房地产业，年均投资增速分别为 25% 和 24%。大量投资涌入钢铁、水泥、平板玻璃、化工、纺织、金属、造纸等基本产业，使得这些行业的产能快速扩张，而金融危机后市场需求低迷，但为保持经济增长速度，投资仍保持快速增速，最终导致投资过度。

笔者之所以说中国产能过剩是市场失灵和政策失误的混血儿，是因为中央和地方政府在投资驱动增长模式中扮演了重要角色，制定和实施以经济增长为主要目标的政策导致了 GDP 政绩观，甚至"GDP 崇拜"直接催生了产能过剩，因为这刺激了在某些对经济增长和就业具有显著影响的重点行业的投资行为，地方政府对于扩大投资的积极性加剧了产能过剩和过度投资问题。

从产业层面分析，持续快速的经济增长虽然强化了市场信心，却忽视了对市场需求的分析判断，促使国企和民企都将依赖扩大资本投资的外延式发展作为其战略的重要内容。但中国庞大的市场体量和转轨经济特征，加大了进行市场协调的难度。而在长期的财政体制和政府官员考评机制下，地方政府竞相吸引投资以增加地方 GDP、税收和就业。各种优惠政策措施，诸如补贴、土地、能源和金融扶持等都推动着企业不断扩大投资。一些地方政府为保就业、拼 GDP，甚至设置破产退出壁垒，帮助延缓"僵尸企业"的破产与重组。因此，地方政府的不当支持扭曲了企业的投资与经营行为。

应该特别强调的是，在过去一个时期里，国企在传统制造业和房地产领域的四面出击、盲目做大，也是导致产能过度扩张的重要原因。国企的考评机制类似于地方政府，因此它不仅承担着经济职能，还承担着稳定就业和国有资产保值增值功能。国企依靠国家的隐性信用，获得了在金融、土地、财税等领域的大量倾斜支持，占用了大量低成本社会资源，而效率却并不高，盲目做大的结果是大而不强、大而不优，并催生产能过剩。

最后，从政府刺激政策分析，2008 年金融危机后，政府为稳增长实施了 4 万亿元的大规模经济刺激计划，由此形成了大量公共基础设施投资。以"铁公基"为主体的建设刺激了钢铁、水泥、金属等上游产业的快速复苏和扩张。除财政刺激外，政府还采用了信贷扩张和降息的政策来推动经济增长。

与此同时，为促进产业发展，政府还出台了"十大产业调整振兴规划"，促进钢铁、船舶、纺织、轻工、有色金属、装备制造、石化、汽车、电子信息、物流十大关键产业的增长和就业。围绕该规划还推出了很多配套政策，包括政府基金、信贷支持、税收减免等。这些刺激政策对于当时经济企稳和实现当期增长目标起到了至关重要的作用。但是，同时也无可避免地加剧了本已显现的产能过剩矛盾。

严重的产能过剩成为制约经济发展的沉重包袱。为解决产能过剩矛盾，政府制订了一系列淘汰过剩产能的计划。

国家工信部根据各地方政府提交的经济发展规划制定年度去产能

目标，并将淘汰落后产能的任务分解落实到企业。去产能计划最初被命名为"淘汰落后产能计划"，目标是淘汰使用高污染、高耗能技术和设备的工厂和生产线。2013 年，去产能计划被重新命名为"淘汰过剩产能计划"，相关指导意见也随后出台。

去产能计划涉及的行业既包括重工业，也包括轻工业。2007 年时涵盖 12 个行业，到 2012～2013 年时增加到 19 个行业。大部分行业的产能削减目标从 2010 年开始大幅提高，直到最近几年才开始放缓。应该特别强调的是，尽管产能削减目标貌似得以完成，但它只反映了总产量减少的部分，并没有反映出新增产能的情况。实际情况是，由于新增产能还在持续扩张，这几年产能过剩的问题呈现出越来越严重和复杂化的局面。

2015 年，随着房地产和出口部门的缓慢复苏，中国经济增速继续放缓。国家正在努力改变经济增长模式，减少对投资的依赖，促进消费增长，并提升我国经济在全球价值链中的地位。但是，要实现"让市场在资源配置中起决定性作用"，还有很长的路要走。

中国在过去 20 年粗放式的发展方式下，很多对经济和出口至关重要的制造产业面临着极为严重的产能过剩。伴随着当前经济放缓，从中期来看去产能会持续进行。2013 年可以视为中国经济转型的一个新起点、新的发展时期，中国将由世界第一"贸易大国"撑起的"制造大国"向由"创新大国"支撑的"智造大国"转型，老旧产业正在淘汰，新兴产业正在酝酿和兴起。

3. 新经济时代

新经济时代企业的特征有三个：

第一是技术主导。拥有核心技术，并能持续研发提升技术水平，对产品进行更新换代的企业将取得竞争优势。相反，缺少核心技术的企业将逐步被边缘化，退出历史舞台。制造业正在进入"智能制造"时代，技术领先是企业发展领先的基础。

第二是与用户密切互动。新经济时代的企业必须与用户建立积极的正向互动关系，由此进行客户关系的互动重建。企业必须改变单向推广的被动式营销模式，建立互动型的用户关系模式，由此才能够随时掌握用户需求的变化，紧跟市场调整研发、生产资源，不断满足用户变化的需求，而不至于被市场淘汰。

第三是智能生产。建立在工业互联网基础上的新工业革命，将彻底改变传统企业的生产方式，企业将从规模化大生产变为大批量个性化定制生产。这将对传统企业形成挑战。

我们以中国上市企业群体为研究对象进行分析。以大型传统企业为主体的主板市场在一定意义上代表了相对传统的经济板块，而以创新型企业为主的创业板市场则在一定程度上代表了新经济板块。

基于以上的大体分类，笔者根据统计发现，国内主板上市企业收入、利润已经连续3年只有个位数增长，2015年上半年收入甚至同比下降接近5%。但与此同时，创业板上市企业则连续3年净利润增长超过20%。国内资本市场不同板块净利润增长对比、国内资本市场不同板块市值增长前二十企业平均增长倍数、创业板市值增长前二十企业行业分布分别见图2.1、图2.2、图2.3。

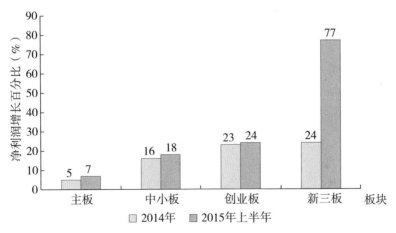

图2.1　国内资本市场不同板块净利润增长对比

资料来源：万得资讯。

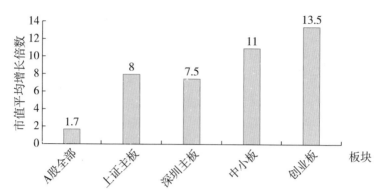

图2.2 国内资本市场不同板块市值增长前二十企业平均增长倍数
资料来源：万得资讯。

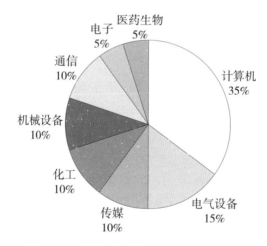

图2.3 创业板市值增长前二十企业行业分布
资料来源：万得资讯，数据截至 2015 年 6 月末。

聪者听于无声，明者见于未形。创业板作为上市创新型企业和高科技产业企业等的板块，集聚了国内新的商业和产业模式，可以视为中国经济新动能。创业板企业收入和利润的高速增长显示了国内新兴产业的成长，新经济正在崛起。

4. 经济转型的方向

"十三五"规划指出，今后一个时期是国民经济和社会发展的重要时期，规划倡导了新的发展理念，并基于这一发展理念为新经济描绘了蓝图，具体包括以下几个方面：

一是由出口导向的外需驱动转向内需驱动，进行需求动力结构优化。改革开放以来，中国需求动力结构发生了深刻的变化。出口依存度（出口占支出法 GDP 的比重）持续上升，从 1978 的 4.65% 上升至 2007 年的 35.10%，投资依存度（投资占支出法 GDP 的比重）在波动中由 1978 年的 38.2% 上升到 2011 年的 41.6%，消费则增长乏力，消费率（最终消费支出占支出法 GDP 的比重）由 1978 年的 62.1% 下降到 2007 年的 49.6%。可以说，过去中国经济发展是"外需驱动型"。根据大国发展经验，"三驾马车"中最稳定和最具有可持续性的驱动力是消费需求。2008 年国际金融危机爆发后，国际环境的影响使得外需率迅速回落，2013 年为 23.37%。消费对经济增长的贡献率得到提升，2011 年以来消费支出对经济增长的贡献率超过投资，消费率由 2010 年的 48.2% 上升到 2013 年的 49.8%。在世界经济复苏缓慢、出口增速下滑的情况下，内需成为拉动经济增长的重要力量，需求动力结构持续优化。

二是由工业经济步入服务经济时代，持续进行产业结构优化。改革开放后，中国经济高速增长的过程也是工业化的发展过程。由于抓住了国际产业转移的机遇，并利用加入 WTO 的契机，中国"出口导向型"经济规模迅速扩张，产业结构发生了深刻变化：第一产业、第二产业、第三产业所占 GDP 的比重分别从 1980 年的 30.2%、48.2% 和 21.6% 转变为 2008 年的 10.3%、46.8% 和 42.9%。第一产业比重持续下降，第三产业比重持续上升，虽然产业结构持续升级，但由于供给结构与国内消费结构的"错配"（供给面向国外市场），第三产业发展仍相对滞后，主要表现为现代服务业发展面临着资金、人才等约束。

国际金融危机爆发后，国际环境变化要求产业发展更多地面向国内市场推进产业转型升级、工业内部结构持续优化升级，服务业获得了快速发展机遇。2012 年，服务业增加值比重首次超过工业，2013 年，第三产业增加值占 GDP 的比重达到 46.9%，比上年同期提高 1.4 个百分点，比工业增加值占比高 3.2 个百分点，中国总体上正由工业型经济向服务型经济跨越。工业的转型升级，服务业特别是现代服务业的较快发展使整个经济内部结构在优化升级，单位国内生产总值能耗有所下降，经济发展方式向集约型转变，经济发展的可持续性增强。

三是由依赖要素驱动转向依靠创新驱动，实现投入结构优化。中国人口红利随着老龄化社会的临近而逐渐消失，转变成人口负债，劳动力无限供给状况即将终结，生产要素结构将发生根本变化，劳动力变得相对稀缺。同时，曾经稀缺的资本不再稀缺，资本的逐利性使得大量资本势必从只能获得社会平均利润水平的行业、产业中撤出，转入可能产生超额利润的行业、产业。资本不再稀缺预示着需要依靠大量资本投入的第二产业的比重在下降，第三产业的发展逐步成为新的经济增长点。

金融发展转型

1. 金融发展的新特征

在国民经济经历转型的大趋势下，中国金融业也步入转型期。金融新格局正在形成，金融环境正在经历深刻变化。

利率市场化的逐步深入，改变了金融市场的竞争格局。持续多年的利率市场化进程使得长期利率持续走低，进入相对稳定期，尽管随着经济增长的放缓，以及外部国际金融环境的影响，出现了利率上行的趋势，但总体而言，在市场化程度较高的前提下，长期利率很难再维持高位。同时，利率市场化进程深刻地改变了金融机构的经营战略和竞争格局，为适应利率市场化条件下的竞争，金融机构纷纷寻求核心竞争力和竞争优势，使得金融创新层出不穷，金融机构的业务结构、收入结构和组织结构随之发生深刻变化。

国民经济的证券化程度不断加深，利率市场化带来的金融脱媒趋势使得直接融资的比重不断提升，而间接融资的比重不断下降。以股票、债券、资产支持证券等多种形式存在的直接融资大大加速了国民经济的证券化速度，扩大了居民的证券投资比例。由此，金融市场对实体经济和居民行为带来快速而直接的影响，金融市场的波动将被迅速传导全企业和居民。在过去十几年里，银行理财、信托理财，以及各类创新资产管理计划的快速发展，一方面使得企业的融资结构发生了巨大改变，另一方面也使得居民的资产组合结构发生了深刻变化，过去以储蓄为主的资产组合让位于各类理财与投资组合。居民的财富管理意识、投资意识大大增强，因而对金融市场的参与度显著提高。

在国民经济证券化的过程中，互联网在中国的快速崛起促进了互联网金融的快速膨胀。著名的互联网企业 BAT 是引爆互联网金融的先驱。它们使得原本由金融机构推动的金融服务互联网化趋势转变为由互联网企业引领的互联网对金融的侵蚀和替代。在财富管理领域，由阿里巴巴集团旗下的蚂蚁金服掀起的余额宝创新几乎开启了资产管理领域的一场革命，催生了中国管理资产规模最大的基金管理公司。而由支付宝引领的另一场支付大战，裹挟着微信支付等一大批第三方支付机构汹涌而来，几乎洗劫了原来由商业银行垄断的支付服务，占据了城市地区非现钞小额支付的大半江山。与此同时，基于互联网生态的阿里小贷、京东金融等，则在短款端涉足银行传统领地，引领了消费金融领域的激烈竞争。互联网还渗透进证券领域，掀起了"佣金大战"，以网络券商经纪服务模式搅动证券经纪服务的市场格局，改变了券商的竞争模式。

资本充裕甚至过剩成为新常态。中国经历了长期的资本短缺，因此吸引外资一直是过去中国宏观经济与金融政策的核心内容。然而，时至今日，随着经济持续高速增长，居民财富显著增加，社会资本得以快速积累，在中国传统财富观的引领下，中国出现了明显的资本过剩。特别是经济增长趋缓，进入新常态以后，这些过剩资本逐利的结果就是资金的空转与泡沫的积累。此外，为适应长期高速经济增长，中国货币供应量的增长一直保持较高的速度，而随着经济增速下滑，民间投资趋于谨慎，对资本的需求量显著下降，资本过剩问题驱使很多民间资本开始寻求海外资产配置。这也是过去两年里，驱动外汇储备快速下降的重要原因。

正因为如此，在贸易推动的人民币国际化进程中，中国正快速地从以商品输出为核心的出口导向型贸易大国，向以资本输出为核心的对外投资大国转型。过去几年，以民间社会资本为代表的中国资本力量在全世界寻找投资机会，从产能输出到产业并购、金融投资，规模不断增长，中国从而成为全球对外投资增速最快的国家。在居民投资领域，表现最为突出的特征就是全球购房，从欧洲的伦敦，到澳大利亚的悉尼，再到北美的多伦多、旧金山，全球都有华人投资地产的身影，他们甚至成为金融危机以来推动当地房价上涨的重要力量。在企业投资领域，则表现为大量中国企业在全球收购新技术、渠道、品牌和其他产业资源。中国大规模海外投资与收购引发了部分国家的投资限制，特别是在高科技领域，无论是在德国，还是美国，都出现了在投资审查中否决来自中国的并购交易的情况。

2. 国家新金融战略

中国金融业经过近 40 年的发展，取得了长足进步，由单一的中国人民银行一家机构，发展成为政策性银行、商业银行、证券、保险、信托等多业并举的新局面。中国金融资产总量达到几百万亿元，仅银行业金融机构的资产规模 2016 年就达到 208.92 万亿元，金融机构的数量、种类空前繁荣。中国金融市场取得长足发展，证券市场、债券市场、货币市场等规模居世界前列。

经过混业经营的初创发展阶段，到 20 世纪 90 年代中期确立分业经营体制后，中国金融业伴随着经济快速增长也实现了高速发展，金融子行业之间的交叉与渗透融合不断加深，混业经营趋势日益明显。混业经营作为当前国际金融业的主流模式，已经成为发达国家金融发展的常态。美国通过 1999 年的《金融服务现代化法案》实现了混业经营，英国通过1986年的金融"大爆炸"确立了混业经营体制，日本则是在1988年通过日本式的金融"大爆炸"打破了分业经营的藩篱，促进了金融业的自由发展。德国一直实行全能银行制度，持续处于混业经营状态。因此，中国金融业在走向国际化的进程中，为适应对外开放及参与国际竞争的需要，必须对金融业经营体制进行改革与重塑，混业经营成为必然选择。通过金融控股公司模式，促进金融机构的综合化、全能化，是推动金融业发展的理性选择。

在逐步确立混业经营体制和机构全能化的基础上，监管机构的整合与基于功能型监管的一体化，也必将推动中国金融市场的整合与持续融合，从而构建一体化的大金融市场，实现货币市场、债券市场、证券市场的互联互通，并在各个金融子市场内部实现整合，从而大幅提高中国金融市场的效率。例如，将中国银行间债券交易市场与证券交易所债券市场融合，可实现债券发行审批、投资与交易的有效融合与整合，加速债券市场成长，持续提高直接融资比重和企业融资的便利性，并可有效控制风险。

此外，人民币国际化进程不断推进，随着汇率形成机制的不断优化和外汇管理政策的日臻成熟，境内外人民币市场也逐渐成长。这既有利于中国对外贸易的发展，也有利于金融业的国际化，提高中国在国际金融市场的影响力。

3. 资本市场开启新周期

在中国经济发展的新阶段，实体经济的证券化趋势加速，居民财富日益证券化，以及企业价值证券化和行业创富证券化的发展，引导金融资本支持实体经济发展成为国家金融战略与监管政策取向的核心目标。随着当前国家对金融业高杠杆与脱实向虚的治理，以及全面风险防控的推进，资本创富观和路径必将调整，中国资本市场也正在开启一个新周期。

在这个新周期中，国家在金融监管政策的选择上体现为：一是推动金融机构去杠杆；二是推动金融市场去链条，其直接目标是增强金融市场对国家宏观调控政策的有效传导与正向反应，从而促使资金流向产业经营，让金融业有效服务实体经济。

资本市场新周期的重要特征是在监管政策上，更倾向于支持实体企业的经营性融资需求，遏制投机性资本运作和融资行为。因此，监管层显著加快了资本市场 IPO 的审批速度，而将容易涉及市场炒作的"借壳上市"、并购配套再融资等审批通过率大幅压低，严格审查上市公司再融资，尤其是严控通过所谓并购、增发等方式炒壳、炒作上市公司股票的行为，对大股东的资本运作强化监管。

因此，专注于企业发展和产业经营，通过 IPO 方式上市成为企业打通资本市场通道的主流途径。企业的再融资资金要投入实体经济，而非借机炒作或是进行空中楼阁式的资本运作，牟取暴利。可以预见，随着国家加强对房地产等行业的调控，以及"双创"战略的实施，在经济转型并进入新发展阶段的大背景下，可以预期资本市场新战略将驱动证券市场经历一个持续的成长过程。

专栏 2.1　　中国金融行业格局分析

商业银行一直是中国金融体系的主导力量。据金融统计数据显示，截至 2015 年第三季度末，中国银行业金融机构境内外本外币资产总额为 192.7 万亿元。其中，大型商业银行资产总额为 77.7 万亿元，股份制商业银行资产总额为 35.0 万亿元。如果以"银行＋影子银行"来衡量，商业银行实际控制的金融资产规模更大。

信托是近些年迅速崛起的金融部门。据中国信托业协会数据显示，截至 2015 年第三季度末，信托全行业管理的信托资产规模为 15.62 万亿元，仅以资产规模论已经跃升为第二大金融部门。不过，信托的崛起依赖于商业银行通道业务，主动管理资产规模占比仍较小，未来几年转型升级是发展主题。

保险业资产规模近几年也呈现出爆发式增长。截至 2015 年第三季度末，保险业资产总量为 115 779.6 亿元，突破 10 万亿元。保险公司近几年创新渠道业务快速增长，寿险新单业务持续高增长，外资保险公司市场份额上升。但是，保险产品结构相对单一，2014 年车险占财产险保费收入比重的 70% 以上，而发达国家这个比例低于 25%。同时，中国保险业的保险深度仅为全球水平的 1/2 左右，保险密度才刚刚超过全球水平的 1/3。

过去两三年里，国内资本市场热度不断提升，特别是国家资本市场战略日渐清晰，证券和基金行业呈现快速增长。中国证券投资基金业协会数据表明，截至 2015 年 9 月底，我国境内共有基金管理公司 100 家，其中合资公司 46 家，内资公司 54 家；取得公募基金管理资格的证券公司有 9 家，保险资管公司有 1 家，管理的公募基金资产合计 6.69 万亿元。截至 2015 年第三季度末，国内 124 家券商的总资产已达 6.71 万亿元，净资产达到 1.35 万亿元，分别较年初增长了 64.06% 和 46.74%。

另一个日渐崛起的金融部门是融资租赁。截至 2015 年 6 月末，全国注册的融资租赁公司近 3 000 家，其中金融租赁公司 40 家，内资租赁公司 191 家，而外资租赁公司达 2 721 家。融资租赁行业已成为中国近年来发展最迅猛的金融服务业之一。据中国租赁联盟统计，截至 2014 年 12 月底，全国融资租赁合同余额约为 3.2 万亿元。不过，国内融资租赁行业以"类信贷"的售后回租为主，被诟病为影子银行，业务结构亟待优化。

除了上述主要金融部门，融资担保、保理、票据、小贷、典当、期货等公司也在多元化金融格局中扮演着重要角色。2013 年"互联网金融元年"以来，互联网金融在我国蓬勃发展，众筹、第三方支付等日渐活跃。中国金融业的资产分布见图 2.4。

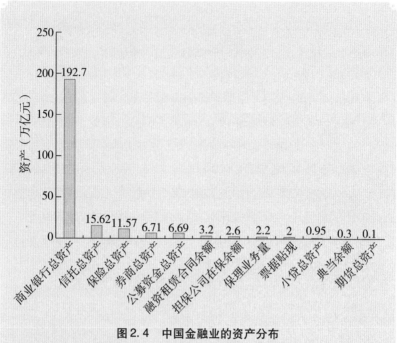

图2.4 中国金融业的资产分布

注：商业银行、信托、保险、券商、公募资金、小贷数据截至2015年9月末；融资租赁、担保、保理、票据、典当、期货数据截至2014年年末。

资料来源：央行、银监会、证监会、保监会、中国信托业协会、中国证券投资基金协会、中国租赁联盟统计数据，互联网公开资料。

新机遇： 国家经济与金融新政

笔者之所以将过去一个时期的经济金融新举措称为经济与金融新政，是因为在中国共产党第十八次全国代表大会以后，国家在推动经济转型升级与金融变革方面提出了诸多政策设想，并将其中部分政策落地实施。这些政策对启迪国民思想、开启社会创新潮流、再造中国经济金融格局影响深远，尽管因为环境的变化，一些政策规划和举措并没有最终落实。

实际上，随着中国经济步入转型期，国家要实现经济增长方式的转变，必须逐步实现增长动力的切换，从而实现增长模式的转变，由此使得中国经济发展步入新的成长时期。正是在这样的大背景下，国家在经济、金融政策层面进行了多方位的政策酝酿与改革，以期加速这一转变进程。这也为中国新兴行业与企业的发展提供了新的广阔舞台。海外上市的中概股也正是在这一大环境下逐步回归国内资本市场，将在国内发展作为战略性选择。

在国家经济政策选择层面，有两大主线贯穿其中：一是在宏观经济政策层面，为推动产业转型升级，国家选择了十大战略性新兴产业，由国务院统筹，国家发改委具体负责，制定了国家层面的十大新兴产业发展战略规划，为推动这些产业的发展制定了明确的发展目标，并配套了相关的产业政策支持与举措。希望依托十大产业的带动，推动其他各个产业的转型升级，由此实现国民经济增长方式的换挡转型和提质升级。二是贯彻创新发展战略，国家提出了推动和构建"双创"社会——大众创业、万众创新，支持和鼓励企业、个人致力于各个层面与各个领域的创新发展，以期通过全社会的创新浪潮来推动科学研究、经济发展和社会治理的全面提升。

在国家金融政策层面，为配合经济转型升级战略目标的实现，也推出了诸多改革创新和革新计划。最为突出的体现在两个方面：一是鼓励以互联网金融等为代表的普惠金融的发展，解决融资难、融资贵等制约中小微企业发展的瓶颈问题，并惠及普通百姓的投资理财需求，特别是在中国证监会出台资管新政①之后，各类创新层出不穷；二是在资本市场层面配合实施创新发展战略，特别是为构建"双创"社会的目标，资本市场政策改革与制度设计更多地开始考虑如何满足创新浪潮的需求。在具体政策上，"新三板"市场被提高到国家金融战略

---

① 所谓资管新政是指中国金融领域过去几年中不断推出的新政策举措，其中以2012年以后中国证监会放松其监管的证券公司、基金公司、基金公司子公司等资产管理业务限制为主要内容，并由此催生了金融各监管部门竞相放松其所监管行业的资产管理业务限制。

层面，同时各地的"四板"市场也被地方政府高度重视起来。沪深两大证券交易所也积极论证和酝酿推出支持创新型企业的板块，上海证券交易所（简称"上交所"）的战新板和深圳证券交易所（简称"深交所"）的新兴板都被提上日程。与此同时，改革股票发行制度，实行注册制的呼声日渐高涨，并被列入人大立法日程，正在修改的证券法草案中，注册制、战新板等新的规划与制度措施被写进早期的修法版本之中。

"双创" 战略利好中概股

2015 年 9 月，《国务院关于加快构建大众创业万众创新支撑平台的指导意见》发布，这是落实国家关于"互联网 +"行动和"大众创业、万众创新"的政策性文件，提出了中国在经济发展新常态下，实现新旧发展动能转换的国家新战略。

2015 年 12 月，"第二届全球互联网大会"在浙江乌镇举办，相关领导在大会发言中指出，"十三五"时期，中国将大力实施网络强国战略、国家大数据战略、"互联网 +"行动计划，发展积极向上的网络文化，拓展网络经济空间，促进互联网与经济社会融合发展。国家的目标就是让互联网发展成果惠及 13 亿多中国人民，并更好地造福各国人民。

在笔者看来，在过去 20 年里，中国以互联网企业为代表的众多海外上市企业正是"大众创业、万众创新"的先驱型企业。尽管受当时上市政策的限制，这些企业远走海外上市，但这一批企业确实是引领"双创"经济的拓荒者。让一大批海外上市企业回归本土上市，既能让国内投资者分享这些企业成长的收益，也是进一步发挥这些企业创新引领作用的重要体现。

从当时国家的具体政策安排上也能看到这一政策取向。2012 年以后，国家一直对创新活跃的新兴行业采取积极支持政策，从"互联网 +"行动的提出，到鼓励"大力发展电子商务"，再到 2015 年，国务院常务会议明确提出"推动特殊股权结构类创业企业在境内上市"，这些政策举措为互联网和科技类中概股全面开启回归之路奠定了政策基础。

实际上，国务院常务会议提出的"特殊股权结构类企业"主要是指以红筹架构和 VIE 模式经营或海外上市的企业。正如本书前文所述，许多具有创新发展潜力的互联网企业和高科技企业由于产业政策限制，或是硬性财务指标约束等制约，选择通过搭建红筹架构吸引境外投资资金，并在境外资本市场上市。但实际上，VIE 架构在中国法律框架下处于"灰色地带"，不仅国家相关部门对 VIE 架构的态度仍不明朗，导致保留、约束和取缔 VIE 架构的声音一直存在，而且 VIE 架构在实践中的某些瑕疵也被部分外国投资者质疑，市场对于 VIE 架构的前景也存在一些担忧。

显然，就当时的政策选择而言，国家在战略层面有意引导中概股通过市场化方式回归国内，为"大众创业、万众创新"注入新的活力。在国务院常务会议定调后，国家有关主管部委积极出台相关政策和规划，落实国务院决策，中概股回归的政策关口被打开。证监会、工信部、外管局等直接涉及特殊股权结构企业回归上市的相关部门陆续出台配套操作细则，为在海外上市的互联网和高科技等企业回归打开政策通道。一时间，在构建"双创"社会的大潮中，中概股回归成为产业领域、投资界和资本市场高度关注的热点。

专栏 2.2　　　　　　**"双创" 推动新兴产业发展**

近几年来，国家以"双创"战略推动新兴产业发展，已经成为推动中国经济转型升级的重要途径。

2015 年 11 月，国家发改委表示，"十三五"时期要加快将战略性新兴产业培育成为经济发展的主动力，拟主要采取四方面举措：

一是实现重点领域突破发展，带动形成新一代信息技术、生物、绿色低碳、高端装备与材料、数字创意五个"10万亿级"新兴支柱产业；二是加快新兴企业成长壮大，打造一批规模快速增长、具有国际影响力的品牌企业；三是全面提升产业技术创新能力，加强关键核心技术的攻关；四是加快打造区域经济转型升级新引擎，推动形成世界级新兴产业发展策源地，建设若干具有引领带动作用的新兴产业创新发展基地，形成一批差异化并协同发展的新兴产业集群。

半年后的2016年年初，国务院颁布了"双创"实施意见。根据2015年政府工作报告部署，为改革完善相关体制机制，构建普惠性政策扶持体系，推动资金链引导创业创新链、创业创新链支持产业链、产业链带动就业链，国务院发布《关于大力推进大众创业、万众创新若干政策措施的意见》。

该意见提出，加快实施新兴产业"双创"3年行动计划，建立一批新兴产业"双创"示范基地，引导社会资金支持大众创业；推动商业银行在依法合规、风险隔离的前提下，与创业投资机构建立市场化长期性合作；进一步降低商业保险资金进入创业投资的门槛；推动发展投贷联动、投保联动、投债联动等新模式，不断加大对创业创新企业的融资支持。要做到以上几点，一是要强化企业创新主体地位，落实企业研发费用加计扣除，完善高新技术企业、科技企业孵化器等税收优惠政策；二是要发挥大众创业、万众创新和"互联网+"集众智、汇众力的乘数效应，打造众创、众包、众扶、众筹平台，构建大中小企业、高校、科研机构、创客多方协同的新型创业创新机制；三是要深化科技管理体制改革，扩大高校和科研院所自主权，砍掉科研管理中的繁文缛节，实施支持科技成果转移、转化的政策措施，完善股权、期权、税收优惠政策和分红奖励办法，鼓励科研人员创业创新。

证券监管与产业政策改革

国务院定调中概股回归政策后，针对具有特殊股权结构企业回归的具体监管政策陆续出台，包括证券市场创新和监管政策调整，以及国家相关产业政策的逐步放宽等。

2014年10月，深交所宣布开始研究VIE架构企业回归，包括允许连续计算VIE架构企业存续期间的经营时间，合并计算VIE架构下相关主体的业绩等。

2015年5月，上交所宣布正在筹备的战新板计划采取更加包容和灵活的上市条件，考虑差异化的制度设计，并将回归中概股作为主要的潜在上市群体之一，这使得大批中概股把回归后在战新板上市作为企业重要战略计划。

2015年6月，国家发改委领导在国务院政策相关会议上表示，研究建立尚未盈利的互联网和高科技企业到创业板发行上市制度，加快推进全国中小企业股份转让系统向创业板转板试点等。

与此同时，对中概股回归影响更为深远的是《中华人民共和国外国投资法》征求意见稿的出台和《中华人民共和国证券法》修法工作的启动。2015年1月19日，商务部在其官方网站公布的《中华人民共和国外国投资法（草案征求意见稿)》（下称《外国投资法草案》）迅速成为社会关注的热点，焦点集中在草案说明中有关VIE的解读。就《外国投资法草案》的意见看，可能意味着VIE架构将被纳入中国外资管理的综合考虑之中。当然，当时商务部暂未公布征求意见稿的预计通过时间，立法进度尚无明确时间表。VIE监管模式变化方向的探讨见图2.5。

现行的有关外商投资的法律制度，形象地说就是"认钱不认人"——只要投资者注册在中国境外，投资资金来自境外，都要受外商投资产业政策的限制。而《外国投资法草案》则计划改变这一制度安排，在限制外商投资的行业中，如果能证明投资资金是由中国投资者控制，则视为中国投资者的投资，可以不受负面清单中关于外资投

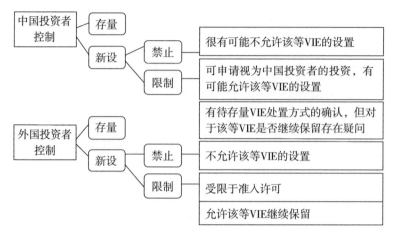

图2.5　VIE监管模式变化方向的探讨

资料来源：汉坤律师事务所。

资的政策限制，也就是"认钱又认人"。

《外国投资法草案》对以VIE架构上市的中概股企业到底有什么影响呢？事实上，VIE架构之所以出现正是"认钱不认人"的外商投资政策造成的。《外国投资法草案》给了企业一条新的道路，只要企业能被认定为由中国投资者控制，那就没有必要再拆除VIE架构，这些企业视同内资企业对待，这对中概股企业的经营具有重要帮助，更对中概股企业回归境内具有重要意义。

当然，VIE架构企业被认定为由中国投资者控制，要回归并在A股上市也不容易。已在境外上市的VIE架构企业要回归A股，还要涉及定价转移、避税、汇率等诸多问题，而这些问题的解决都需要相关配套政策的支持。

2015年12月，国务院常务会议上通过了《关于授权国务院在实施股票发行注册制改革中调整适用〈中华人民共和国证券法〉有关规定的决定（草案）》。明确在该决定施行之日起两年内，将实行注册制。一旦注册制快速推进，原来阻碍互联网企业（包括回归中概股）上市的相关制度有望得以变革，包括利润指标、股权架构等。

酝酿中的股票注册发行制度改革在某种意义上就是直接清除了以

往制约中概股在国内上市的主要障碍。中概股中的绝大部分新兴企业，特别是互联网类公司当年远赴海外，其根本原因就是不符合 A 股上市有关盈利门槛的规定。如果发行条件改变，例如允许尚处于亏损阶段的公司上市，就直接打开了一部分互联网和创新企业的回归之门。

此外，2015 年 6 月，工信部发布公告，宣布在上海自贸区开展试点的基础上，在全国范围内放开经营类电子商务（在线数据处理与交易处理业务）外资股比限制，外资持股比例可至 100%。这就意味着有关电子商务行业外资投资持股比例的限制被彻底取消，电商类中概股甚至有不必拆除 VIE 架构直接回归的可能性。

实际上，对经营类电商的外资持股比例放开只是第一步，中国在加入 WTO 时承诺，对外开放信息服务业务、存储转发类业务、经营类电子商务，其外资股权比例不超过 50%。此后，信息服务业务（仅含应用商店）、存储转发类业务和经营类电子商务三项业务外资股比已试点突破 50%。

交易所创新与市场扩容

根据上交所在 2015 年 5 月宣布的计划，该所正在筹备的战新板将对承接中概股回归发挥重要作用。当时，战新板的定位有三个：一是聚焦新兴产业企业和创新型企业，上市条件更具包容性，与主板市场互动发展；二是侧重已跨越创业阶段，具有一定规模的企业，与创业板市场错位发展；三是关注具有新型治理结构的企业，在法律框架内预留制度空间，实现自身创新发展。

随着战新板临产，关于上市门槛的确定受到高度关注，其最关键的指标有三个：市值、收入和现金流。当时的方案将上市企业初步定为两类：第一类为流动资金为正的企业，市值规模需达到 10 亿元，年收入需达到 1 亿元，最近两年的现金流需达到 3 000 万元；第二类为流动资金为负的企业，市值规模需达到 15 亿元，年收入需达到 1 亿元。

方案还设置了"市值—净利润—收入""市值—收入—现金流"

"市值—净资产"等四套以市值为核心的上市财务标准。四套财务标准体现了差异化和包容性的总体思路，既保留了"市值—净利润—收入"组合便于盈利企业继续使用，又增设了三套"市值"相关指标体系便于尚未盈利企业使用。

与已形成的 A 股上市板块对比，战新板设置比创业板更高的市值、收入、现金流以及资产规模指标，体现了战新板与创业板的错位竞争策略。

按照上交所当时的思路，对于战新板的注册和审核，计划在注册制框架下对申请在战新板上市的企业单独排队。同时，按照注册制框架下的审核标准对申请在新兴板上市的企业进行审核。此外，上交所计划要求保荐机构就上市申请人是否属于国家相关文件明确的新兴产业或创新特征明显发表专项意见，并对战新板进行适当性管理，实施不严于创业板的投资者适当性管理制度。

尽管此后由于 2015 年中国证券市场动荡，以及外部金融环境的变化，战新板最终未能推出，但新三板扩容计划得以快速落地实施，目前新三板上市企业超过 10 000 家，一批规模较小的回归中概股也成功登陆新三板市场。

专栏 2.3　　　　　　　　　　**搁浅的战新板**

2013 年 9 月，上交所启动了设立战新板的相关研究工作。

2013 年 12 月 24 日，上交所向证监会上报了《关于上交所设立战略新兴产业板的请示》。

2014 年 4 月 3 日，证监会主席专题会对战新板有关问题进行了研究。

2014 年 5 月 6 日，上交所对业务方案进行了修改完善，向证监会上报了《关于上交所设立新兴板有关问题的补充报告》。

2014 年 5 月，"新国九条"明确指出"增加证券交易所内部层次"。

2014 年 12 月，中央经济工作会议提出，设立战新板有利于拓展资本市场的广度和深度，提高新兴产业企业和创新型企业的融资效率，从资本市场层面落实国家创新驱动发展战略，推动产业结构调整和经济转型升级。

2015 年 6 月，国务院《关于大力推进大众创业万众创新若干政策措施的意见》明确提出推动在上交所建立战新板。

2016 年 3 月 15 日，媒体报道，根据证监会的意见，在《"十三五"规划纲要（草案）》中，删除了"设立战新板"的内容，媒体获得的《"十三五"规划纲要（草案）》修改情况说明的第 9 条显示：根据证监会意见，删除第 27 页的"设立战略性新兴产业板"。后来，在正式发布的"十三五"规划中，证明媒体报道属实。

新道路：　回归 A 股的诱惑

宏观经济与金融转型的大环境下，产业政策调整与金融监管政策改革为中概股回归奠定了基础。而国内投资者的追捧则为中概股企业抓住这一机遇提供了市场条件，国内投资者的热情诱惑着思归的中概股企业。

投资者的集体追捧

先期回归的中概股企业受到了各路投资者的热烈追捧，无论是以保险机构、银行为代表的金融机构，还是以 PE 为代表的专业投资机构，甚至 A 股上市公司，乃至普通个人投资者，都在追逐投资中概股的机会。在 A 股二级市场，成功登陆 A 股的企业也是赚足了眼球，股票表现傲视市场。

以巨人网络为例，该公司在私有化时市值约为 30 亿美元，但借壳回归 A 股以后，市值一度超过 800 亿元，剔除利润增长因素，其估值增加了数倍。先期回归的分众传媒也是如此，2013 年 5 月，该公司在美国退市时，其市值约为 36.21 亿美元，而回归 A 股并借壳上市公司"七喜控股"后，其市值一度达 1 270 亿元，估值同样增加了数倍。此外，以 IPO 方式上市的暴风科技在 2015 年上市路演过程中，网上申购倍数达到 655.55 倍，创造了创业板开办以来所有股票超额认购倍数第一名，且遥遥领先。

中概股回归获得很高的市场估值，一方面是因为 A 股市场作为新兴市场，市盈率明显高于美国等发达证券市场；另一方面也反映出国内投资者对回归中概股企业的认同，特别是其中的明星企业。在经济转型升级的大背景下，国内投资者对新兴行业和企业抱有很高的认可度与期望。

再以奇虎 360 回归为例，2015 年其私有化提案中的公司总体估值为 90 亿美元，而如果按照 A 股类似企业以市盈率的方法来估值，则奇虎 360 PSP（Play Station Portable，索尼公司开发的一款多功能掌机）业务、搜索业务、游戏业务、企业安全业务、智能手机业务净现金估值累计可以达到 3 800 亿元，估值增加了近 6 倍。例如，2015 年，奇虎 360 的 PSP 业务营收预计大约为 A 股上市公司海隆软件的 3 倍，而后者在奇虎 360 退市时的市值一度达到 480 亿元，2016 年年底仍有 220 亿元市值。

回归中概股深受欢迎，既反映了跨境市场间估值差价对投资者的巨大吸引力，也反映出国内资本市场对新兴行业中拥有新技术、新业态企业的追捧。客观而言，由于早期国内资本市场对上市条件要求很高，大量优秀的 TMT 等行业企业，尤其是互联网细分领域的标杆性企业都选择了在海外上市，所以在 A 股市场这类投资对象十分缺乏，因而部分优质企业回归 A 股时受到追捧也有其必然性。

当然，回归中概股被过度投机炒作，回归企业估值过高，将会透支企业价值的未来提升空间，甚至导致泡沫风险。同时，随着 2016 年资本市场 IPO 发行提速，新股票供给侧短缺局面有望得到一定缓解，优质企业尤其是 TMT 行业优质企业的稀缺性会下降，这使得股市整体市盈率存在下行压力，从而影响中概股回归后再次上市的整体估值水平。因此，从中概股长期健康发展的角度看，无论是中概股自身，还是投资者，都应更理性地对待回归过程中的融资与投资机遇。

新兴行业广受扶持

除了 A 股高估值的诱惑，吸引海外中概股回归的另一个因素是国内新兴行业在政府的支持下快速成长与崛起。这与中概股在海外市场面临着投资者不理解、不支持的窘迫局面形成鲜明对比。

以 2015 年 12 月成功退市回归的药明康德为例，其创始人李革的观点颇有代表性，他在接受媒体采访时说："很多人认为药明康德私有化是因为我们看重了中美市场的 PE 价差，这根本不是我们私有化的原因。根本原因还是华尔街过于关注短期业绩，大型战略投资就变得比较困难。在 2015 年 3 月，我们在季度财报中准备了一页内容，上面列举了我们将持续发展的重点平台板块，以及将开始投资的新兴机会。发布季度财报后，我们的股票非但没有上涨，反而下跌了 20%。我对这个结果感到非常失望：我们想要保持创新，却不能得到正向激励，因此我觉得是时候回归私有化了。回归私有化能够帮助我们更加大胆地投资平台建设，更加灵活地把握新兴机会。"

实际上，作为一家由在美华人与内地企业家共同创立的药品研发平台企业，药明康德在美国资本市场的遭遇代表了大部分中概股企业所面临的窘境。

同时，与国外形成巨大反差的是，新兴行业在国内除了投资者的支持与追捧外，还有政府在税收政策、资金扶持、用地支持等各方面提供的诸多有利条件。中国各地的地方政府为推动创新型行业与企业的发展，千方百计提供各类支持与扶持政策，吸引优秀创新、创业企业在本地落地生根。例如，在"双创"战略的持续推进下，成都成立了首个政府投资基金，资金规模达到400亿元。大连市政府也斥资40亿元支援2 100家中小微企业。上海、安徽、深圳、京津冀地区也相继开办各种创业论坛，成立创业联盟，支持创业创新企业的发展。

与20世纪90年代末的第一次创业创新浪潮大多集中于互联网领域不同，国家"双创"战略会催生一批技术门槛相对更高的高精尖端科技类公司，并影响更多的传统工业企业向"中国制造2025"转型。

创业创新势成潮流

新兴行业与企业的快速成长趋势在资本市场也有表现。据深交所统计数据，2015年创业板上市公司平均实现营收11.19亿元，同比增长29.4%；平均实现净利润1.25亿元，同比增长27.8%，营收和净利润增速达到5年新高。净利润增幅在过去5年中首次与收入增幅基本持平，这反映出创业板上市公司盈利能力得到了显著提升。

在复杂的宏观经济环境下，创业板上市公司2015年度业绩保持了良好的增长势头，有效发挥了对大众创业、万众创新的引领作用。同时，这些公司利用并购重组、股权激励等资本市场工具，加快实现自身转型升级，打造增长新引擎，提升发展新动力。从行业来看，新兴产业是引领创业板发展的排头兵，互联网、生态保护和环境治理、电气机械、软件和信息技术服务等行业净利润增长加快。其中，互联网行业的净利润同比增长146%、生态保护和环境治理行业净利润同比增长42%。

2016年8月，国家发改委表示，经过半年多的推进，中国已处在创业创新的黄金期，并呈现出"六增长"的发展态势：一是新增市场主体快速增长。前瞻产业研究院发布的《2016～2021年创业投资与私募股权投资项目可行性研究报告》指出，2016年上半年，全国新登记企业 262 万家，同比增长 28.6%，平均每天新设立企业 1.4 万家。从结构上看，新兴服务业新增市场主体占比持续上升。二是初创企业用工需求迅猛增长。通过运用大数据技术分析全国 248 个代表性城市初创企业的招聘信息，2016 年上半年，初创企业网上提供招聘岗位 146 万个，其中 6 月份达到 23 万个。三是大型企业"双创"支撑平台大幅增长。据不完全统计，2016 年上半年，中央企业新搭建各类"双创"支撑平台 100 多个，较上一年年末增长了近一倍。四是技术市场交易明显增长。2016 年上半年，国内专利申请量达到 144.5 万件，同比增长 37.8%；技术合同成交金额 3 373 亿元，同比增长 11.6%。五是战略性新兴产业持续增长。2016 年上半年，战略性新兴产业主营业务收入同比增长 11.6%，较上年同期提高 0.6 个百分点；利润总额增长 18.9%，较上年同期提高 3.5 个百分点。六是"新三板"挂牌企业翻番增长。上半年，"新三板"挂牌企业达到 2 559 家，分别是 2015 年和 2014 年同期的 2.4 倍和 5.7 倍。

新兴产业快速崛起

在创业创新热潮中，新兴产业正在快速崛起。新兴产业的发展总体呈现以下四个主要特征：

一是新产业快速成长，并成为推动经济增长的新引擎。经济下行压力之下，诸如电子及通信设备制造业等高技术含量、高附加值的相关产业，依然保持着蓬勃发展的良好势头，展现出新经济的独特魅力。

国家统计局的数据显示，2016 年上半年，高技术产业增加值同比增速为 10.2%，较第一季度加快 1 个百分点。在"中国制造 2025"战略推动下，战略性新兴产业中的高端装备制造业迎来快速发展机遇期。不少省市也着手积极布局相关产业发展。在浙江，高端装备制造业已被列为未来发展的七大万亿级产业之一，而备受瞩目的机器人与智能制造装备被定为未来规划的重点项目。

二是创新产品持续释放增长潜力，并成为创新驱动的新引擎。在电子信息、生物医药、智能制造、节能环保、新能源、新材料等高新技术的推动下，这些新兴行业的相关产品成为新的经济增长点。

2016 年上半年，新型交通运输设备、高端电子信息产品和智能化、自动化设备等新产品产量迅速增长，新能源汽车产量同比增长 88.7%，运动型多用途乘用车（SUV）产量增长 39.7%，工业机器人产量增长 28.2%，光纤产量增长 28.2%，太阳能电池产量增长 28%，智能电视产量增长 20.5%，城市轨道车辆产量增长 19.1%，环境污染防治专用设备产量增长 17.9%，光电子器件产量增长 17.1%，化学药品原药产量增长 13.1%。此外，在家电、电子类产品中，与新兴产业发展密切相关的光纤、光缆、太阳能电池、光电子器件等产品产量也实现较快增长。

三是高技术产业发展加速，并支撑工业向中高端演变。新兴产业快速成长的同时，新技术的应用也使传统产业焕发新的生机。随着中国工业结构调整，转型升级步伐加快，战略性新兴产业加速发展。

2016 年上半年，包括节能环保产业、新一代信息技术产业、生物产业、高端装备制造业、新能源产业、新材料产业、新能源汽车在内的战略性新兴产业增加值同比增长 11%，高于全部规模以上工业 5 个百分点。

四是新兴行业推动新业态迅猛扩张，并汇聚经济结构转型的新动能。随着"互联网 + 传统行业"的发展模式在各领域持续发酵，以网上购物、网络约车、网上订餐等为代表的新业态如雨后春笋般兴起，不仅"刷新"了人们的生产生活方式，也汇聚起推动经济结构转型升级与民生改善的新兴力量，成为新经济的重要组成部分。随着信息技术的进步和网络覆盖范围的扩大，尤其是国家对农村地区网络建设的支持力度不断加大，网络购物用户规模持续壮大。

2015 年年底，中国网民规模达到 6.9 亿人，比 2012 年增长 22%，互联网普及率从 42.1% 提高到 50.3%。据国家统计局统计，2015 年，全国网上零售额为 38 773 亿元，同比增长 33.3%。2016 年，创意设计、远程诊断、设备生命周期管理等服务模式层出不穷。旅游、文化、养老、健康、体育"五大幸福产业"快速发展，网络约车、远程教育、在线医疗、智慧社区等新服务模式不断涌现。诸如网络约车、网上订餐等新兴业态在促就业、惠民生的同时，也通过为消费者提供便利实惠的新服务，进一步释放居民消费潜力，引领经济发展向消费驱动、消费转型升级。

因此，投资者的热情追捧，尤其是国家政策的大力扶持，以及国内势成浪潮的创新环境，都在强烈地吸引着海外中概股的回归。启动并实施"A计划"成为大多数中概股的共同选择，中概股回归之路正在徐徐展开……

第三章

回归之路：拓荒者与回归潮

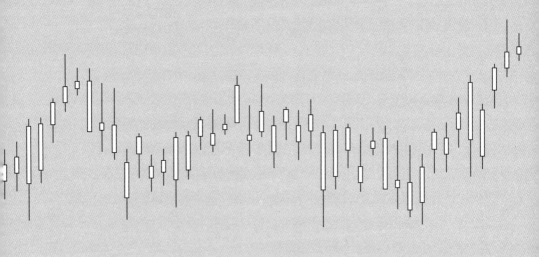

海外中概股回归与中国经济转型，以及 A 股市场波动有着微妙的互动。2015 年，随着中国国内股票市场的不断高涨，特别是资本在经济转型期对新兴行业、创新企业的追捧，在海外渐受冷落的中概股热切渴望回到国内资本舞台的中央，一大批中概股公司迅速踏上了回归 A 股之路。

实际上，在中概股启动大规模回归之前，就已经有一些早期赴海外上市的中国企业选择了回归国内。在 A 股成功上市的南都电源是中概股回归之路的拓荒者。相比中概股大规模回归的 2015 年，南都电源早在 2005 年就选择从新加坡证券市场回归，并在 5 年之后的 2010 年顺利登陆 A 股创业板。

拓荒者： 南都电源回归

作为早期在新加坡证券交易所上市的中概股公司，南都电源最早选择了回归。尽管南都电源与中概股大规模回归不在同一时期，但回归的原因大体相似，回归的历程也颇为相似，因此南都电源回归并上市的故事具有很强的示范意义。

第一个吃螃蟹

2010 年 4 月 21 日，南都电源在 A 股创业板成功上市，公司实际控制人为周庆治先生。南都电源的发展史自然绕不开公司的创始人周庆治。1955 年出生的周庆治曾因"文革"辍学，23 岁才得以进入杭州大学历史系学习，并在毕业后进入政府部门工作。1991 年，周庆治辞去干了 10 年的公职，下海经商，逐步创建起民营企业南都集团，并曾多次登上胡润百富榜。

2000 年 4 月，周庆治通过其实际控制的三家新加坡公司——Pakara Investments Pte Ltd.、Pakara Technology（海外上市公司，中文名称为

"百嘉力科技实业有限公司")、Kastra Investments Pte Ltd.，实现了南都有限（南都电源的前身）在新加坡市场的间接上市。2000 年 9 月，南都有限整体变更设立为股份有限公司。2005 年 3 月，周庆治通过其控股的海外持股公司 Pakara Investments Pte Ltd. 对海外上市公司 Pakara Technology 实施私有化，海外上市公司成功退市。2008 年 11 月，周庆治直接受让 Kastra Investments Pte Ltd. 持有的杭州南都电源有限公司（下称"杭州南都"，为南都电源首发上市时的第一大控股股东）的股权，并注销三家新加坡公司。

资本市场对周庆治并不陌生，他除了多次登上胡润榜、福布斯榜外，2004 年，其旗下南都置业拿到 A 股批文，却主动放弃 IPO。随后 3 年，周庆治又将旗下地产业务陆续卖给了万科。周庆治在资本领域可谓特立独行。

2000 年 5 月，周庆治初涉资本市场。他重组新加坡上市公司立华电子（National Kap Ltd.），将原有亏损业务卖掉，注入杭州南都 55% 的股权，由此成为公司实际控制人。

随后，周庆治将立华电子更名为百嘉力科技实业有限公司（下称"百嘉力科技"）。之后数年，百嘉力科技的主要业务是工业用铅酸蓄电池的研发、制造与销售，杭州南都是其主要的资产和收入来源。

据新加坡《联合早报》报道，南都电源 1996 年、1997 年和 1998 年的营业额分别是 2 500 万元、5 800 万元和 9 700 万元；净利分别是 240 万元、800 万元和 1 200 万元，盈利综合增幅是 140%。

公司年报显示，2000 年百嘉力科技营业收入为 2.37 亿元，税前利润为 4 190 万元。但此后，百嘉力科技经营状况开始快速下滑，2001 年营业收入为 3.43 亿元，税前利润仅为 2 630 万元，2002 年税前利润跌至 800 万元，2003 年税前利润为 −4 110 万元。2004 年上半年，百嘉力科技最后一次公布的业绩仍然亏损。

2005 年，百嘉力科技选择私有化退市。当年 1 月 17 日，Pakara Investments Pte Ltd. 发出无条件现金收购要约，按每股 0.085 新加坡元的价格收购所有百嘉力科技的股份。至要约结束的 2 月 16 日，共有 3 221.79 万股接受要约，Pakara Investments Pte Ltd. 的持股比例增加至 97.90%，百嘉力科技于 2 月 22 日成功退市。

2008 年 11 月，周庆治收购了 Kastra Investments Pte Ltd. 所持杭州南都的股权，由此发行人与海外公司彻底脱钩。2010 年 2 月，南都电源通过中国证监会创业板发审委的审核，并于 4 月在深圳创业板市场成功上市交易。

南都电源的海外上市、私有化退市，以及 A 股再次上市，堪称中概股上市与回归 A 股的拓荒之旅。作为第一个吃螃蟹的南都电源，经历了由国外回归国内的几个资本运营阶段。

登陆新交所

在南都电源实现间接海外上市前，周庆治已通过其控股的 Pakara Investments Pte Ltd. 持有并控股新加坡上市公司 Pakara Technology（原名为"立华电子"）59.95% 的股权，而且周庆治通过 Pakara Investments Pte Ltd. 和 Kastra Investments Pte Ltd. 两家海外中间持股公司间接控股南都电源。当时，周庆治持有 Pakara Investments Pte Ltd. 52% 的股权，Pakara Investments Pte Ltd. 持有 Kastra Investments Pte Ltd. 100% 的股权，Kastra Investments Pte Ltd. 持有杭州南都 60.53% 的股权，杭州南都持有南都电源 69.9% 的股权。南都电源在海外上市前的股权结构如图 3.1 所示。

2000 年 4 月，新加坡上市公司 Pakara Technology Pte Ltd. 在向 Pakara Investments Pte Ltd. 收购了其持有的 Kastra Investments Pte Ltd. 90.86% 的股权，并进行了一系列资产重组后，间接控股南都电源，南都电源实现间接在新加坡上市。

2000 年 4 月，南都电源在海外上市时的股权结构如图 3.2 所示。

2000 年 9 月，南都电源的前身南都有限整体变更为股份有限公司，整体变更时的股权结构如表 3.1 所示。

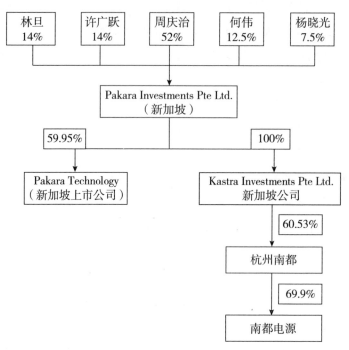

图3.1　南都电源在海外上市前的股权结构示意图

表3.1　整体变更时南都电源股权结构

股东名称	持股数（股）	持股比例（%）
杭州南都	38 363 944	69.9
王宇波	5 541 459	10.1
金涛	3 729 828	6.8
童一波	2 983 862	5.44
东海地产	1 598 498	2.91
舟山市华源电气有限公司	1 598 498	2.91
浙江卧龙集团公司	1 065 665	1.94
合计	54 881 754	100

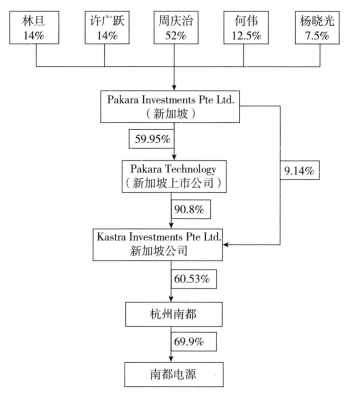

图 3.2 南都电源在海外上市时的股权结构示意图

私有化退市

2005 年 1 月 17 日，Pakara Investments Pte Ltd. 发出无条件现金要约收购所有 Pakara Technology 的股份。当月 27 日，新加坡交易所同意 Pakara Technology 退市，并同意 Pakara Investments Pte Ltd. 按照新加坡《公司法》第 215 条第 1 款的规定，强制收购未接受要约的部分股份。2 月 18 日，Pakara Technology 发布退市公告，宣告于 2005 年 2 月 22 日退市，并将于 2005 年 5 月强制收购未接受要约的 2.1% 股份，共计 1 539 100 股。至此，Pakara Technology 在新加坡退市，实现私有化并由 Pakara Investments Pte Ltd. 持有其 100% 的股份。2005 年 9 月南都电源的股权结构见图 3.3。

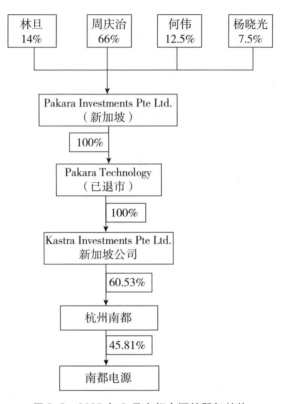

图3.3　2005年9月南都电源的股权结构

从 2005 年 Pakara Technology 退市到 2008 年 12 月周庆治直接受让 Kastra Investments Pte Ltd. 持有的杭州南都 60.53% 的股权期间，上述股权架构进行了如下变更：

（1）Pakara Investments Pte Ltd. 的股权结构于 2007 年 3 月因股权转让变更为：周庆治持有 64.25%、何伟持有 14.43%、林旦持有 13.71%、王海光持有 7.61%。

（2）杭州南都的股权结构于 2006 年和 2007 年股权转让后变更为：Kastra Investments Pte Ltd. 持有 60.53%、南都集团持有 39.47%。

（3）南都电源的股权结构历经多次股权转让和增资后，于 2008 年 10 月变更为如表 3.2 所示。

表3.2 南都电源重组调整后的股权结构

股东名称	持股数（股）	比例（%）	股东名称	持股数（股）	比例（%）
杭州南都	51 453 522	27.66	童一波	1 004 000	0.60
上海益都	25 390 000	13.65	王 红	1 053 200	0.57
南都集团	20 244 382	10.88	李 东	1 004 000	0.54
杭州华星	12 685 314	6.82	卢晓阳	903 200	0.49
陈 博	24 804 702	13.34	杜 军	784 000	0.42
浙江华瓯	13 670 000	7.35	张 华	703 500	0.38
佰孚控股	8 000 000	4.30	李玉芳	692 680	0.37
黄 超	7 000 000	3.76	王莹娇	631 100	0.34
石劲峰	4 000 000	2.15	吴贤章	692 680	0.32
王岳能	2 484 400	1.34	张雄伟	622 500	0.33
林 岚	2 000 000	1.08	周秀琳	500 000	0.27
莫爱娟	2 000 000	1.08	边 征	500 000	0.27
陈象豹	1 437 700	0.77	王 路	408 500	0.22
阮宜祥	1 304 000	0.70	合 计	186 000 000	100

注：表中数字为四舍五入后的值。

2008 年 12 月，周庆治直接受让 Kastra Investments Pte Ltd. 持有的杭州南都60.53%的股权，南都电源与三家新加坡公司彻底脱钩，三家新加坡公司进入注销程序。

南都电源脱离三家新加坡公司时，原境外顶层持股公司 Pakara Investments Pte Ltd. 的股权结构为周庆治持有 64.25%、何伟持有 14.43%、林旦持有 13.71%、王海光持有 7.61%。

南都电源脱离新加坡公司后，前述实际控制人除周庆治之外的其他自然人对南都电源享有的权益体现为，各自然人分别持有南都电源股东上海益都（由周庆治妻子赵亦斓持股64.25%）和南都集团（周庆治直接持股27.84%，上海益都持股56.67%）的股权。具体持股情况为：何伟持有南都集团 6.25% 的股权，持有上海益都 14.43% 的股权；林旦持有南都集团5.94%的股权，持有上海益都13.71%的股权；王海光持有南都集团3.3%的股权，持有上海益都7.61%的股权。

图3.4为南都电源上市时的股权结构。

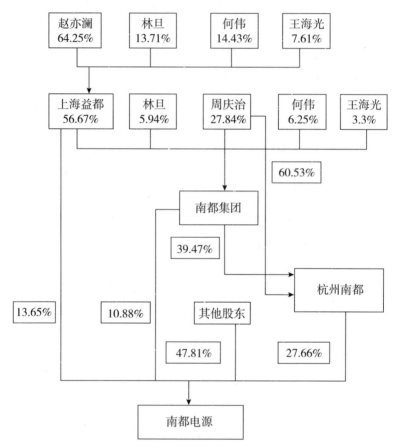

图3.4 南都电源上市时的股权结构

在A股再次成功上市

A股上市前，南都电源在阀控密封蓄电池行业竞争地位较强，在国内同行中产品海外销售收入排名第一，销售收入国内市场排名第三，而且还是国内三大电信运营商的主要后备电池供应商之一。2010年4

月 21 日，南都电源登陆创业板。不过，南都电源上市时正赶上 A 股市场大幅调整，与许多创业板新股上市首日暴涨情形不同，南都电源上市首日涨幅不足 40%。

此后，南都电源在股票市场的表现也不够理想，上市 3 个月，股价仅在上市初的 7 个交易日里保持收盘价在发行价以上，之后都在发行价以下徘徊。

与股票低迷相伴的是南都电源并不理想的经营业绩。南都电源上市后第一次披露的财务报告就显示，2010 年上半年公司 3 215.67 万元的营业利润比上年同期的 12 468.13 万元大挫 9 252.46 万元，降幅高达 74.21%。公司业绩大幅跳水与毛利率下降有关，2010 年上半年，其主营业务毛利率为 19.25%，比 2009 年同期下降 13.38 个百分点，从招股说明书来看，公司上市前的 2007 年、2008 年、2009 年毛利率分别为 22.78%、23.08%、28.27%。

上市前，南都电源的业绩却是另一番景象：2007 年、2008 年、2009 年，其主营业务收入分别为 89 564.03 万元、155 719.65 万元、127 437.60 万元，复合增长率为 36.10%。

由于公司的营收主要来自通信后备电源销售，与通信行业的总体投资规模关联较大，通信行业投资规模的增加或减少都会使公司受到影响，造成一荣俱荣、一损俱损的结果。不过，在经历了一轮转型后，南都电源近两年在资本市场表现总体平稳。2016 年前三季度，南都电源在国内电池行业市值排名已较为靠前，公司在动力电池、基站电源和储能业务领域均有所布局。

海归潮： 百舸争流 A 股路

在南都电源顺利回归国内，并成功登陆 A 股之后，正如本书上一章所述，随着国际资本市场环境的变迁，以及国内经济金融环境的转型，中概股选择回归已势成潮流。特别是中国资本故事在海外资本市场渐趋黯淡，中概股企业正在努力创造新的奇迹。

实际上，在美上市中概股的私有化行动在 2010 年前后就已经开始。但是，当时仍主要是一些在美国资本市场表现不佳的企业希望回归国内市场寻求认同，重新定位企业发展战略和未来成长路径，基于企业经营层面的考虑要更多一些，而对资本市场估值差异的考虑相对较少。

时间推移到 2012～2013 年，中概股私有化在数量和交易金额上都较此前有明显增加，包括千方科技、分众传媒、绿叶制药、先声药业、巨人网络在内的一批比较优秀的中概股企业均宣布了私有化计划，或是先后实施了私有化行动。2010～2013 年，中概股私有化在持续加速之中。到 2014 年，由于 A 股市场和 IPO 政策的变化，中概股私有化进程略有放缓。

图 3.5 显示了 2012～2016 年，美国中概股完成私有化的企业数量。

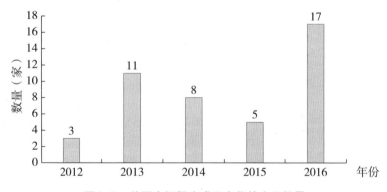

图 3.5　美国中概股完成私有化的企业数量

资料来源：万得资讯。

而后，2015 年 A 股市场快速上涨，特别是新兴行业股票估值高企，使得海外中概股私有化迅速增加。2015 年上半年，特别是在 5～6 月，受 A 股快速上涨、暴风科技拆除 VIE 架构再次登陆 A 股后连续 29

个涨停强劲表现的刺激，以及政策层面的积极鼓励与推动①，在美国上市的中概股公司出现了一波私有化回归A股的热潮，仅在当年6月，就有17家中概股公司宣布将进行私有化。

但是，随着年中以后A股市场大幅下跌，特别是证监会将IPO暂停，中概股私有化回归热潮开始降温，宣布私有化的企业明显减少，而已经宣布私有化的公司也开始观望。进入2015年10月以后，随着A股和中概股市场再度企稳回升，加上IPO的重启，中概股私有化回归呈现出再度回暖的趋势。2015年中概股私有化事项见表3.3。

表3.3 2015年中概股私有化事项

公告私有化的日期	公司	事项
1月2日	完美世界	7月7日完成私有化
3月17日	世纪佳缘	6月4日收到修改协议，私有化价格由5.37美元升至7.2美元
4月13日	久邦数码	10月9日，并购协议获得股东大会通过
4月21日	学大教育	10月30日，宣布将于12月16日在北京召开股东大会
4月30日	药明康德	10月20日，宣布将于11月25日在上海召开股东大会
5月18日	中国手游	8月20日，完成私有化
5月30日	淘米	11月16日，宣布将于12月15日在上海召开股东大会
6月1日	新浪	11月19日，向首席执行官曹国伟发行新股完成
6月4日	迈瑞	9月11日，私有化价格从30美元下调到27美元

① 例如，当年6月4日，国务院常务会议提出，"推动特殊股权结构类创业企业在境内上市"；6月19日，工信部在全国范围内放开电商类企业的外资持股比例限制，以及上海战新版的酝酿推出等。

续表

公告私有化的日期	公司	事项
6月5日	晶澳太阳能	7月29日，特别委员会聘请独立财务和法律顾问
6月9日	易居中国	11月3日，要约价格下调
6月10日	兰亭集势	奥康国际战略入股
6月10日	世纪互联	7月9日，特别委员会聘请独立财务和法律顾问
6月11日	如家	7月14日，特别委员会聘请独立财务和法律顾问
6月12日	博纳影业	10月26日，完成新一轮股权调整
6月15日	乐逗游戏	6月22日，特别委员会聘请独立财务和法律顾问
6月17日	奇虎360	9月18日，完成新一轮股权调整
6月19日	航美传媒	11月5日，宣布将举行股东大会
6月21日	中星微电子	11月15日，宣布将于香港举行股东大会
6月23日	中国信息技术	8月19日，特别委员会聘请独立财务和法律顾问
6月23日	陌陌	7月29日，特别委员会聘请独立财务和法律顾问
7月10日	欢聚时代	7月16日，组建特别委员会
7月10日	当当网	7月30日，组建特别委员会
7月21日	麦考林	9月11日，特别委员会聘请独立财务和法律顾问
8月3日	艺龙	8月21日，特别委员会聘请独立财务和法律顾问
8月14日	乡村基	9月21日，特别委员会聘请独立财务和法律顾问
8月31日	爱康国宾	11月10日，特别委员会聘请独立财务和法律顾问
10月16日	优酷土豆	11月6日，达成最新并购协议
11月2日	明阳风电	11月17日，组建特别委员会

资料来源：SEC电子化数据收集、分析及检索系统，中金公司研究部。

在美国资本市场上市的 200 多家中概股企业，自 2014 年下半年以后，仅一年多时间就有约 30 家宣布私有化要约，计划退市回归国内资本市场。这还不包括搭建红筹架构以后，尚未实现海外上市的公司。

中概股回归对 A 股的影响

就中概股大范围回归对 A 股的影响来看，静态分析，中概股中占比最高、回归可能性最大的 TMT 行业中，除传媒、通信外，电子和计算机板块占 A 股对应板块市值的不到 13%，同时考虑回归节奏并剔除大市值企业后，短期冲击极其有限。

剔除回归概率小的大市值中概股企业后，传媒、通信板块占 A 股市值的比例大幅下降，对国内资本市场造成的心理冲击远大于真实冲击。如剔除传媒、通信板块市值排名前三的公司后，可回归中概股占 A 股对应板块市值的比例分别由 174%、38% 下降到 29%、4%，对 A 股整个市场的影响非常有限。

A 股及海外中概股不同行业上市企业数量、市值分别见图 3.6、图 3.7。

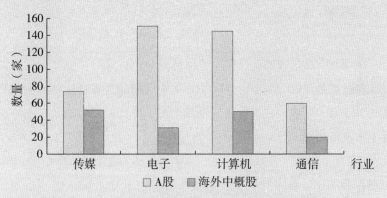

图 3.6 A 股及海外中概股不同行业上市企业数量

资料来源：彭博社、申万宏源研究，数据截至 2015 年 7 月。

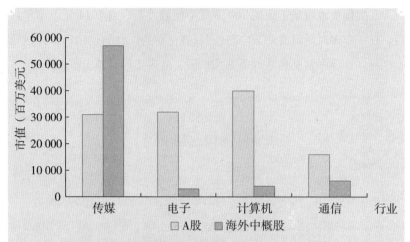

图 3.7　A 股及海外中概股不同行业上市企业市值

资料来源：彭博社、申万宏源研究，数据截至 2015 年 7 月。

从实际进程看，曾发出私有化要约或者已完成私有化的海外中概股，市值大多在 1 亿~20 亿美元，除了分众传媒、药明康德和奇虎 360 等，短期内 BAT、京东、网易等大市值公司私有化回归 A 股的可能性微乎其微。

从另一方面来讲，回归的市值较大的中概股中有不少企业资质较好，有利于丰富 A 股上市企业群体、提升行业整体质量，特别是对于 TMT 行业。

早谋划、早启程的企业实现了捷足先登，被称为"创富神话"的暴风科技就是最好的例证。拆除 VIE 架构回归的暴风科技在 A 股市场成功 IPO 后，创造了近乎神话的持续上涨，使得其市值数倍于仍在海外上市的迅雷。

IPO 式回归：暴风科技

在众多期待回归 A 股的海外 VIE 架构企业眼中，暴风科技就如同一个照耀着回归之路的灯塔。暴风科技拆除 VIE 架构实现 A 股上市前的业绩并不亮眼，但是凭着连续 29 个涨停，它已经成为神话。

1. 曾经失意

2005 年 8 月，冯鑫团队注册成立了酷热科技，作为视频软件开发、运营的主体。酷热科技从 2006 年开始为用户提供互联网影音娱乐体验，其开发的酷热影音播放软件曾迅速成为中国三大播放软件之一，第二年酷热科技与原暴风影音团队合并后，成立了现在的北京暴风网际科技有限公司（简称"暴风科技"）。

暴风影音由创始人周胜军和他的两个学生研发，早期设计理念是将当时的影音格式解码器做成易于安装和使用的集成包，经论坛发布后得到网友的好评。但随着用户数量的大增，服务器支撑不住巨大的流量，导致工作室电脑损毁。在既无资金又走投无路的情况下，周胜军寻求与插件厂商合作，通过捆绑插件获得收入。周胜军曾对媒体表示，选择捆绑插件是为了生存。

2006 年 5 月，冯鑫团队在投资者的指导下设立了境外公司酷热影音（Kuree）。同年 8 月及 12 月，IDG（美国国际数据集团）分两次投入 300 万美元，获得酷热影音 32% 的股权（冯鑫持股 36.17%）。2006 年 9 月，酷热影音收购了暴风影音的软件、技术秘密及商标、域名。不久，暴风影音的知识产权与酷热科技积累的技术一起被注入冯鑫团队控制的暴风科技。

2007 年 7 月，酷热影音再次向 IDG 融资 500 万美元。融资完成后，IDG、冯鑫分别持有酷热影音 43.1% 和 31.5% 的股权，财务投资者持股开始高于创始人。2008 年 11 月，IDG 联合经纬创投（Matrix）投入 600 万美元，财务投资者的话语权进一步加强。到 2010 年 1 月，IDG、冯鑫、经纬创投及员工分别持有酷热影音股权的 37.7%、33.5%、7.4% 和 11.2%。

至此，暴风科技的 VIE 架构基本搭建起来，原本要获得美元投资在纳斯达克上市是不二之选，但是从 2008 年起，优酷、土豆、搜狐、腾讯等视频网站陆续崛起并挑起版权大战，暴风科技面临的抉择是：抓住已经在望的盈利，或是参加烧钱大赛。选择前者将无望在营收规模上进入第一阵营，而美国市场看重的是行业地位，掉出前三名很难获得认同。选择后者则等于选择了无穷无尽的亏损，优酷土豆至今没有看到盈利的曙光。

暴风科技以四成股份仅融资 1 000 多万美元，未来不知要烧多少亿美元。团队不敢大规模融资，投资者也没有信心。若干年后，IDG亚洲区总裁熊晓鸽表示"暴风科技更适合在中国上市"。让美元投资者退出，回过头来 A 股上市，暴风科技除此没有别的选择。

原本向往着像其他互联网优等生企业一样在纳斯达克敲钟，却不得不放弃美国上市，暴风科技在彼时确实是一个失意者。

然而，仅仅几年之后，暴风科技拆除 VIE 架构回归 A 股，一夜之间获得了市场的热捧，写就神话。反观当年风光无限的优酷土豆，在美国的市值仅为百亿美元规模。

2. 拆除 VIE 架构

如上文所述，从 2006 年 5 月，冯鑫团队成立的酷热科技在投资者的指导下设立了境外公司酷热影音，同年 7 月，酷热影音在中国大陆注册成立了全资子公司互软科技（外商独资企业）。酷热影音与互软科技分别和酷热科技与暴风网际及其股东签订了一份协议，协议承诺酷热科技享有酷热影音的全部收益。

暴风科技 VIE 架构的拆除用了 9 个月时间，拆除 VIE 的过程就是搭建 VIE 过程的逆向操作。从 2010 年 8 月开始，暴风科技从谈判、签重组协议、商委审批、外管局审批、股改、证监局辅导到首次申报，紧锣密鼓推进，到 2011 年 5 月，暴风科技的整个 VIE 架构拆除基本完成。

2010 年 8 月，暴风科技开始了估值谈判，并寻找接盘资金，这涉及外资股东的退出和内资股东的介入，最核心的问题就是定价。此外，新的投资者能够对企业带来怎样的帮助，这也是暴风科技在谈判初期着重考虑的因素。

据了解，暴风科技寻找投资者总共花了一个月左右时间。到了第二阶段签重组协议期间，主要工作包括明确 A 股上市主体、实际控制人、债权债务清理、知识产权转移、相关公司处置，这些工作也至少需要一个月时间。

2010 年 12 月，有关各方签署了《终止协议书》，根据此协议终止了酷热影音、互软科技与暴风网际之间的协议控制安排，同时签署了《重组协议》（以及于 2011 年 8 月签署《重组协议之修改协议》），启动拆除 VIE 架构，境外基金 IDG 和经纬创投退出，对红筹架构的解除及暴风网际的股权结构调整做了相应安排。

VIE 架构拆除的另一个关键问题是让各方利益都不要受到伤害，以及对公司的核心团队做好激励，因此管理层的股权安排至关重要。

《关于北京暴风科技股份有限公司首次公开发行人民币普通股（A 股）股票并在创业板上市的律师工作报告》公示，暴风科技 VIE 架构拆除前，暴风网际股东酷热科技、韦婵媛、冯鑫分别拥有股份 92.5%、5%、2.5%。

VIE 架构拆除后，暴风科技引入金石投资等机构投资者，以及蔡文胜等自然人投资者，还包括融辉似锦、瑞丰利永、众翔宏泰三家公司等。

实际上，后三家公司就是以冯鑫作为实际控制人的员工持股有限合伙公司。截至 2015 年 3 月上市前，冯鑫自有股份 28.4%，三家有限合伙公司共涵盖 113 名高管及员工，合计持有股份 7.26%，冯鑫最终成为暴风科技的最大股东。

金石投资、和谐成长、天津伍通、深圳市华为投资控股有限公司等 16 家机构投资者拥有股份 39.77%，其中和谐成长持股 10.888 9%，金石投资持股 5.799 1%。

之所以暴风科技在回归过程中做出特别安排，成立三家公司来让冯鑫和员工持股，是由于单一有限合伙公司的人数上限是 50 人。因此，为了让实际控制人冯鑫增加对公司的控制力，设立了融辉似锦、瑞丰利永和众翔宏泰三家公司。此种安排也有利于保持公司的稳定性。

3.3 年排队

2012 年 4 月，美国资本市场氛围的变化让准备赴美上市的暴风科技谋求转战 A 股。当年 4 月 10 日，中国证监会网站披露的文件显示，暴风科技启动登陆创业板计划，提交了创业板上市申请。

与拆除 VIE 架构过程中顺利通过商务部和外管局审批程序形成鲜明对比的是，暴风科技在证监会获批上市之路上可谓一波三折，其间遭遇了证监会停停走走的审核"不稳定期"。直到 2015 年登陆创业板，暴风科技仅上市排队就花了 3 年时间。

由于 A 股发行审核走走停停，上市排队那段难熬的日子，对暴风科技创始人和投资者而言都是一个艰难的考验。负责暴风科技上市的曲静渊后来回忆说："其实可能他（冯鑫，暴风科技创始人）和我都分别犹豫过，但是我们都没好意思跟对方说这件事情我好像决心不足了。这样也挺好的，因为他没跟我说，我也不敢跟他说，我们俩就这样，他做他的业务，我做我的上市。"

2014 年 9 月，暴风科技在证监会网站披露招股说明书，拟在深交所上市，保荐机构是中国国际金融有限公司。招股说明书披露了公司未来 3 年的发展规划。根据公司所设定的发展目标，未来 3 年，公司将以产品创新为核心，在互联网视频服务、互联网广告信息服务、智能终端三方面发力，并设定了具体的业务发展规划。

在互联网视频服务领域，公司会着力研发互联网视频新兴技术，不断提升产品的用户体验，丰富暴风科技平台的视频内容。一方面，公司在已有"一键高清""2.0 声音系统模拟实现 5.1 音响效果"和"3D"（三维空间）等功能基础上，进行持续优化和规模化应用，同时运用大数据系统和独创算法进一步创新产品功能，精准满足用户需求；另一方面，公司计划有效率地增加采购电影、电视剧及综艺节目的数量，逐渐开拓自制视频内容，在技术领先的基础上建立视频内容优势。

在互联网广告信息服务领域，公司着力通过产品创新方式提升广告展现率与展现效果，为客户实现精准广告投放，从而不断提升暴风科技的媒体价值和广告客户的认可度。

在智能终端领域，公司认为移动互联网未来将从手机、平板电脑进入多样化的智能终端时代，所以致力于在所有智能硬件终端为用户提供视频服务。为此，公司围绕用户视频观看体验，加大在家庭智能设备和可穿戴设备领域的研发投入力度，在多样化智能终端的移动互联网视频领域确立领先技术优势和扩大用户规模，并尽快形成成熟的盈利模式，以实现对公司未来长期可持续增长的贡献。

2015 年 1 月 30 日，暴风科技通过证监会 IPO 审核。

4. 创造神话

2015 年 3 月，暴风科技在经路演、询价的等待后，公布了最新的发行情况——公司拟发行新股数量为 3 000 万股（网上发行 2 700 万股），并吸引了众多机构的关注，共有 91 家网下投资者及其管理的 194 家配售对象在规定的时间内参与初步询价、报价。

最终，暴风科技新股发行价定为 7.14 元/股，而该价格在创业板处于极低价位，在当时已上市的 446 只创业板个股中，仅有向日葵的市价低于此价格。3 月 24 日，暴风科技正式登陆 A 股。上市首日，暴风科技毫无悬念地实现了 44% 的顶格上涨。

在历经 29 个交易日的连续涨停后，暴风科技累计涨幅达到 22 倍之巨，这一涨幅令 A 股市场投资者和券商分析师震惊。正因这样的神奇表现，暴风科技一举超越了此前兰石重装创下的 A 股新股上市连续涨停纪录。

至此，暴风科技已创造了回归公司的传奇，也创造了 A 股市场空前的神话。

借壳式回归：巨人网络

天下熙熙皆为利来，天下攘攘皆为利往。在大规模的中概股做空潮中，中概股在低估值、低交投中备受煎熬，最终在利益权衡后，部分企业开始考虑回归本土资本市场。这其中，巨人网络属于早期进行私有化的公司。

2017 年 4 月 5 日，世纪游轮发布公告称，拟将公司中文名称变更为"巨人网络集团股份有限公司"，英文名称变更为"Giant Network Group Co. Ltd."，证券简称变更为巨人网络。公告称"公司当前业务以互联网游戏、互联网社区工具为主，变更公司名称及证券简称，能够准确地体现公司的经营特征和业务方向"。世纪游轮的更名标志着巨人网络借壳上市正式完成。

2007 年，成立仅 3 年的巨人网络宣布在美国纽交所挂牌上市，发行价为 15.5 美元，融资超 10 亿美元，上市首日收盘价为 18.23 美元，成为当时在美国发行规模最大的中国民营企业。

然而上市首日最高价 20.46 美元几乎成了巨人网络美国资本市场之旅的最高峰，此后，巨人网络陆续经历了美国金融危机、中概股做空潮等事件，股价表现一直乏善可陈。2013 年 11 月，在美国上市 6 年后，巨人网络宣布进行私有化，具体报价为每股 ADS 11.75 美元，正式踏上了回归之路。

1. 史玉柱的第三次创业

巨人网络的回归一直备受关注，一个原因是它的实际控制人史玉柱颇具传奇色彩。在创办巨人网络之前，史玉柱一共进行了两次创业。1989 年，史玉柱研发出汉卡软件，其销量一度居于全国同类产品之首，也使巨人集团迅速成为一家令人瞩目的高科技公司。但此后随着产品更新换代的影响，以及巨人大厦建设计划的冒进，史玉柱陷入资金链危机，人生走入低谷。

1999 年，史玉柱的第二次创业进入保健品行业，开发了脑白金等产品，脑白金试销一年迅速在全国铺开，在接下来的几年，史玉柱旗下的保健品销售异常红火。

2004 年，已经在保健品行业赚得盆满钵满的史玉柱选择了第三次创业，重返 IT 行业，自主研发了首款网络游戏《征途》，当年征途网络科技公司（简称"征途网络"）开始运营业务。2006 年巨人网络开始为海外上市准备，当年 7 月，巨人网络海外上市主体 Giant Interactive Group Inc.（简称"GA"）设立，史玉柱通过 Union Sky 持有 GA 51.00% 的股权，同时 GA 全资子公司 Eddia 在英属维尔京群岛设立。当年 9 月，董事会主席兼首席执行官史玉柱，以及其他 18 名个人股东（大多数为征途网络董事和权益股东），创建了开曼群岛控股公司巨人网络科技有限公司及其全资子公司 Eddia 国际集团（简称"Eddia"），Eddia 于 2006 年 9 月 6 日在中国创建了全资子公司上海征途信息科技有限公司（简称"征途信息"）。

通过设立中国境内全资下属公司上海征途信息技术有限公司并与巨人网络及其股东签署了一系列 VIE 协议，巨人网络的 VIE 架构基本搭建完成。

2007 年 6 月 11 日，巨人网络科技有限公司更名为巨人网络集团，并正式开始启动美国上市。当年 11 月 1 日，巨人网络在美国纽交所挂牌上市，发行价为 15.5 美元，融资额为 8.87 亿美元。上市首日开盘价为 18.25 美元，收盘价为 18.23 美元，当日最高价为 20.46 美元，最低价为 17.05 美元。

巨人网络本次上市共发行 5 720 万份 ADS，每份 ADS 相当于 1 股普通股，发行价为 15.5 美元，超出此前 12~14 美元的定价区间，融资额为 8.87 亿美元。加上约 858 万股超额配售部分，巨人网络融资总额突破 10 亿美元。

按招股说明书披露，2007 年 1 月至 6 月，巨人网络营收总额为 6.87 亿元，同期净利润为 5.12 亿元人民币。巨人旗下主打产品网络游戏《征途》2017 年第二季度同时最高在线人数为 107 万人，平均在线人数为 51.5 万人。招股说明书还披露，公司创始人史玉柱上市前持股 14 000 万股，占公开上市前的 68%。其他 18 位主要由公司高管组成的股东共持有 5 459 万股。巨人网络该次美国 IPO 的主承销商是美林和瑞银，交易代码为 GA。

2. 外面的世界不精彩

然而，上市后巨人网络的发展不尽人意，此后推出的《巨人》及《万王之王3》这两款新游戏所取得成绩远远不如《征途》，《征途》的成功套路在这两款产品上完全失去魔力。游戏毕竟是有生命周期的，即使《征途》创下业界诸多纪录，但其在线用户数、ARPU值（每用户平均收入）也不可能一直增加，如果《征途》无法不断地增加收入，而其他产品又无法成为现象级产品，那么巨人网络的业绩就难以持续增长。

巨人网络2007年的营收总额为15.28亿元，比上一年增长273.9%；净利润为11.36亿元，比上一年增长364.5%。这一年对巨人网络而言，无疑非常成功。然而，美国投资者并没有等来巨人网络持续增长的业绩。巨人网络2008年的营收总额为15.95亿元，净利润为11.14亿元，利润有所下滑，这还不考虑巨人网络2008年获得利息收入为1.85亿元，较上一年的5 390万元大幅增加，否则净利润下降更多。

此后，巨人网络的营收总额和利润均无特别增长，直至私有化前夕，净利润才超过2007年。在成熟的美国资本市场，在竞争激烈的游戏界，业绩无法持续增长的巨人网络很难获得高估值。

与此形成鲜明对比的是，游戏公司在中国资本市场获得远超其他行业的追捧，即使是亏损公司也有数十亿元的市值。2010年2月上市的中青宝，发行价为30元/股，发行完成时的总市值为30亿元，但2013年9月6日，其股价高达90.48元，总市值为117.62亿元，并不比巨人网络差多少，而2013年中青宝的净利润只有5 103万元，相当于巨人网络半个月的净利润。2012年5月上市的掌趣科技，发行价为16元/股，发行完成时的总市值达26.19亿元，2013年5月21日，其股价高达77.11元，总市值为126.20亿元，而当年掌趣科技的净利润只有1.54亿元，相当于巨人网络一个半月的净利润。

3. 美国退市

2013 年 11 月 25 日，巨人网络宣布，已接到以董事长史玉柱及霸菱亚洲（Baring Private Equity Asia）等的私有化要约，估值约 29.5 亿美元（按照总股本计算），具体报价为 11.75 美元/ADS。

这项要约对巨人网络的估值约为 29.5 亿美元，要约价格较当时过去 60 天的成交量加权平均价（简称"VWAP"）溢价 31.3%，较过去 30 天的 VWAP 溢价 29.1%，较过去 5 天的 VWAP 溢价 24%，较前一个交易日的 VWAP 溢价 21%。

回顾巨人网络的整个退市过程，大致分为四个阶段：一是上述提到的私有化发起人发出私有化邀约，即 2013 年 11 月 25 日，巨人网络董事会收到史玉柱、Union Sky、Vogel、霸菱亚洲共同组成的财团发出的私有化邀约；二是私有化发起人新设私有化实施主体，2014 年 1 月 13 日，Union Sky 在开曼群岛注册成立全资子公司 Hold Co、Giant Investment Limited 和 Giant Merger Limited；三是私有化协议的签署与实施，私有化通过 Giant Merger Limited 与巨人网络合并的方式实施；四是管理层股份认购，2014 年 8 月 Hold Co 以每股 0.000 01 美元的价格向管理层持股主体发行 Hold Co 的股份。

在私有化退市后，巨人网络进一步拆除 VIE 架构，孚烨投资、鼎晖孚远、兰麟投资、弘毅创领首先向巨人网络增资；接着，巨人网络与 Hold Co 签订股份认购协议，以 18.6 亿美元认购新增发 Hold Co 股份。

此后，Hold Co 以 129 890 万美元回购 RNEL、Atlanta 和 CDH 所持共计 87 500 000 股 Hold Co 股份，Hold Co 以每股 0.000 01 美元的价格全数回购管理层持股主体所持有的 Hold Co 股份。巨人网络向征途信息和征铎信息增资，GA 所持有的巨人香港股份全部转让给巨人网络，巨人网络用其持有的 Hold Co 股份进行支付。

最后，VIE 架构解除。2014 年 6 月，征途信息与史玉柱、巨人网络及其当时的相关股东分别终止了 2006 年 9 月签署的《购买选择权及合作协议》及 2014 年 3 月签署的《股权质押协议》。2015 年 9 月，征途信息与巨人网络及其相关股东终止了 2014 年 6 月签署的《独家转股期权协议》及其补充协议。至此，VIE 架构正式拆除，为巨人网络登陆 A 股做好了准备。

4. 借壳世纪游轮

主营游轮运营和旅行社业务的世纪游轮在 2011 年 3 月登陆中小板后，业绩大变脸，2013 年至 2015 年实现净利润分别为 310.89 万元、1 058.15 万元、−3 253.78 万元，扣除非经常性损益后的净利润分别为 42.88 万元、159.10 万元、−4 425.84 万元。

世纪游轮盘子较小，总股本为 6 545 万股，流通股为 3 246 万股，在重组之前，公司的市值约为 21 亿元。相比其他债务、官司缠身的公司来说，世纪游轮是一个干净的壳公司，同时世纪游轮控股股东彭建虎持有股权集中，巨人网络借壳世纪游轮前，彭建虎及其一致行动人彭俊珩持有壳公司 48 616 700 股，占上市公司总股本的 74.28%。毫无疑问，对于巨人网络来说，这是一个较为满意的借壳目标。

2015 年 9 月 30 日，世纪游轮正式透露与巨人网络及其实际控制人史玉柱签订《重大资产重组意向框架协议》。该次交易方式为拟向巨人网络全体股东非公开发行股份购买巨人网络 100% 股权并配套募集资金。具体方案是：世纪游轮拟以 29.58 元/股的发行价格，向巨人网络的全体股东非公开发行 4.43 亿股股票，作价 131 亿元购买巨人网络 100% 股权，由此巨人网络借壳上市。巨人网络股东承诺，2016 年、2017 年和 2018 年扣除非经常性损益后净利润将不低于 10 亿元、12 亿元及 15 亿元。

2016 年 3 月，世纪游轮公告，公司重大资产出售及发行股份购买资产并募集配套资金事项获得证监会有条件通过。公司股票将于 3 月 3 日复牌，这也意味着巨人网络借壳世纪游轮正式成行。

2016 年 5 月 30 日，世纪游轮公告称，公司董事会第九次会议选举史玉柱为第四届董事会董事长，巨人网络借壳世纪游轮回归 A 股基本完成。

截至 2017 年 5 月 12 日收盘，巨人网络（世纪游轮公司）最新市值 980. 31 亿元，较巨人网络退市前市值已提升数倍。

回归中概股的地区和行业分布

回归中概股从市场分布来看，在纳斯达克市场私有化中概股企业较多，其次是纽交所，少数为新加坡等其他市场的上市企业。宣布或完成私有化中概股企业市场分布见图 3.8。

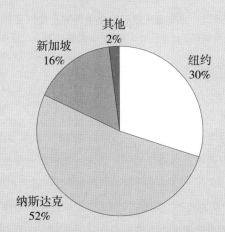

图 3.8　宣布或完成私有化中概股企业市场分布

资料来源：全球数据处理公司迪罗基（Dealogic），数据截至 2015 年 6 月末。

从行业分布来看，宣布私有化的中概股企业以 TMT 行业为主，其交易数量和金额均占到了一半以上。到 2015 年 6 月末，宣布和完成私有化的中概股前十大交易中，TMT 行业在其中占据七席。宣布或完成私有化中概股企业行业分布见图 3.9。

从私有化不同收购模式来看，中概股企业管理层和 PE 机构已成为中概股私有化的主要力量。

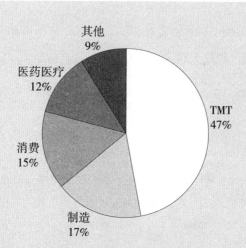

图3.9　宣布或完成私有化中概股企业行业分布

资料来源：全球数据处理公司迪罗基，数据截至 2015 年 6 月末。

一是管理层收购模式。例如，2015 年 6 月人人公司收到 CEO 陈一舟提出的私有化要约，要约以每股 ADS 4.2 美元的现金收购其尚未持有的人人公司全部发行股。

二是管理层 +PE 收购模式。例如，2015 年 6 月奇虎360 宣布，公司收到来自董事长周鸿祎和华兴资本、红杉资本等投资团的私有化要约，拟以每股 51.33 美元现金收购奇虎全部已发行的普通股。

三是 PE 收购模式。例如，2013 年亚信联创和中信资本达成私有化协议，以中信资本为首的投资者财团收购亚信联创股东所持有的股份，每股可兑换 12 美元现金。

四是产业投资者收购模式。例如，2014 年 6 月上海浦东科技投资有限公司和中国电子信息产业集团宣布，以每股 22.6 美元收购澜起科技所有流通股。

在已经完成的 60 起私有化交易中，管理层收购和管理层 +PE 收购是两种主要模式，占比超过 50%。宣布或完成私有化的模式见图 3.10。

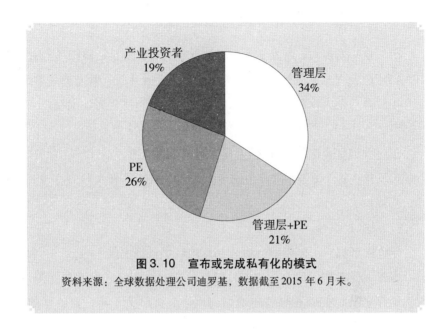

图 3.10　宣布或完成私有化的模式
资料来源：全球数据处理公司迪罗基，数据截至 2015 年 6 月末。

并购式回归： 学大教育

2016 年 7 月 4 日，紫光集团旗下银润投资发布公告，由学大教育通过 VIE 协议控制的中国境内经营实体学大信息已完成股权交割工作，并完成了工商变更，学大教育也已办理完成股权过户，公司已履行完在收购学大事项中所有的法律责任及义务。随着学大教育完成交割，收购学大教育暨重大资产重组已实施完成（收购总价款约为 3.69 亿美元，约合 23 亿元），学大教育成为银润投资的全资子公司，学大信息也已成为银润投资的全资子公司。同时，公司股东会通过变更公司名称（变更为厦门紫光学大股份有限公司，简称"紫光学大"）及经营范围等议案，这意味着学大教育私有化已全部完成。至此，学大教育的 ADS 股份停止交易，且已完成退市所涉及的向美国证券交易委员提交表格等法定程序。

学大教育私有化之所以引起市场关注，主要是因为学大教育的私有化回归方式独辟蹊径，采用了并购整合方式，在私有化过程中将产业整合一并完成。

针对这一新模式，紫光学大首席执行官金鑫曾表示，回归 A 股并加入清华产业大家庭意味着学大教育的一次全面升级，紫光的品牌、清华的资源与学大教育市场化团队的结合，一定能使紫光学大在未来中国教育市场和 A 股市场上，创造一个价值巨大的全新平台。

通过并购整合这条"近路"，学大教育为规避借壳上市做出了种种精心安排，这个方案最终获得通过，为众多酝酿回归 A 股的海外上市公司提供了一种新的模式。

1. 海外上市

学大教育成立于 2001 年，是中国国内较早且规模最大的中小学个性化教育辅导机构。面对国内课外辅导公司遍地开花式的激烈竞争，学大教育之所以能够在群体中脱颖而出，主要归功于其一直推崇的"个性化教育"理念。

自 2007 年开始，学大教育就逐渐显现出比较强劲的增长态势。同时，公司获得了风险投资机构鼎晖创投的投资。2007～2009 年，学大教育的净收入分别为 442 万美元、3 411 万美元和 7 719 万美元。截至 2010 年 9 月 30 日，学大教育在中国 44 个城市设有 157 个教学中心，2010 年上半年共计辅导了 5.4 万名中小学生，较上一年上升了 78%，收入达到 7 789 万美元，实现净利润 1 183 万美元。

2010 年 10 月，学大教育向 SEC 递交 F－1 上市文件，申请在纽交所上市。11 月 2 日，学大教育顺利在美国纽交所上市，公司股票代码为 XUE，发行价每股 9.5 美元，融资额为 1.28 亿美元。高盛（Goldman Sachs）、贝尔德（Baird）和威廉布莱尔（William Blair & Company）担任了此次 IPO 的承销商，首日开盘价达到 14.3 美元，比发行价上涨了 50.5%。

回头来看，2010 年下半年可谓国内教育机构的赴美上市年。当年 8 月 5 日，安博教育集团在纽交所上市；10 月 8 日，环球雅思在纳斯达克上市；学大教育的最主要竞争对手学而思也提交上市申请，于 10

月 20 日成功登陆纽交所。

学大教育作为一家以网络教育为主业的企业，其上市架构与其他在境外上市的互联网企业类似，也采用了常见的 VIE 模式。在境内，作为 VIE 架构中的协议方，学大教育设立了学成世纪（北京）信息技术有限公司作为境外融资资金进入境内的通道（以下简称"学成世纪"），而学成世纪与境内相关运营牌照的持有主体北京学大信息技术有限公司（以下简称"学大信息"）签署了一系列控制和服务协议。学大教育的 VIE 架构见图 3.11。

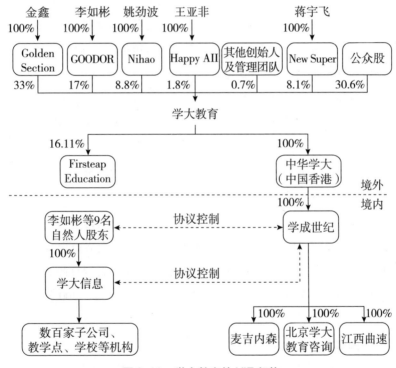

图 3.11　学大教育的 VIE 架构

2. 股价低迷

就像多数中概股在美国市场面临价值被严重低估的境况一样，学大教育自登陆纽交所后股价一直在低位徘徊。在公司长期的高费用率、低利润率经营模式下，学大教育一直没有得到海外投资者的真正认可。

最初上市时，学大教育在股市上的表现还算不错。在上市后首个交易日，学大教育开盘价达14.3美元，并最终以高于发行价33.47%的12.68美元结束首日交易，全天交易非常活跃。

而此后几年，学大教育自身发展出现了一些问题，公司盈利一直不稳定。2011年是公司的第一个完整会计年度，公司净利润为480万美元，而到2012财年就下滑到200万美元，在紧接着的2013财年，公司利润又出现暴涨，净利润达到1 620万美元，2014财年则亏损1 000万美元。过山车式的业绩导致投资者认同度低，公司股价一路走低，甚至一度陷入极度低迷状态。2011年和2012年年底，学大教育每股价格分别只有3.49美元、2.45美元，远低于最初的发行价。学大教育的市值在最高时曾超过10亿美元，而在2012年年底市值只有1.64亿美元。学大教育公布的2014年财报显示，其2014财年营收为3.47亿美元，在所有上市教育公司中规模居前三，但市值却不足2亿美元。根据雪球的数据显示，学大教育退市前总市值（按2016年6月3日收盘价计算）仅为3.39亿美元。

反观同时期的国内资本市场，教育类上市公司获得了市场和投资者的认同与追捧。比如，在A股上市的教育类公司全通教育，2014财年营收不足2亿元，其市值却达近250亿元，是学大教育的20多倍。全通教育的市值在2015年5月股市高涨时期还一路冲上300亿元，甚至超过了纽交所上市的新东方。

3. 选择归来

对比分析来看，一方面，学大教育在美国资本市场的低估值与国内资本市场教育类公司的高估值形成了巨大反差，竞争劣势不言而喻；另一方面，由于得不到市场认同，再融资难以实现，学大教育在美国几乎借助不到资本市场的助力，把公司首创的一对一个性化教学模式做大、做强的战略规划难以落地，而国内与学大教育类似的一对一个性化教育机构则遍地开花、快速成长。这让公司管理层如芒在背。

此外，促使学大教育急于回归 A 股的根本原因还是公司业绩不稳定所带来的巨大挑战。正如前文分析，学大教育近几年业绩不佳，主营业务盈利能力偏弱，2012~2014 年虽然营收有所增长，但每年的主营业务利润在扣除管理费用和销售费用后已所剩无几，2012 年和 2014 年的主营业务利润几乎不能覆盖管理及销售费用支出，同时毛利率也在下降。学大教育 2012~2014 年经营业绩见表 3.4。

表 3.4　学大教育 2012~2014 年经营业绩　　　　　金额单位：亿美元

项目	2012 年	2013 年	2014 年
营业收入	2.93	3.47	3.38
营业利润	0.74	1.07	0.84
管理及销售费用	0.78	0.92	0.96
投资收益	-0.07	-0.08	-0.06
净利润	0.02	0.162	-0.1
毛利率（%）	25.26	30.84	24.85

从教学网点数量来看，2012 年年底学大教育共有 383 个教学网点，2014 年扩张到 467 个，增长近 22%。学大教育的网点规模虽然扩张较快，但单个网点贡献的收入及利润却呈现下降趋势，公司力推的一对一个性化教育并没有收到预期的效果。

学大教育的盈利能力也反映在其股票走势上。自 2010 年上市起，学大教育 5 年之中的股价整体上呈下跌态势，从上市之初的 12 美元/ADS 一路下滑到退市时的约 5 美元/ADS。

正是在这样的尴尬与无奈背景下，学大教育启动了私有化回归计划，回归国内资本市场，并根据新的发展战略促进公司发展。按照"私有化—拆红筹—IPO 或借壳"的中概股回归惯常路径，学大教育私有化回归并谋求 A 股再次上市，要解决两个关键性问题：一是资金，二是上市主体。

关于筹集私有化资金的问题，学大教育当时的总股本为 1.25 亿股，按照每股 2.5 美元（1 ADS = 2 普通股，折合 5 美元/ADS）的价格，即使不考虑溢价因素，私有化学大教育需动用资金达 3.13 亿美元以上。由于学大教育六成以上股份是由公司创始人金鑫和管理团队持有，因此，如果仅考虑收购社会公众持有的 30.6% 股份，则收购所需的实际资金支出约为 1 亿美元。

关于私有化之后上市主体选择的问题，学大教育被私有化后，成为一家非上市公司，要实现 A 股上市，需要管理层金鑫等人做出选择——是以学成世纪为主体还是以学大信息为主体？如果以学成世纪为主体，公司业绩上可能符合中国证监会的要求，但其实际控制人在境外，就需要恢复到由境内股东持有。同时，学成世纪并没有持有相关运营牌照，独立性存疑。而如果以学大信息为主体，虽然解决了实际控制人在境内的问题，也持有相关运营牌照，但在业绩上有可能不符合上市要求，或者说盈利不足以支撑挂牌上市，因为在原有的 VIE 架构下，是通过一系列协议安排，由学大信息将大部分利润以顾问费的方式转移到学成世纪。所以，如何进行决策，需要学大教育实际控制人及团队综合权衡多种因素最后加以确定。

在明确上市主体后，就需要为私有化筹集资金，以拆除 VIE 架构，将实际控制人转移回境内，注销特殊目的载体（SPV）公司，并将学成世纪与学大信息进行有效整合，等待合适时机上市。

2015 年 4 月，学大教育宣布，公司收到深交所上市公司银润投资的初步收购要约信，银润投资计划以每 3.38 美元/ADS 收购学大教育所有在外流通股票。7 月，学大教育宣布其私有化方案，与紫光集团支持的银润投资达成约 3.5 亿美元的交易协议，银润投资以 5.5 美元/ADS 的价格收购学大教育的股份。

4. 并购回归

中概股回归的实际操作是比较复杂的，涉及筹集资金、外汇登记、税收清理等一系列事项，并且在私有化的过程中还需要随时应对各种突发情况。整个私有化回归进程快则数月，慢则需要一两年时间，是一个需要耐心而又令人煎熬的过程。学大教育则采取了相对快捷的创新方式——并购式回归上市：利用既有的 A 股上市公司银润投资直接对学大教育进行私有化收购，同时还收购了 VIE 架构中的持牌公司学大信息的全部股权。

学大教育通过银润投资顺利地对私有化与再次上市这两项艰巨工作实现了"一站式"解决，这种并购式回归大体分三个步骤：

第一步：椰林湾将其所持银润投资 15.59% 股权（1 500 万股）转让给西藏紫光卓远股权投资有限公司（以下简称"紫光卓远"），转让后，椰林湾降为银润投资的第二大股东，持股比例下降到 12.93%。紫光卓远是紫光集团的全资子公司，紫光卓远受让该等股权支付的代价是 6 亿元，折合每股 40 元。

第二步：银润投资向包括紫光育才、银润投资首期 1 号员工持股计划在内的 10 名投资者进行非公开发行，发行股价为 19.13 元/股，募资金额高达 55 亿元。

这一步是学大教育实现私有化的关键一步，相当于募集了私有化所需的资金。根据披露的方案，在银润投资所募集的 55 亿元资金中，银润投资拟耗资 23 亿元收购学大教育全部股份。按照学大教育创始人及管理团队持股 61.3%、蒋宇飞持股 8.1%、公众持股 30.6% 计算，三类投资者分别可获得资金 14.1 亿元、1.86 亿元和 7.04 亿元。

分析银润投资非公开发行股份的 10 个认购对象，大体由紫光系、学大教育主要股东及财务投资者三类组成，具体情况见表 3.5。

表3.5 银润投资非公开发行股份认购情况

认购对象	认购金额（亿元）	认购后持股比例（％）	备注
紫光育才	20.4	27.79	紫光集团全资孙公司
健坤长青	0.3	0.41	紫光集团参股具有股东背景的健坤投资全资子公司
紫光系认购股份合计20.7亿元，持股28.2%			
乐耘投资	14.3	19.48	金鑫设立的一人独资公司
谷多投资	2.7	3.68	李如冰设立的一人独资公司
科劲投资	2.7	3.68	姚劲波设立的一人独资公司
乐金兄弟	1.3	1.77	蒋宇飞设立的控股公司
员工持股	2	2.72	
学大教育主要股东和核心员工认购股份合计23亿元，持股31.33%			
长城嘉信	5.45	7.42	
学思投资	3.85	5.25	
国研宝业	2	2.72	
财务投资者认购股份合计11.3亿元，持股15.39%			

要实现回归即上市的目标，学大教育就必须避开被认定为借壳上市的问题，因为一旦被认定为借壳上市，中国证监会将按照IPO标准对银润投资非公开发行收购学大教育的事项进行审核。但是，学大教育2014年大约亏损1 000万美元，不符合按照IPO标准审核的业绩要求，这将成为致命"硬伤"，整个回归并上市的运作计划将落空。

此外，学大教育还要为本质上的借壳行为支付壳费。这个对价在紫光卓远受让1 500万股银润投资股份时实际就已经体现，该股份的转让价为每股40元，超过每股19.13元非公开发行价格的两倍，也相当于停牌前银润投资每股22.3元收盘价的近两倍。

由此可以看出，学大教育回归上市运作的清晰脉络：学大教育为了尽快实现回归A股，在业绩无法满足IPO标准的情况下，引入紫光系作为联合控制人，条件是承担私有化所需的现金资金，而学大教育与紫光系之间不到 1 个百分点的持股比例差距，完全可以在适当时间通过二级市场增持或减持方式调整，从而使得学大教育的现有股东或紫光系获得对银润投资的控制权。

第三步：这一步就显得相对简单，即银润投资以境外投资的方式收购学大教育的全部股份，同时还收购境内的学大信息，解除学大教育海外上市时签署的控制协议，实现对学大教育和学大信息的完全控制，由此便"一站式"地解决了私有化回归与再次上市问题。学大教育私有化架构见图 3.12。

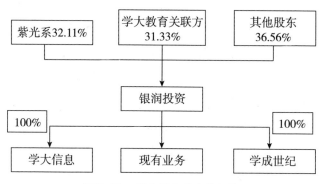

图 3.12　学大教育私有化架构

5. 交易亮点

银润投资在境外设立全资子公司，并以该子公司作为主体发起全面私有化要约，收购在开曼群岛注册并在纽交所上市的学大教育发行在外的 100％ 股份。同时，作为上述交易的先决条件，银润投资收购学大教育通过协议控制的境内经营实体——学大信息的 100％ 股份。

在进行股份交割的同时，学大教育完成了与学大信息的 VIE 架构拆除工作。学大教育在股份交割完成后，择机注销了注册于开曼群岛的学大教育和中国香港的中华学大。

近年来，通过非公开发行股票募集资金购买资产，合理规避借壳案例屡见不鲜。学大教育交易方案体现了并购交易中多方角力之下的利益平衡与绑定，为中概股回归提供了新的范例。

应该特别指出的是，非公开发行股份的结构设计也是非常巧妙的。在 10 名认购对象中，紫光育才、健坤长青的清华系背景很明确，健坤长青的实控人赵伟国先生为紫光育才的董事长，而国研宝业则是在 2015 年 7 月 1 日成立的投资管理公司，国研科技有限公司（下称"国研科技"）通过其全资子公司控股。2015 年 6 月公告的清华紫光非公开发行预案中，国研科技控股的另一家投资管理公司北京国研天成投资管理有限公司（下称"国研天成"）参与了认购，包括乐耘投资、谷多投资、员工持股计划等在内的 5 个认购对象，其学大背景非常清晰。学大教育方面在本次非公开发行中一共认购了 1.2 亿股，认购金额约为 23 亿元，交易完成后，其持有上市公司 31.33% 股权。

因此，学大教育方面参与本次认购所需支付现金金额与银润投资要约收购向其支付的金额一致，为 23 亿元。在交易完成后，学大教育方面与清华方面的持股比例接近，上市公司在实质上形成了双方联合控制。

通过这样的交易安排，一方面，学大教育避开了借壳审核；另一方面，清华紫光也将自身利益与学大教育股东的利益紧密联系在一起，由此可以规避信息不对称性可能带来的投资风险，这也是非常聪明的安排。

由于《上市公司重大资产重组管理办法》第 42 条规定，特定对象以现金或者资产认购上市公司非公开发行的股份后，上市公司用同一次非公开发行所募集的资金向该特定对象购买资产的，视同上市公司发行股份购买资产。因此，此次交易无法规避重组委的审核，尽管如此，该交易方案已经是现有监管规则下的最佳安排。

专栏
3.3　　　　　　　**学大教育的回归时间表**

2015 年 4 月，由紫光集团支持的银润投资向学大教育初步提出私有化要约。

2015 年 7 月，银润投资宣布收购学大教育集团在纽交所挂牌交易的 100％股份，收购总价约为 3.5 亿美元。

2015 年 11 月 27 日，银润投资发布公告，将非公开发行 A 股股票募集资金，募资总额不超过 55 亿元，扣除发行费用后拟用于收购学大教育、设立国际教育学校投资服务公司、建设在线教育平台。

根据上述公告，非公开发行募集资金中的 23 亿元用于全面要约收购学大教育 100％股份。学大教育为美国纽交所上市的公众公司，通过银润投资收购，学大教育得以回归。为实现收购，银润投资在境外设立全资子公司，并以现金方式收购学大教育。

此外，银润投资将投入 17.6 亿元用于设立国际教育学校投资服务公司，投入 14.4 亿元用于在线教育平台建设。

2016 年 6 月 4 日，银润投资收到开曼群岛公司注册处发出的合并证明，确认公司在开曼群岛的全资子公司 Xueda Acquisition Limited 与学大教育集团完成合并。

2016 年 6 月 15 日，紫光集团举行"学大教育回归 A 股交接仪式"，原美国纽交所上市公司学大教育正式归入紫光集团旗下，成为紫光集团教育产业板块的核心公司。

2016 年 6 月 16 日，银润投资公告称，公司董事长兼总经理姬浩辞去总经理职务，仍担任董事长。同时，公司聘任学大教育首席执行官金鑫为公司总裁。

2016 年 6 月 24 日，银润投资公告称，其控股股东紫光卓远提交议案，申请将公司名变更为"厦门紫光学大股份有限公司"。

2016 年 7 月 4 日，紫光集团旗下银润投资发布公告，学大教育 VIE 协议控制的中国境内经营实体学大信息股权已交割并完成工商变更，学大信息已成为银润投资的全资子公司。这意味着，学大教育私有化已完成交割，成为 A 股公司银润投资的全资子公司。

拆分式回归： 搜房网

搜房网的回归在中概股回归大潮中可谓独树一帜。2015 年 11 月 13 日，A 股上市公司万里股份发布公告称，公司与已经在美国上市的搜房网签署协议，搜房网将拆分旗下总估值约 170 亿元的广告营销业务、研究业务及金融业务的子公司和相关资产，置入万里股份。在笔者看来，对搜房网而言，拆分部分资产回归 A 股，在某种意义上可以视为创造了一种美中两地上市的新模式。

这一回归模式的创新之处在于，既保留了搜房网的美国上市公司地位，又实现了旗下部分受 A 股欢迎的资产在 A 股借壳上市，同时还避开了烦琐的私有化退市、再上市程序，效率很高。

1. 莫天全的资本经

搜房网的创始人莫天全，1989 年毕业于清华大学经济管理学院，获得硕士学位，曾任职于道琼斯 Teleres 亚洲及中国董事总经理、美国亚洲开发投资公司（ADF）执行副总裁，并曾获得著名的"孙冶方经济学奖"。

1999 年，莫天全正式创立搜房网，致力于用"房地产＋互联网＋资讯"模式来打造一个权威的信息平台。成立之初，网站只有一个概念，既缺人，又缺钱，在那个互联网刚刚兴起的时代，互联网领域的创业成本远比现在高得多，这是由网络基础设施性能落后，费用又相当昂贵，而且互联网人才稀缺造成的。同时，市场对"互联网＋房地产"的业务组合还很陌生，网站的数据库、信息和报告并不怎么受市场欢迎。

为了让公司持续运作下去，莫天全找到了风险投资机构 IDG 资本，出让了 20% 的股份，拿到了 100 万美元融资。

搜房网创立的第二年，全球互联网泡沫开始破裂。与其他众多胸怀创业梦想的互联网公司一样，概念虽然已落地却迟迟未有产出，搜房网就像遭遇霜冻的幼苗，奄奄一息。在这段时间，IDG 资本为搜房网提供了不少维持运营的资金。IDG 不仅直接提供资本，在搜房网的战略规划和融资活动中，也给出了具有重要指导意义的意见。在创业初期，能够有一个提供多方面战略性支持的投资者是十分幸运的，也是公司能够最终成功的重要保障。

2006 年 6 月，澳洲电信公司注资搜房网时，IDG 向前者转让了搜房网超过 10% 的股份，套现了 4 500 万美元，而剩余约 9% 的股份，IDG 此后一直持有。

莫天全的另一个资本运作故事是与 Trader 公司的对赌。2005 年 7 月，Trader 公司以 2 250 万美元获得搜房网 15% 的股权，外加一纸有利于己方的对赌协议——麦克贝恩（MacBain）本人进入公司董事会。双方约定，如果搜房网在未来 18 个月内没有上市，允许 Trader 在两年内再投资 1.7 亿美元，增持搜房网股份至 100%。如果搜房网在此期间上市，Trader 将以同样价格得到 45% 的股份。莫天全做了这么大的让步是为了让麦克贝恩能够为搜房网倾力投入。正是 Trader 的注资，让搜房网启动了第四轮扩张，郑州、合肥、厦门等地的分公司相继成立，搜房网因此在全国各大城市都渐渐成为主流的地产信息平台。

这场对赌的结果是，澳洲电信公司用 2.54 亿美元收购了搜房网 51% 的股份，取得绝对控股地位；麦克贝恩又将手中的股份卖给澳洲电讯，套现 9 000 万美元，获得 4 倍收益，同时对赌协议作废；莫天全出让了部分股权，但在董事会中手握两票，带领中方团队掌握公司的控制权。

2010 年 9 月 17 日，搜房网于美国纽交所成功上市，发行价为 42.50 美元，上市首日开盘价为 67 美元，收盘价为 73.50 美元，较发行价上涨 72.9%。

搜房网的 IPO 中还包含了两个交易环节：一是管理层收购；二是引入新的私募股权投资机构。澳洲电信公司和泛大西洋资本、安佰深基金及莫天全达成协议，由澳洲电信公司分别售给泛大西洋资本和安佰深基金各 15 347 720 股 A 级股票，并向莫天全出售 888 888 股 A 级股票，该转让在 IPO 中生效。

在 IPO 之后，莫天全的持股比例约为 30%，泛大西洋资本和安佰深基金则各以 20% 的持股比例并列第二，而澳洲电信公司账面套现4.387 亿美元，净赚 1.847 亿美元。

2. 美股坎坷路

上市后的搜房网并非一帆风顺。2012 年，国内实行了严格的地产调控，导致搜房网股价在 2012 年几度下跌，美股市场分析报告纷纷表示，搜房网股价下跌的主要原因是市场担心房地产调控会直接影响公司的经营大环境，造成业绩下滑。

2013 年，搜房网的日子也不太平。当年 4 月，美国做空机构格劳克斯研究（Glaucus Research）发布了三份关于搜房网的做空报告，指控搜房网有隐匿关联交易的违法行为。

第一份关于搜房网的做空报告称，搜房网创始人兼董事长莫天全挪用公司资产，进行一系列问题交易，包括购买纽约地区高价地产，从而损害了股东利益；第二份做空报告称搜房网隐匿关联交易，指责莫天全损公肥私，并重申对搜房网股票的"强烈卖出"评级；第三份做空报告则指出了搜房网又一起隐匿关联交易的违法行为。

进入 2014 年，搜房网的经历更为曲折。2014 年 5 月 28 日，杭州市包括我爱我家在内的 9 家房产中介公司宣布，将下架他们在搜房网杭州站的所有房源，而这 9 家公司垄断了杭州当地市场 80% 以上的二手房房源。资本市场迅速做出反应，从美国东部时间 2014 年 5月 29 日早晨 9 点 30 分美股开盘，到 5 月 30 日下午 4 点停盘，不到 31个小时里，搜房网的股价就从 13.37 美元跌至 11.97 美元，跌幅超10.47%，约 35 亿元市值快速蒸发。

作为国内资格最老的房地产垂直门户网站，搜房网在移动互联网浪潮的冲击下，于 2014 年年底开始寻求转型——由媒体信息平台转向房产交易平台。但搜房网的转型之路并不顺利，"0.5 佣金"模式一经推出便遭遇了房产中介的大规模抵制，搜房网与房产中介的关系持续恶化，很多中介公司在搜房网平台上将房源下架。

转型的阵痛也在搜房网的股价中体现出来。搜房网市值曾一度高达 80 亿美元，2014 年年底宣布转型之后便一路下行，截至美国东部时间 2014 年 11 月 19 日美股收盘，搜房网每股收报 6.59 美元，按此价格计算，其总市值仅有 26.48 亿美元。

2014 年 11 月，搜房网披露的第三季度财报显示，公司第三季度净利润仅为 140 万美元，较上年同期的 6 100 万美元大幅下滑。同时，公司运营成本达到 1.89 亿美元，同比增长近 3 倍。在美国市场的生存困境促使公司寻求新的发展突破口，回归 A 股被提上议事日程。

3. 分拆回归

2015 年，搜房网启动了"部分回归"计划。当年 11 月 13 日，随着万里股份一纸公告的发布，搜房网的回归计划浮出水面，万里股份称已经与在美国上市的搜房网签署协议，搜房网将拆分旗下广告营销业务、研究业务及金融业务的子公司和相关资产注入万里股份，搜房网的回归路线图清晰地呈现给市场。

根据公告，万里股份将向搜房网控制的公司发行股份，购买搜房网拥有或控制的盈利能力较强，且满足国内有关监管要求的优质资产，配套募资拟由 IDG 资本、瑞东资本以及万里股份董事长刘悉承三方认购，用于重组后公司的业务发展。同时，刘悉承需将万里股份除货币资金外的原有全部资产及负债以现金收购的方式剥离。

万里股份公告所称的优质资产具体包括搜房网旗下开展广告营销业务、研究业务及金融业务的子公司和相关资产，整体初步作价不超过 170 亿元。事实上，收购 170 亿元体量的资产对市值仅有 50 亿元的万里股份而言，无疑是"蛇吞象"。因此，此次重组构成借壳上市，重组完成后，搜房网将控制万里股份，且持股比例不低于 70%，莫天全将成为公司新的实际控制人。

根据回归与上市方案，搜房网将上述资产注入万里股份后，搜房网依然保留在纽交所的上市地位，其新房、二手房电商等业务也将继续放在美国上市公司体系内运营。彼时，通过将互联网金融等在国内更受欢迎的业务板块放入 A 股壳公司，搜房网这一分拆并上市的做法颇为精妙。相对于纽交所来说，A 股市场对新兴行业和概念更加热衷，给予的估值水平也更高。

消息公布后，搜房网董事长莫天全公开表示："这项交易对搜房网具有里程碑式的意义，有了美国和中国双重上市平台，将极大地促进搜房网在线媒体业务、互联网金融服务、电商业务的发展。"

搜房网策划的这种回归方式"鱼和熊掌"兼得，通过分拆业务，既保留了美国上市公司身份，又实现了旗下资产在 A 股借壳上市，还避开了烦琐的私有化退市、再上市程序，可谓一举多得。但是，这个精妙的方案涉及诸多审批事项，能否顺利落地，还要看监管层和相关审批部门的态度。事实上，该方案的落地困难重重。

不出所料，2016 年 7 月，万里股份发布公告称，董事会审议通过了《关于暂时撤回重庆万里新能源股份有限公司重大资产出售及发行股份购买资产并募集配套资金暨关联交易申请文件的议案》，这一公告表明，搜房网借壳万里股份的回归计划遭遇困难。

对于撤回重组资料的原因，万里股份在公告中表示，目前交易各方正在按照补正通知的要求准备相关材料。但由于工作量较大，各方预计无法按照补正通知要求的时限提交补充材料。公司董事会经慎重研究，决定暂时撤回向中国证监会提交的申请文件。在相关工作完成后，公司将及时按照监管政策的要求向中国证监会再次提交本次重大资产重组的申请文件。至于其中的真正原因，外界并不清楚。

2016 年 12 月 13 日晚间，万里股份发布公告称，公司正与相关交易对方协商终止正在进行的重大资产重组事项，即搜房网的借壳事宜。该公告表示，在 12 月 6 日晚间，重组参与方召开电话会议进行沟通，由于重组参与方考虑到目前相关政策尚未明确，且未来何时明确存在不确定性，继续推进本次重大资产重组存在巨大不确定性。但就是否终止重组，公司尚未与交易对方达成一致意见。为避免违约责任，公司将继续在法律法规及政策允许的范围内探索终止该重大资产重组的妥善办法，公司股票也于 12 月 14 日开始起复牌。

至此，搜房网与万里股份的这段重组姻缘已基本走到尽头。就截至目前的情况看，这个回归并重组上市的计划已彻底搁浅。

管控风险： 鱼和熊掌兼得

从南都电源拓荒到大规模回归潮开启，海外中概股勇敢地直面海外资本市场的尴尬困境，进而选择争取国内资本市场的历史机遇。客观而言，回归 A 股是中概股的重大战略选择，从企业经营与发展层面而言，开启回归之路是打开了企业发展的另一扇窗，从资本市场与公司估值角度看，更是一箭双雕之选。但是，希望鱼和熊掌能够兼得，必然也要面临诸多风险和挑战。

遵循海外证券市场监管规则，适应国内资本市场监管，兼顾中概股自身和投资者双重利益是顺利实现回归的基本保障。因此，周密客观地分析、预估和评判回归过程中的各类风险，并进行有效管控和应对是保证中概股成功回归的核心要义。

政策法律与合规风险

上市和退市行为都是依据所在国相关金融、证券监管规则的专业化运作。因此，中概股私有化过程需要严格遵循海外当地交易所和监管当局对退市的法律规范与制度要求。对一家上市公司而言，采用现金收购市场上公众投资者所持的流通股，在达到公司一定股本比例（通常是 5%）时，需要披露相关增持或收购信息，而达到 30% 时通常可能触发要约收购义务。而在直接宣布私有化要约收购时，因为收购定价的原因，也非常容易引致小股东的诉讼，更莫论一些恶意的小投资者的诉讼倾向。因此，在收购与私有化过程中，需要聘请熟悉当地资本市场规则的律师、会计师、财务顾问等提供专业的服务与支持，避免由于

"无意"违规而导致私有化失败，或是面临一些小投资者或其代理人（通常是律师）的恶意勒索，而增加私有化过程的时间成本和诉讼风险。

由于特殊的政策限制，之前去海外上市的中概股企业基本采用的是 VIE 架构，在私有化过程中，中概股企业的控股股东或私有化财团通常是在国内筹集资金，然后去收购拟私有化的中概股企业。基于此，一方面资金的出入境需要遵循相关国家的法律制度与交易规则，另一方面，由于国内外汇管理政策十分严格，如何将大批的资金合法、合规地汇出境外，是一项一直困扰中概股私有化的重大事项。

拆除 VIE 架构的过程通常涉及企业股权架构和资产、业务的整合重组，因此必然涉及跨境直接投资、税务等相关监管规则的适用问题。聘请专业的跨境投资律师、会计师、税务筹划师提供专业化服务，可避免发生违规风险。关于私有化的法律诉讼风险，笔者在本书后文中会进行更详细的分析。

市场差异与估值风险

中概股企业海外退市的主要目标就是回归国内上市。如前文所讨论的，退市回归 A 股既是企业发展的战略选择，也有着与海外市场估值差异的考虑。

因此，不同上市地的估值差异风险也是企业股东和投资者重点关注的重大事宜。由于中概股企业涉及的行业众多，有些企业属于比较小的细分行业，甚至是冷僻行业，而有些企业则属于周期性波动特征十分显著的行业，估值风险是客观存在的。因此，把握好海内外两个资本市场的节奏，以期尽可能保护股东和投资者利益是需要谨慎考虑的重要事项。

就私有化退市而言，需要根据海外资本市场的周期性，选择较为合理的退市时机，以有效控制私有化的总成本。就国内上市而言，也需要选择合理的窗口期，对比已上市公司或者有公开信息的并购交易，测算平均市盈率、市净率、价销比等企业价值的估值指标，从而统筹判断私有化整体成本是否可控，国内上市估值是否合理。

一般而言，依照国内资本市场目前的整体估值水平，中概股回归通常都会存在不同资本市场间的估值差。国内资本市场作为发展中的新兴市场，整体估值水平相对于发达国家资本市场要高一些，在一些特殊行业，甚至存在很大的估值差异。但是，中概股回归无论是对其原有股东及实际控制人，还是对私有化投资者，都需要综合考虑多个因素对企业及投资的影响。

一是行业因素。波动是资本市场的最大特征，也是其魅力所在，同时也是风险所在。面对瞬息万变的资本市场，回归中概股股东、投资者和管理层需要充分考虑所处行业的发展趋势和行业周期，踏好节奏，在利用好资本市场的同时，获得最好的回报。中概股曾一度受到投资者的热烈追捧，不论是对私有化对价还是回归后的私募增资扩股，投资者都是趋之若鹜。但理性来看，对于投资入股估值超过行业平均值的项目，投资者需要充分论证其合理性，并谨慎考量。尽管近期因多家回归中概股企业的借壳计划受挫，导致中概股投资趋冷，但是随着国家证券监管政策的逐步调整，并不能排除下一轮中概股投资热重新到来的可能性。因此，保持理性是最好的风险防控方法。

二是企业持续成长性等对估值的影响。基于发展战略考量的中概股企业在回归 A 股后，都会在业务发展方面获得某些促进，有时是获取关键的战略性资源，有时是进行业务与资产的整合与重组，由此实现企业跃上新的发展台阶，或是保持企业的持续成长性。中概股企业的这些战略性决策，通常会对企业估值产生重大影响，净利润增长是企业估值水平的核心因素，市值规模与企业的 PE 倍数正相关。可持续成长性、不断提升的利润水平，将是股东和投资者回报的有效保障。

上市与投资退出风险

中概股回归后的第一目标就是重新实现上市，于企业发展而言，是要打通对接资本市场的通道，获得持续的融资支持；于私有化投资者而言，是要实现投资的顺利退出，并获得好的回报。

一是 IPO 退出。从目前来看，IPO 退出是回归中概股最可行的上市路径选择。根据清科集团统计，2015 年第一季度，国内资本市场有70 家企业上市，上市数量环比增加 59.1%。2016 年下半年以来，随着借壳上市逐渐趋严，而 IPO 上市的堰塞湖并未消退，为疏解排队上市大军带来的压力，IPO 审核发行进度明显加快。因此，大型回归中概股申请独立 IPO 上市仍是可以合理预期的，通常主板上市的排队时间在一年半至两年之间。当然，对投资者而言，还有一个不短的锁定期。

二是借壳退出。借壳上市是最快的退出路径，特别是分众传媒、巨人网络等的成功借壳上市树立了典范。采取借壳方式上市，通常在申报材料后，正常的审批时间大约在半年左右。但借壳上市的缺点也是很明显的，除了壳公司原股东会对私有化投资者所持股权形成一定的稀释外，A 股市场上市值小于 30 亿元的壳公司非常少，小而干净的壳资源公司成为争夺对象。同时，在借壳过程中可能存在信息披露、审批、借壳双方就交易价格确定产生分歧等问题而导致借壳失败。此外，借壳上市后，股权也存在 1～3 年的锁定期，使得投资回收期进一步延长。

三是并购退出。在回归中概股企业规模较小，无法单独在主板IPO 的情况下，也可以选择以并购方式退出。对于有较好成长性，并能与并购方有效整合与协同的回归企业，并购退出是很好的选项，特别是在并购方为上市企业的情况下，实际上是实现了曲线上市。例如，学大教育在私有化退市时就选择了由银润投资并购退出的路径。

此外，也有回归中概股在吸引投资时就设置了大股东回购的条款，在不能完成 IPO 或者借壳退出的情况下，由大股东按约定的收益水平回购投资者所持股份，由此可以部分缓释投资者的退出风险。

第四章

收拾行囊：筹备私有化

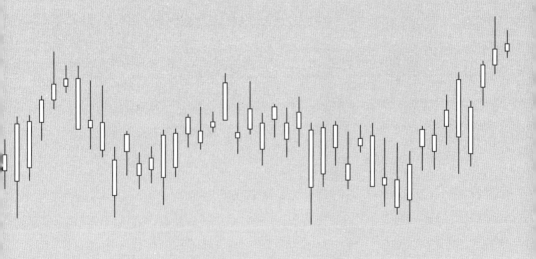

选择从证券市场退市是上市企业最重要的战略决策之一。中概股企业在做出从海外资本市场私有化退市的决策后，需要为私有化进行周密准备，从而为私有化的顺利实施、完成回归目标奠定坚实的基础。

私有化财团、上市企业管理层或是实际控制人首先需要清楚私有化的法律依据及其立法本意和审查重点，才能有的放矢地做好充分准备。美国是中概股海外上市的聚集地，既是最发达的证券市场，也是监管政策最完善的市场之一，因此，我们以美国证券市场相关私有化监管规则为例，分析中概股私有化筹备工作的重点以及主要内容。

信息披露准备

信息披露是美国证券监管的核心，私有化交易涉及天然的利益冲突，因为无论是管理层，还是控股股东，都是交易的参与方，也常常是主导方。SEC 就私有化交易颁布的规则 13e - 3，其核心目的就是为了保护非关联股东免受不公平私有化交易的侵害。

20 世纪 70 年代，随着 1973 年石油危机的冲击，美国面临着严重的经济衰退，资本市场迫切需要来自公众的投资。而与此同时，私有化交易却成为彼时资本市场的"流行游戏"，公众对于公司的诚信及道德品质判断因为类似问题而受到严重打击。当时的证券监管当局认为，对于公司行为的判定不能简单地以是否满足法律义务为标准，还应当考虑公众对于资本市场的信心。那时，一些私有化交易在本质上已经触犯了联邦及一些州的证券法律，显失公平，但根据当时的法律并不违法。因此，美国证券监管机构建议通过制定规则或立法来向公司的控股利益相关各方施加压力，以限制其以不公平条件挤出少数股东的能力。

回顾规则 13e - 3 的由来，就不得不提《威廉姆斯法案》（Williams Act），此法案也被称为"披露法"。按照 1934 年的美国《证券交易法》，私有化交易中只需要披露转让方的信息，并没有要求收购方进行信息披露。在 1986 年，美国国会通过了《威廉姆斯法案》，对 1934 年的《证券交易法》进行了修正，使之成为新的反欺诈法律依据。

按照法案的规定，除了转让方要进行信息披露外，收购方也需要进行比较详细的信息披露。披露主要包括以下内容：收购者的背景、身份、国籍以及受益所有权的性质；在收购中使用的资金或其他等价物的数量和来源；收购的目的，如果收购的目的是为控制公司，则对目标公司未来的计划是什么；受益所有股份的数量和所有合伙人的详细信息；与任何人在目标公司证券方面的任何合同、协议及非正式协议的详细情况。在此基础上，《威廉姆斯法案》在《证券交易法》中增加了第 13 节 d 款、e 款和第 14 节 d 款、e 款和 f 款。该法案的第 13 节 e 款授权 SEC 对发行人回购自己的股份进行规范。

美国资本市场在 20 世纪 70 年代涌起的私有化大潮中，控股股东、实际控制人或是收购者对中小投资者利益的损害引起了美国证券监管机构的关注与担忧，监管当局担心过度损害投资者利益的行为最终会导致投资者对资本市场的敌意。因此，从 1974 年开始，SEC 对私有化交易进行公开调查。在经过大量调查、讨论之后，SEC 发布了两个私有化规则特别草案，并征求各方面意见，经过一系列的讨论、听证后，SEC 最终在 1979 年颁布了规则 13e－3，以及相应的披露文件表格 13E－3。

基于规则 13e－3 的要求，私有化交易的交易方必须向 SEC 提交表格 13E－3，并且要向股东提供相关信息。规则 13e－3 的提交及披露要求适用于发行及任何涉及私有化交易的关联方。按照 SEC 的解释，制定这一规则的目的在于，保证上市公司股票的所有持有人都能够获取关于发行人及其所有关联方在私有化交易中所涉及的全部实质性交易信息。在这一信息披露机制下，如果发行人及其关联方都是交易方，则双方都需要遵守提交文件的要求，但可以合并提交一份表格。所提交的表格必须通过 SEC 的电子化数据收集分析及审查系统——EDGAR系统。

按照规则 13e - 3 的规定，信息披露的范围和内容是通过表格 13E - 3进行硬性规定的，以下内容是私有化交易的发起方必须披露的信息：

（1）发行人的身份，身份证明以及对交易标的之股权证券的描述。

（2）对交易重大条件的描述。

（3）发行人或其附属公司有关交易后的计划。

（4）资金或其他对价的来源。

（5）交易的目的及其考虑过的替代方案。

（6）对发行人、附属公司、非关联股东利弊的详细分析，包括对税收后果的讨论。

（7）管理层是否可以合理地期望交易的公平性及其依据。具有这种期望的发行人在描述期望时必须依据：①过去和现在的市价；②账面净值、继续经营价值、清算价值；③所有的外部要约；④第三方评估。

（8）有关发行人证券的所有谅解和协议的详细描述。

（9）内幕人员对当前交易的意图及建议。

（10）股东评估权可利用性和概述（如有）。

表格 13E - 3 中的披露也要服从对重大错误性陈述和遗漏承担民事和刑事责任的规定，该表格不仅适用于发行人，还适用于它的附属公司，以及直接或间接控制发行人的任何人。

与投资者沟通

在准备私有化信息披露工作的同时，要特别排在优先顺序实施的工作是与海外主要投资者（股东）的沟通，以取得对公司进行私有化的共识。这一点对于那些海外投资者持有较大比例股权份额的中概股公司特别重要。由于在大多数中概股海外上市的过程中，基本上都有海外"引路人"牵线搭桥，这些引路人通常也是公司的重要海外投资者，以及海外上市的重要支持者，因此取得这些海外重要股东的支持，是确保私有化取得成功的关键步骤之一。

同时，保持与普通投资者的适时沟通也是私有化准备的重要方面。对于拟私有化的上市公司控股股东或者是第三方收购人而言，与普通投资者进行必要沟通的主要目的是取得上市公司现有投资者的认同，特别是对私有化价格达成共识，以尽量降低或避免后期遭到投资者诉讼的风险。

美国证券市场有比较完备的保护中小投资者的法律规定，一旦与投资者沟通不顺畅，私有化过程中的任何瑕疵都有可能引发诉讼，从而导致私有化交易被拖延，甚至最终失败。有时，控股股东也可能被判令承担高昂的赔偿。所以，针对美国上市公司的私有化或并购交易，无论是由大股东、实际控制人发起，还是由独立第三方投资者（如投资财团）发起，公司及其董事会都有可能面临诉讼风险，因而需要周密准备、谨慎对待。

由于中概股公司的业务经营大多是在中国国内，因而在国家产业政策和外商投资政策中，对于其主营业务是允许外商直接投资的中概股公司而言，如果海外投资者愿意随创始人股东一同回归国内上市，则海外投资者可以比照在海外特殊目的公司的股权比例，在国内实际业务主体层面上，通过股权转让或增资的方式获得相同比例的股权，即对中概股公司原来在境外的股权结构进行复制，以保持回归后原股东各方的既定权益安排不变。

对于主营业务不允许外商投资的公司，或者海外投资者不愿与创始人股东一起回归国内上市的，需要通过合法途径收购海外投资者所持股权，使其顺利退出。比较通行的方式是，国内实际业务主体收购国内外商独资企业（外商投资企业）的全部股权，股权转让的总价款是私有化财团与海外投资者协商后确定的境外投资者退出对价，海外主体在收到该股权转让价款之后，注销其股权，实现退出。

从实际操作经验来看，海外投资者大多倾向于在私有化退市环节选择退出投资。因此，中概股私有化财团通常需要筹措一大笔资金以支付股权回购对价。不过，在大多数情况下国内业务主体自身并无充足的回购资金，因而需要事先引入国内财务性投资者的投资，并取得金融机构的支持，特别是来自银行的支持，才有能力开展回购。

就进行中的私有化案例进行分析，大多数中概股公司在拆除 VIE 架构时，都是联合国内投资机构一起接盘海外外币基金所持的股份，抑或是让海外投资机构将其所持股份转让给该机构在中国国内设立的人民币基金。如暴风科技的境外股东 IDG 就将其所持股份转让给了同一旗下的人民币基金和谐成长基金，后者成了暴风科技的第二大股东。

显然，组建有实力的私有化财团，获得充足的资金支持是成功退市并拆除 VIE 架构所面临的首要问题。截至目前，拆除 VIE 架构的回归中概股公司市值规模都不算大，大多数在几十亿元，其中奇虎 360 市值规模最大，涉及总规模近 100 亿美元。假若是阿里巴巴拆除 VIE 架构，回购日本软银和雅虎持有的数百亿美元估值的股份，恐怕筹集到相应规模的资金会困难许多。

分众传媒的私有化过程整体而言应该算是比较顺利的。在成功达成目标的背后，私有化各参与方围绕私有化的各项安排、利益博弈和关键决策具有很好的借鉴与示范意义。

2012 年 8 月 13 日，分众传媒发布私有化公告，启动私有化。从其私有化财团的构成来看，除了创始人江南春本人外，还有凯雷投资、方源资本、中信资本、光大资本、复星国际等众多机构参与其中。

为了实现分众传媒的私有化，江南春等首先在开曼群岛设立了四层架构的收购主体。第一层是江南春的私有化团队投资设立的 Giovanna Group Holdings Limited（GGH），在 GGH 之下，其通过两层控股公司，全资持有此次私有化的收购主体 Giovanna Acquisition Limited。按照分众传媒的股本规模，与江南春合作的投资机构拟支付 38.23 亿美元的总成本完成分众传媒的私有化（按当时汇率折算，相当于分众传媒估值在 245 亿元左右），收购通过支付现金和换股两种方式进行。

一是投资机构出资 11.81 亿美元作为收购的资本金，并从银行融资 15.25 亿美元（最终实际到位 14 亿美元），合计约 27.06 亿美元。这部分资金主要用于 Giovanna Acquisition Limited 收购江南春（含分众传媒高管股份，但数量较少）、复星国际少部分股份及期权，以及分众传媒剩余其他股东所持的全部股份及期权。在 11.81 亿美元的资本金中，凯雷投资和方源资本均出资 4.522 亿美元、中信资本出资 2.261 亿美元、光大资本出资 0.5 亿美元。15.25 亿美元的债务融资分为两部分，一部分是 10.75 亿美元的定期贷款，另一部分是 4.5 亿美元的过桥贷款。债务融资获得了美国银行、花旗银行、星展银行、德意志银行、民生银行和国家开发银行等八家银行的支持，其贷款主体为 Giovanna Acquisition Limited。

二是用换股方式收购江南春、复星国际等持有的大部分股份和期权，这部分价值为 11.17 亿美元。收购团队向江南春及复星国际支付的股份是 GGH 所增发的股份。通过这样的设计安排，Giovanna Acquisition Limited 就顺利持有了分众传媒的全部股权，然后 Giovanna Acquisition Limited 再对分众传媒进行吸收合并，合并之后将 Giovanna Acquisition Limited 注销，而分众传媒继续保留。

从分众传媒的整个私有化过程来看，其在私有化财团选择、私有化价格调整及确认、股权重整安排等方面有不少值得总结的地方。

一是确定了私有化收购方由独立第三方组成，以减少在私有化定价公允性等方面的矛盾，尽最大可能提高分众传媒私有化的成功率。通常，中概股私有化都是由管理层或现有主要股东提出并实施的。基于美国证券化法和公司法，以及上市主体注册地法律的规定，中概股的中小投资者如果对收购定价不满或出于其他各种原因，可提起对私有化的诉讼，而这将会导致私有化的成本提高，中概股公司也会陷入诉讼风险之中，导致私有化受挫。分众传媒的私有化收购方是凯雷投资、方源资本等专业投资机构，在法律层面上，它们与江南春等不存在关联关系。这就使得此次交易看起来具有"外部人士"实施要约收购行为的特征，交易的公允性更容易得到保证。这与由公司管理层或者实际控制股东直接发起的私有化相比，可以将潜在诉讼风险降到最低。当然，这对私有化财团也提出了很高的资源整合能力要求。

二是巧妙地应对了私有化过程中的诉讼等突发事件。上市公司私有化一直是敏感事件，尤其是中概股在美国资本市场出现信任危机时实施私有化，更容易让人联想到侵害中小股东利益，而这其中的关键就是私有化价格，这是私有化各方关切的重点所在。一般而言，虽然私有化价格较市价有所溢价，但也许中小股东手上的股票大多已经被套多时，溢价水平还不足以弥补其投资成本。在美国，有专门律师通过征集中小股东委托的方式，就上市公司私有化过程中的利益损害问题向法院提起集体诉讼。从以往案例看，胜诉的小股东虽然最终难以阻止私有化交易的完成，但至少会拖延交易时间，增加整体交易成本。分众传媒私有化时也遇到了类似的问题，但其在这方面的应对比较灵活而且适当。

面对内外部对分众传媒私有化价格的质疑，分众传媒及时将要约价格提高到了每股 5.5 美元。这一提价幅度把控得比较好，分众传媒通过这样的调价策略向市场透露的信息是，每股 5.4 美元的私有化价格较当前股价已有一定程度溢价，价格也合理。只是考虑到股东的利益诉求才提高到 5.5 美元，后面再提价的空间已经基本没有了。如果中小股东不接受，那就继续持有分众传媒的股份。有意思的是，在私有化完成前 52 周内，分众传媒最高股价曾达到过 27.46 美元/ADS。

从分众传媒股东会最终的表决情况来看，这一策略发挥了有效的作用。根据分众传媒公告，持有该公司在外流通普通股的所有股东中，持股比例大约为 78.7% 的股东亲自或通过代理对私有化交易计划进行了投票，投票股东中约 99.5% 投了支持票。

三是私有化合作伙伴对提高私有化成功率起到了积极作用。分众传媒之所以能在私有化价格上控制得比价精准、合理，毫无疑问与凯雷投资、方源投资等诸多私有化参团成员的助力密不可分。此外，分众传媒这家上市平台的注册地在私有化过程中也起到了一定的作用。分众传媒的注册地在开曼群岛，按照开曼群岛公司法律规定，私有化只需2/3以上股东通过即可（美国内华达州是退市法案最严格的州，如果将上市平台注册在那里，私有化将有可能通不过或周期极长）。因此，在上市时需要慎重考虑上市平台的注册地。

正是上述这些安排，加上有强大银团贷款支持，分众传媒的私有化才得以在较短时间内完成。

与监管当局沟通

由于在美国证券交易所上市的公众公司要私有化须通过 SEC 的审查，因此，与监管当局进行有效的沟通，并取得其理解与认可是成功实施私有化的决定性步骤。通常，SEC 会就上市公司披露的附表 13E－3 及其附件《股东投票说明》（Proxy Statement）等申报文件提出两轮、大约数十个问题。根据以往中概股私有化案例的经验看，SEC 关注的重点是私有化过程中信息披露的准确性和充分性，以及私有化过程中对非关联股东利益的保护等，其提出的问题包括但不限于：

（1）私有化的原因。上市公司需要详细说明进行私有化的原因，如果是简单罗列一些常见理由，很难通过 SEC 的审查。在《萨班斯—奥克斯利法案》实施后，上市公司合规成本过高通常是私有化的常见原因之一。对此，SEC 会要求量化股东所承担的合规成本，以判断是否存在合规成本过高的问题。在过往私有化案例中，也有公司认为美国资本市场无法为公司提供适当的融资平台，并将此作为私有化的原因之一。对此，SEC 要求拟私有化公司解释何为适当融资平台。

（2）几种私有化方式的比较。上市公司及私有化收购方须向 SEC 说明其采用的私有化方式的合理性。

（3）私有化的公允性。上市公司及私有化收购方需要详细说明私有化方案相对于非关联股东在程序上、实质上的公允性，以及上市公司及收购方认定私有化公允性的依据。

（4）私有化对价确定的依据及经过。上市公司应披露特别委员会（由上市公司成立的负责审查私有化方案的特别委员会）与收购方就私有化对价谈判的过程。

（5）私有化对价的公允性。上市公司及收购方应根据 SEC 的规则"Instruction 2 to Item 1014 of Regulation M – A"，从（i）当前市场价格，（ii）历史市场价格，（iii）每股账面净值，（iv）每股持续经营价值，（v）每股清算价值，（vi）历史交易价格等方面详细说明私有化对价的公允性。若认为"Instruction 2 to Item 1014 of Regulation M – A"不适用，应说明理由。

（6）用于支付私有化对价的资金来源。私有化的资金来源通常包括控股股东的自有资金，财团成员（通常是 PE 机构）投入的资金，以及金融机构（主要是银行）的贷款。上市公司及私有化收购方须向 SEC 说明私有化资金来源是否有充分的保障，还应详细披露各项资金来源的具体数额，资金的支付是否存在法律或合同上的任何限制性条件等。

（7）财务顾问（由上市公司特别委员会聘请的就私有化的对价公允性等出具意见的中介机构）的选择程序、财务顾问收取的费用等。

（8）私有化信息披露与上市公司以往信息披露的一致性。

（9）私有化信息披露义务人的承诺。私有化信息披露义务人对有关私有化信息披露的准确性、充分性承担负责。

诉讼风险准备

在美国，私有化退市运作面临的诉讼风险主要来自两个方面：一是美国《公司法》的相关投资者保护规定；二是《证券交易法》的相关规则。另外，对中概股公司的退市而言，由于很多公司是注册在开曼群岛，还要受到开曼群岛相关公司法的制约。因此，不同计划退市的中概股公司面临的诉讼风险也存在差异。

1. 小股东起诉控股股东或董事在交易决策过程中违反忠慎义务

所谓"忠慎"（fiduciary duty）就是忠诚与谨慎，这是一项由美国各州公司法所确立的义务。由于美国超半数的上市公司注册地在特拉华州，因此，该州的公司法无疑在全美具有重要影响力，也是美国资本市场包括投资者在内的众多市场参与者所熟悉的制度规范。正因为如此，在美国提到公司法，在某种意义上几乎就是指特拉华州的公司法。该州公司法要求公司董事必须忠诚于全体股东，做决策时基于诚信并且掌握充分的信息。并且大股东在可能涉及利益冲突的交易中，对小股东也负有类似的忠慎义务。如果控股股东违反了忠慎义务，法院可以判令控股股东对小股东进行赔偿。

2. 股东起诉上市公司在并购交易中信息披露不实，或者有重大遗漏

在美国，此类诉讼基本是基于联邦证券法规而提起的诉讼。尽管与并购交易有关的披露规则有很多项，但是，也并非针对公司的每一项违法行为股东都可以起诉，因为很多证券法规则仅仅将惩戒权力赋予了 SEC，而并没有赋予上市公司股东主张民事赔偿的权利。从实践来看，尤其在一步并购的私有化交易中，中小投资者最有力的诉讼武器是《证券交易法》14（a）项，即有关向股东征集委托投票权的信息披露规则。

尽管有相对完备的法律规定，但也不等于中小股东发起诉讼就非常容易。在美国诉讼代价很高，起诉者要负担全部诉讼费用（诉讼费、律师费、举证费等），而小股东即便诉讼获胜，可能也只是按其持股比例分摊到很少补偿。因此，诉讼成本与收益补偿之间的巨大失衡极大地降低了小股东的起诉意愿。

基于此，美国法律进行了两项制度安排：集体诉讼与费用转移。

原告的律师将代表公司全体外部股东去起诉董事或控股股东，而由此产生的诉讼费用也可以找公司报销。这样的安排使得小股东集体委托律师进行起诉的意愿大大提高。不仅如此，实践中此类诉讼的原告律师会采用胜诉分成的收费方式，就是在打赢官司之前或者打输了官司后，小股东都不用付律师费；只有官司打赢了，律师才会收费，类似于中国的风险代理诉讼。而且，在费用移转规则下，律师的费用要求上市公司支付。因此，在层层制度安排的保护下，小股东提起诉讼几乎没有什么成本，但可能得到收益，所以出现了并购交易遭受大量诉讼的局面。从客观上讲，潜在的被诉讼风险给上市公司的董事和管理层带来了压力，因而也抑制了其借助并购及私有化交易谋取利益的动力。这对保证交易的公正和公平具有重要意义。

可以说，存在的诉讼威胁直接决定了美国公司私有化交易的形式与步骤。在上市公司的私有化交易中，董事会在收到私有化发起人的私有化要约后，首先需要成立一个独立的特别委员会，以评估和决策是否接受私有化要约。在通常情况下，由于私有化要约的发起人常常是公司管理层或者控股股东，其自身或代表又往往就是上市公司的现有董事，存在角色和利益上的冲突。因此，通过成立特别委员会，把与私有化发起人有利害关联的董事们排除在私有化交易的评估、决策之外，可以保证交易决策的独立性、客观性和公平性。

为评估、决策私有化方案而成立的这个特别委员会是拥有实权的决策机构，首先对其组成人员要有明确而严格的规定。根据特拉华州法律，特别委员会的组成人员必须独立于管理层和控股股东。在法院审判案例中，其最为重视的也是在交易决策中，特别委员会委员能否秉持独立的态度而做出公正的判断与决策。

特别委员会除了组成人员要保持完全独立之外，还要得到充分授权。这些授权涵盖对私有化要约的评估与决策，代表公司与私有化发起人进行对等谈判，寻求替代性交易方案，并对这些方案进行评估与决策，以及决定是否启动"毒丸计划"等对抗要约收购的措施等。为保证决策的科学性，特别委员会还有权聘请独立的财务与法律顾问，为其决策提供咨询服务。董事会只有在特别委员会建议的基础之上，才有权对是否接受私有化交易，以及在什么条件下接受私有化交易做出最终决定。

由控股股东发出的私有化要约，除了受到特别委员会的审查之外，还需要得到除发起人之外的多数小股东同意，否则上市公司将不被允许实施私有化。这被称为"少数股东中的多数同意"（Majority of the Minority）规则。因此，对于有可能涉及利益冲突的私有化交易，只有经由独立的特别委员会进行交易磋商与决策，并得到可能利益受损的多数小股东的赞同，才能确保私有化不会演变成为大股东侵蚀小股东利益的不公平交易。

如果上述过程存在疑问或瑕疵，私有化交易决策将受到法院最为严格的审查。在特拉华州，法院将其称为"彻底公平"（Entire Fairness）规则，其核心就是要董事们举证：交易的过程彻底公平，以及交易的价格彻底公平。所谓交易过程的公平，包括交易启动的时机及方式、交易的结构、董事会在交易中的角色，以及董事会及股东的批准等交易进程的各个方面都要是合理的。所谓交易价格的公平，是指收购方支付的对价在客观上而非董事的主观认识上对被收购方是公平的，它要求法院考察标的公司的资产、收益、经营预期等一切可能影响公司股价的因素。

在严格的法律约束下，在私有化交易中如果存在谋取私利的行为，上市公司的控股股东和董事将难以躲过被法律追查的责任。所以，按照法院判决的指引成立特别委员会，并寻求少数股东中的多数同意，便成为私有化交易中减轻董事和控股股东法律风险的唯一途径。当然，即便采取了这样的措施，2014 年之前，特拉华州法院仍会对私有化交易的诉讼案采取严格的"彻底公平"标准加以审查，以判定是否有违反忠慎义务的问题。只不过，法院会将举证责任转移到起诉方，要求小股东举证过程不公平或者价格不公平。

在并购交易由第三方发起，并不涉及控股股东的情况下，特拉华州法院对交易的审查标准会比较宽松。在此类交易中，法院会推定，董事会做出的交易决策是基于诚信，且有充分的信息基础的，因而会对董事会决策给予最大限度的尊重与认可。这被称为"商业判断"规则（Business Judgement Rule）。因此，认定私有化交易是否属于控股股东发起，对于确定董事以及发起人的法律责任至关重要。

那么，如何界定控股股东呢？持股比例超过50%的股东毫无疑问是控股股东。对于未超过50%持股比例的股东是否作为控股股东认定问题，特拉华州法院主要考察该股东对上市公司经营决策的实际掌控力。在2014年11月的一例判决中，特拉华州法院认定，众品食业2013年的私有化交易涉及控股股东问题，其首席执行官兼董事长朱献福尽管只持有17.3%的公司股份，却仍被视为控股股东。法院的依据是：众品食业在向SEC提交的10－K文件中表明，朱献福对公司具有控制权；朱献福本人对董事会具有控制力；在私有化交易的询价过程中，其他竞购方纷纷以朱献福的留任作为竞购条件等事实。这一认定必然对法院此后针对众品食业私有化交易的审查产生关键性影响，甚至引发朱献福本人因违反对其他股东的忠慎义务而承担赔偿责任的风险。

除了公司法的规定之外，美国的《证券交易法》还要求向公众投资者公告披露有关并购交易（包含私有化交易）的各种重要信息。比如，在股东投票前，公司必须按《证券交易法》14（a）项的规定，向SEC登记发布委托投票公告；采用要约收购时，发起人需要登记发布"Schedule TO"，而目标公司则要登记发布Schedule 14D－9。对于私有化交易，还需要再按13e－3的要求进行披露。通过对这些信息的披露，公众投资者得以了解私有化交易的目的、参与者和主要内容，以及公司董事会对私有化交易的态度、决策依据等。

在司法审判实践中，最近几年特拉华州法院对上市公司的私有化交易做出了一系列重要判决，对以往的规则做出了一些修正。由于法院长期以来对由控股股东发起的私有化交易实行严格的"彻底公平"审查标准，引发了大量针对私有化交易的诉讼，令交易结果处于极不确定的状态。为了平衡大股东与小股东在私有化交易中的利益，2014年特拉华州法院做出了一项重要判决——Kahn 和 M&F Worldwide 案。

此案的判决确立了一条新规则：如果私有化交易符合以下三项要求，那么，法院将以宽松的"商业判断"标准来对私有化交易进行审查。这三项要求是：

（1）私有化交易得到一个真正独立、获得充分授权、审慎进行议价，又充分取得专家咨询意见的特别委员会的批准。

（2）私有化交易得到充分掌握信息，又未受到胁迫的多数小股东的同意。

（3）私有化交易的发起人始终以满足以上两项条件作为完成私有化的先决条件。

做出这一修正的缘由是：处理控股股东发起的私有化交易的关键在于，如何将存在利益冲突的交易变成公平对等的交易。假如由一个真正独立掌权的特别委员会来代表公司与控股股东进行磋商，那么，这与一个由第三方发起的收购交易没有实质区别。倘若再得到自愿、有知的多数小股东的支持，就更难以成为控股股东侵占小股东利益的不公平交易。因此，对于满足了这些要求的私有化交易，法院不希望看到它们轻易遭到少数小股东们的挑战，而无谓地增加交易成本，甚至导致交易失败。

尽管做出了这样的修正，但这一规则转变绝不意味着法院在私有化交易中保护小股东利益的立场有任何改变，反而更强化了其一贯坚持的严格禁止控股股东在私有化交易中操纵股价、实施欺诈而谋利的立场。如果原告能合理表明特别委员会或者少数股东的投票表决过程存在瑕疵，或者没有以同时获得此二者的批准作为先决条件，那么私有化交易仍将受到严格的"彻底公平"规则的审查。特别是当私有化交易的价格存在显失公平的可能时，法院将会对该交易实施严厉的审查。

至于何为交易价格显失公平，特拉华州法院专门列举出如下一些因素：

（1）私有化要约的价格与每股收益以及息税折旧摊销前利润/息税前利润（EBITA/EBIT）等税前现金流指标之比，明显低于近期的其他类似交易。

（2）最终收购价格比两个月之前的股价低2美元以上。

（3）短期性因素抑制了私有化要约发出时的公司股价。

（4）业内人士认为要约及成交价格显著过低。

我们可以看看美国本土的一个典型案例，特拉华州法院在2015年判决的美国上市公司都乐食品私有化一案，将会有助于对美国私有化项目中关于"彻底公平"原则的理解。

专栏4.1　　　　　　　　　　**都乐食品诉讼案**

2013年，都乐食品（Dole Food）的董事长兼首席执行官（拥有公司40％股权）大卫·默多克（David Murdock）对都乐食品实施了私有化，但遭到了小股东起诉，默多克最终败诉，被法院判令对小股东进行赔偿。

为了将都乐食品私有化，默多克在正式发出要约的一年之前就开始了周详的准备。2012年9月，他首先将公司的亚洲业务剥离出售，根据其财务顾问德意志银行的测算，这一交易可以为都乐食品每年节省5 000万美元的成本。然而，作为默多克左膀右臂的公司首席财务官卡特（Carter）却于2013年1月初声称，该交易带来的成本节省只有每年2 000万美元，都乐食品的股价应声下跌13％。

随后，德意志银行向默多克提出了两套私有化方案：一是由都乐食品向股东发出自我收购要约；二是由都乐食品直接在公开市场上购买自己的股票。前一方案需要向都乐食品的现有股东支付收购溢价，而后一方案则无须直接支付溢价，但随着时间的延长，公司的股价很可能升高，导致回购成本上升。默多克与卡特希望实施后一方案，但除默多克之外的都乐食品董事却一致同意采用前一方案。在没有经过董事会授权的情况下，卡特于2013年5月28日自行宣布公司将"无限期中止"其股票回购方案，都乐食品的股价应声再跌10%。

在股价一跌再跌之后，默多克于2013年6月10日发出以12美元/股的价格将公司私有化的要约。此时，都乐食品的股价为10.2美元/股。在此要约中，默多克表示，私有化将以特别委员会及多数小股东同意为先决条件，同时他又强调绝不会出售自己的股票（换言之不欢迎他人参与竞价）。此外，他还设定7月31日作为董事会答复其要约的最后期限。

随即，都乐食品组成了由四人组成的特别委员会，不过默多克和卡特继续试图操纵特别委员会的决策。他们试图将该委员会的权限限制于审查默多克的收购方案，而不得评估其他替代性方案，更为严重的是，卡特向该委员会提供了一系列的虚假信息。除了掩盖出售亚洲业务后公司实际的成本节省数字，卡特还指使公司管理层伪造对公司未来经营业绩的预测，刻意隐瞒公司收购新农场的计划这一利好消息。特别委员会及其财务顾问得到的公司财务状况预期，明显差于默多克向其融资人提供的预期，致使特别委员会对公司做出了较低的估值。不仅如此，卡特还不经特别委员会同意擅自与公司管理层直接交流和搜集信息。

最终，默多克将其收购价格提高到每股13.5美元，这一价格低于特别委员会基于不实的财务预期对公司的估价（每股11.4～14.08美元）的较高一端。于是，特别委员会接受了这一要约，并获得了50.9%的少数股东投票支持。

私有化交易交割之后，真相逐渐暴露出来，因此都乐食品小股东将默多克等人告上了法院。法院在进行调查之后认定，默多克进行的私有化是以特别委员会及少数股东中的多数同意为先决条件之说徒有其表，名不副实，因此无法得到 Kahn 与 M&F Worldwide 规则的保护。更何况，任何涉嫌欺诈的交易，都不适用宽松的"商业判断"规则，而只能适用严格的"彻底公平"规则。按照"彻底公平"的标准，都乐食品的私有化交易过程显然有悖公平。法院认定，如果特别委员会获得了准确的信息，按照现金流折现法，都乐食品每股股票的价格将提高 2.74 美元。因此法院最终裁决，由控股股东默多克和直接实施欺诈的卡特个人，向被私有化收购的都乐食品小股东赔偿每股 2.74 美元，总计赔偿金额高达 1.48 亿美元。

开曼群岛法律风险

对大多数在美上市的中概股公司而言，在其为美国证券交易所上市而搭建的海外架构中，上市主体的注册地几乎都没有选择美国本土上市公司常用的注册地——特拉华州，甚至根本就没有选择在美国领土上注册，而是选择在太平洋上的小群岛——开曼群岛（The Cayman Islands）注册。

开曼群岛是英国在加勒比群岛的海外属地，由大开曼、小开曼和开曼布拉克等岛屿组成，面积为 259 平方千米。开曼群岛有大约 6 万居民，是著名的离岸金融中心和"避税天堂"。这里也是大多数中国公司在海外上市时首选的注册地。

由于开曼群岛有关公司治理的法律规则并不适用公司上市地法律，而是适用公司注册地法律，因此对大多数中概股公司而言，其私有化交易过程中有关控股股东及董事会对公众投资者的相关义务，并不适用特拉华州公司法，也不适用美国公司法，而是适用开曼群岛的公司法。

对注册地在开曼群岛的中概股公司的投资者而言，如果在开曼群岛付诸集体诉讼，虽然开曼群岛名义上与特拉华州同为普通法法域，也同样要求公司董事履行忠慎义务，并且有类似的法律规定，但开曼群岛毕竟是远离美国本土的英属小群岛，没有几个小投资者愿意花费巨大代价依据开曼群岛法律发起诉讼。而且，开曼群岛公司法的相关股东保护规定非常笼统，即使是拥有开曼群岛执业资格的律师，对开曼群岛公司董事及大股东所应履行的忠慎义务，也多半是笼统地认为要避免自身利益与公司利益发生冲突，强调开曼群岛遵循英国先例等。由于缺少清晰而明确的条款规定，加之缺少丰富而有效的判例，因此在私有化中涉及公司董事会该如何应对收购要约的问题上，开曼群岛法官会做出何种判断，往往难以把握。

开曼群岛法律不仅没有像美国特拉华州法律那样细致描述忠慎义务的实体性规则，而且在股东诉讼的程序性问题上，开曼群岛的规定也含混不清。所以，在缺少类似美国法律的集体诉讼与费用转移规则，以及胜诉分成等收费惯例的支持下，即使公司法中包含有关忠慎义务的严格规定，也最终会因落地困难成为一纸空文，无法真正起到保护小投资者的作用。

此外，注册地在开曼群岛的在美上市公司的小股东要依据开曼群岛法律起诉公司或其控股股东，还面临另一重大障碍：由于在开曼群岛注册的美国上市公司，其投资者购买的并非真正的股票，而仅是间接代表股权利益的 ADR/ADS，所以即使开曼群岛公司法允许股东针对私有化交易提起诉讼，由于这些 ADR/ADS 持有人并不是直接股东，也很可能无权起诉。于是，面对一个遥远小岛上模糊不清的法律，公众投资者大多数时候都选择了沉默。

当然，这也并不是说，在开曼群岛注册的中概股公司完全没有被小股东起诉的风险。曾闹得沸沸扬扬的中概股聚美优品退市案，就是小投资者依据开曼群岛公司法起诉大股东和董事会。当时，出现了全球征集聚美优品投资者，针对聚美优品管理层发起的私有化进行诉讼的动议，该动议称：诉讼发起者可能采取（不限于）下列行动：

（1）在美国发起针对聚美优品首席执行官陈欧、产品副总裁戴雨森的申诉和诉讼，怀疑他们先操控股价再发出私有化邀约。

①陈欧在2015年5月曾经在公开场合透露过有私有化的打算；同时，投资银行、律师事务所的某些人士可以证明，其开始计划私有化的时间。

②聚美优品2015年8月19日公布第二季度财报，并且给出了第三季度的业绩指引，已经预示第三季度可能不盈利，此后股价开始暴跌。第三季度果然出现了IPO以来首次亏损，亏损的主要原因是毛利率下滑至26.2%，而毛利率下滑的原因是第三季度防晒、食品、保健品等部分库存商品进行了降价促销，这是公司管理层的决策，也就是说，第三季度的亏损结果是陈欧等管理层可控的。

③私有化计划在前，而公司预示并且实际出现亏损及股价暴跌在后。根据举证责任倒置的原则，陈欧及戴雨森需要证明上述公司运营行为和运营结果与私有化计划并不存在故意关系。

（2）针对特别委员会个人发起诉讼。如果特别委员会同意聚美优品管理层7美元的私有化价格，将可能在开曼群岛（如果是美国公民则在其居住地）发起针对特别委员会个人的诉讼。

（3）如果股东大会投票通过每股7美元的私有化方案，将可能在开曼群岛发起针对买方团的诉讼，主要依据开曼群岛2013年修订的公司法第16条关于如何确定对并购持异议股东所持股票公允价值的重要司法解释，以及此前Integra Group的判例。

（4）聚美优品未来在中国国内申请IPO时，向中国证监会投诉，同时，在中国发起针对聚美优品和其管理层的诉讼。

分析全球征集聚美优品投资者，意图发起诉讼的公告，可以看出，尽管在特拉华州公司法下不失可行性[①]，但要基于开曼群岛公司法实

---

① 虽然公告提到"举证责任倒置"原则等，但与特拉华州的法律可能仍有出入。

现诉讼目标是非常困难的，或许这些举动只是形式意义上的诉讼压力。然而，这对聚美优品实现私有化目标的压力和制约作用也是非常现实的。

公告中提出的第三项司法行动——依据开曼群岛 2013 年修订的公司法第 16 条的规定，即关于如何确定对并购持异议股东所持股票公允价值的重要司法解释而发起对买方团的法律诉讼，这是在私有化并购交易完成后，对私有化交易价格持有异议的小股东提起的关于股票回购请求的诉讼。尽管这种诉讼不能阻止私有化交易，但是对私有化价格持有异议的公司股东可以要求法院为自己被强制性收购的股份确定一个更加合理的价格，并由收购方支付这一对价。特拉华州与开曼群岛对此类诉讼都有明确规定。2014 年 8 月，开曼群岛法院判决了首例股票回购请求诉讼案件，也就是公告中提到的 Integra Group 案。该判决确认，反对私有化交易的股东有权请求法院确定其股票的"公平价格"，而确定这一价格的标准是，在特别股东大会批准并购交易当日公司作为持续经营实体的价值。

但是，即使如此，上市公司小股东要在开曼群岛行使股票回购请求权仍要克服诸多障碍。

首先，只有法律意义上的股东才能起诉公司。在 Integra Group 案中，其投资者（即"股东们"）持有的也不是真正的公司股票，而是在伦敦证券交易所上市交易的全球存托凭证（GDR）。因此，为了能够发起诉讼，投资者必须首先将手中的 GDR 转换成普通股，而且转换必须在股东就私有化方案投票表决之前，因为只有在表决中投反对票的股东才有权起诉，并且只有真正的股东才有权参与表决。持有注册于开曼群岛的美国上市 ADR 的投资者，也必须设法将 ADR 转换成真正的股票，才可能启动回购请求诉讼。这一点尽管在理论上可行，但在实践中，中概股 ADR 转成普通股几乎没有出现过。此外，即使转换 ADR 为普通股顺利实现，股东在开曼群岛提起股票回购请求诉讼还有其他不少障碍与代价。

其次，在回购请求诉讼结果确定之前，股东无法获得任何私有化交易的收购对价。因此，提起诉讼的股东可能要拖上几个月或者更长时间才能够将所持有的股票变现。当然，获得胜诉的股东可以请求诉讼期间的利息补偿①。

最后，要胜诉股东必然要聘请财务顾问（通常是大型投行机构）来论证合理的收购价格，为此支付的费用是很高的。即使胜诉，此项费用能否由败诉方承担却并不确定。此外，股东发起诉讼所聘请律师的费用，也要由股东自行支付②。因此，准备就私有化交易采取法律行动的上市公司投资者，在发起诉讼之前需要就这些费用的来源提前做出安排。

由此观之，开曼群岛公司的投资者要维护自身权益，发起对上市公司私有化交易的诉讼，面对的困难是多重的。

当然，尽管大多数中概股公司注册于开曼群岛，其有关控股股东及董事的忠慎义务适用开曼群岛公司法，但它们毕竟是在美国证券交易所上市的公司，其涉及证券发行、交易、披露的行为，仍然要受美国证券法的规制。如果存在信息披露不实，或通过有选择的信息披露操纵公司股票价格，其在美国的公众投资者仍可以按美国证券法对公司提起诉讼。

在上市公司私有化交易中，在股东大会投票前，公司需要按照美国《证券交易法》14（a）项的规定，向 SEC 登记并发布委托投票公告，详细披露交易的相关内容。因此，小股东有可能寻找信息披露中出现的遗漏或是虚假信息，从而提起诉讼，并请求法院给予损害赔偿等。但是，在开曼群岛等地注册的在外国公司的 14（a）项义务是被免除的，只有在美国注册的中概股公司才需遵守此项法律规定。

---

① 按照开曼群岛法院的认定，利率只能按公司预期现金回报率和其借款利率的中值计算。

② 即使在美国，股票回购请求诉讼的律师费用一般也是要由发起诉讼的股东自行负担。

除了14（a）项的信息披露义务外，如前文所述，涉及私有化的并购交易还需按13e-3项的规定进行披露，并且，即便是在美国以外国家或地区注册的公司也不能豁免此项义务。但《证券交易法》中对此项条款并没有明确规定小股东是否有权就违反13e-3项的披露行为请求赔偿，美国联邦最高法院也没有关于此项诉讼的明确司法解释。

专栏 4.2　　　　　分众传媒私有化遭起诉

2013年2月26日，在美国进行私有化的中概股公司分众传媒被美国一家养老基金会——"美国钢铁工人中南养老基金会"起诉，要求美国法院阻止分众传媒的私有化进程。该基金组织向美国旧金山联邦法院递交诉状，称分众传媒收购方的收购价格对小股东不公平，其股东委托书包含虚假和误导性信息。分众传媒首席执行官江南春、首席财务官刘杰良、公司董事和收购方凯雷投资拥有的实体公司均包含在这一诉状的被告方之中。

按照2012年12月20日分众传媒与包括公司首席执行官江南春在内的投资财团达成的协议，江南春将与凯雷投资、方源资本、中信资本和光大资本四家财团一道，以每ADS 27.5美元的价格对分众传媒进行私有化，当时预计该交易于2013年第二季度完成。27.5美元的收购价格比2012年8月13日分众传媒发布提示性公告之前30个交易日的平均价格高出约7美元，收购溢价达到36.6%。

当然，另外一个值得关注的价格是在2011年分众传媒遭到浑水研究公司做空之前，公司股价在长达半年多的时间里一直保持在30美元左右，在2008年金融危机以前则延续40美元以上的良好表现。这意味着私有化价格尽管高出现有股价，但不会让所有投资者都实现"赚钱"或不赔钱的目标。

一波未平，一波又起，2013 年 3 月 14 日凌晨，美国律师事务所 Robbins Arroyo LLP 的股东权益律师宣布，该事务所已于 2 月 22 日向加利福尼亚州北区旧金山分区的美国地区法庭提起集体诉讼，这项诉讼是代表分众传媒普通股持有者针对该公司及其董事发起的，指控内容包括 Giovanna Parent Limited 提议收购分众传媒的交易触犯了 1934 年《证券交易法》14（a）和 20（a）规定等。

分众传媒在 2012 年 12 月 19 日宣布，该公司已就私有化交易与 Giovanna Parent Limited 和 Giovanna Acquisition Limited 签订了最终合并协议和计划。Giovanna Parent Limited 将以每股普通股 5.50 美元或每 ADS 27.50 美元的价格收购分众传媒。

诉讼指控称，与私有化交易有关的上述特定被告违反了分众传媒股东应享有的忠慎义务和应尽责任心，或是为这种违背行为做过帮凶。指控还称，为了确保股东会批准这项交易，被告向 SEC 提交了严重虚假和误导的 13E–3 表格文件，违反了 1934 年《证券交易法》14（a）和 20（a）的规定。就股东是否投票支持私有化交易而言，被省略或非如实叙述的信息会对其做出知情决策的能力造成重大影响。这项诉讼已指名原告及截至 2013 年 2 月 22 日的其他所有分众传媒股东寻求"强制救济"。

对该诉讼案进行分析，显然其控告董事会违反《证券交易法》14（a）的披露义务是毫无意义的，因为分众传媒是在开曼群岛注册的公司，已经被免除了 14（a）项的信息披露义务。因此，这项诉由立即遭到被告方的驳斥。

分众传媒的官司此后很快和解，或许投资者的主要目标就是以搅局方式期望从和解中谋得一些好处。而深知美国司法程序冗长昂贵的被告，并不希望因为原告的搅局而拖延私有化进程，徒增变数。因此，双方的和解很快达成。分众传媒案例带来的启示是，投资者不要过多寄望诉讼能得到法院的支持，但可以以此作为拖延私有化交易的手段，迫使私有化收购方在庭外和解中给予适当补偿。

窗口期的选择

中概股实施私有化时机的选择会直接影响整个交易的总成本。此外，也会影响回归后的上市安排，因此窗口期的选择至关重要。与2011年中概股遭遇集体做空而引发的被动私有化浪潮及回归相比，在过去一段时期中发生的中概股回归事件，基本都属于公司主动选择回归。回顾此后A股的市场状况和国内监管政策，那一时期是形势比较好的黄金窗口期——中概股在海外证券市场的估值大多不高；国内证券市场处于估值水平较高区间；投资者对投资中概股十分踊跃；同时，监管层和证券监管政策也对中概股回归A股持积极态度。

正是在政策面暖风频吹，市场和投资者热烈追捧的大背景下，在海外市场处于较低估值水平的中概股公司将回归A股作为战略性选择。特别是在一批国内知名PE机构和一些跨国PE机构的策划和推动下，海外证券市场刮起了中概股回归的旋风，一大批中概股选准时间窗口，希望迅速实现回归。因此，该期间，市场上既可以看到一大批海外上市公司的回归潮，也能看到赚足眼球的经典上市案例，以分众传媒、巨人网络等为代表的一批回归公司成功上市，并获得巨大的跨市场溢价，这更进一步刺激了中概股公司回归的愿望与决策行动。

从市场层面看，A股高估值带来的套利空间让中概股公司、投资机构、券商、投行都看到了机遇。中概股公司和投资机构看到的是再次上市的股权溢价，而在并购重组中比较活跃的券商，手里储备了不少壳资源，在注册制登场时间未能确定的窗口期，借壳上市将为券商等中介机构带来盈利更高的投行业务机会，而一些拥有附属直投机构的券商，还可以分享中概股上市的股权投资收益。

第五章

踏上归途：私有化与拆架构

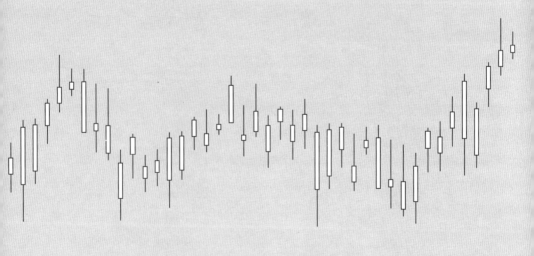

私有化和拆除海外架构是中概股海外回归的两个关键阶段，也是最为复杂的内容。一旦准备工作全部就绪，中概股公司和私有化财团就可以选好窗口期，择机正式启动私有化进程。

客观而言，整个私有化进程是一个动态的过程，充分的准备是非常必要的，但同时，在实施中有很多问题需要根据私有化进程中遇到的具体情况相机抉择。由于在私有化和拆除红筹架构过程中会遇到很多意想不到的临时决策与选择，所以需要私有化团队及其雇用的律师、投行等中介服务机构能够及时给出合理建议，并由私有化财团迅速做出判断与决策，从而顺利实现私有化和架构拆除，为海外中概股成功回归奠定坚实基础。

私有化交易：内涵与模式

私有化交易的内涵

"私有化"是基于英美法对公司的分类理论而言的，这一概念是建立在将公司分为公众公司和私人公司（Private Company）基础上的，前者是指被允许向公众发行该公司股本证券的公司，而后者是指未达到法定条件而不被允许向公众发行该公司股本证券的公司。

在美国，私有化（Going Private）也被称为私有化交易（Going Private Transaction），SEC在其官网上对此行为的解释是：公众公司，通常意味着一家公司有一定数量的证券在SEC登记注册，这些证券被公众广泛持有或在全国性证券交易所进行交易，而当一家公众公司因其股票不再具有被公众广泛持有的性质或自全国性证券交易所退出，则这些公众公司可以取消其在SEC就这一类证券的登记。公众公司可以在当登记的股东少于300人，或无实质性资产且登记股东人数少于500人时，取消其证券的登记。公司可以根据情况，在登记的股东低于上述标准后，停止按照相应法律要求与规定向 SEC 递交季度报告，这就是上市公司的私有化。

通常美国上市公司私有化有广义和狭义之分。广义私有化泛指所有使上市公司变为非上市公司的交易；而狭义私有化则是指美国 1934 年《证券交易法》规则 13e–3 所定义和规制的私有化，即上市公司的控股股东或其他关联方通过一个或一系列交易，使上市公司转变为非上市公司的交易。狭义私有化又可分为两种：一种为非彻底的私有化，私有化使上市公司股东低于上市标准而退市，即所谓的"going dark"，但退市后的公司仍保留一部分外部股东；另一种为彻底的私有化，即上市公司控股股东或其他关联方取得上市公司其他股东持有的全部股份，不再有其他外部股东，使上市公司转变为非上市公司。

目前，完成和宣布私有化的中概股公司所指的私有化，绝大多数是这种狭义的彻底私有化。SEC 为规范私有化交易而专门制定的规则 13e–3 适用于满足以下条件的交易：

（1）由发行人（Issuer）或其关联方（Affiliate）所进行的交易或一系列交易，以发行股份。

（2）该交易具有合理的可能性或商业目的，无论是直接或间接的。

（3）该交易的目的为使发行人根据《证券交易法》第 12 条 g 款或第 15 条 d 款，其一定数量的股票由低于 300 名股东持有，或者退市或不再允许在全国证券业协会登记的交易商间报价系统（如纳斯达克）进行交易。

规则 13e–3 是否使用的一个重要标准是，在股权交易中目标公司的证券收购者是否是发行人或其关联方。所谓关联方，规则 13e–3 将其定义为"直接或间接地通过一个或多个中介，由该发行人控制或处于共同控制之下"。尽管规则 13e–3 并没有明确指明何为"控制"，但《证券交易法》规则 12b–2 将"控制"定义为"通过拥有具有投票权的股份或通过协议安排及其他方式，直接或间接占有，或直接具有该种权力，或能够实质影响公司的管理政策"。这一界定对于关联方的认定具有很大的参考意义。在有些情况下，SEC也会根据交易方是否在事实上实施了其拥有的对公司管理政策的影响力来进行判断，即使该交易方仅拥有低比例的具有表决权的股份。

同时，SEC也在其多份文件中明确指出，由非关联方进行要约收购产生的股权交易行为，不应当成为规则13e-3的规制对象，即由非关联方进行的要约收购，即使在交易完成后达到了使公司从公众公司转变为私人公司的效果，也不构成规则13e-3下的私有化交易。

需要指出的是，在证券市场的私有化交易通常都伴随着中小股东被挤出（Freeze-out）①的过程。在《布莱克法律词典》（Black's law Dictionary）第五版中，Freeze-out是指"由控制公司的人采取的终止股东权益的行动，也可代表强制清算或出售其他股东股票的目的……利用法定的股东多数制或董事会多数制对公司的控制权做掩护，从公司中清除少数股东，或减少其相关投票权利，或对于公司资产的权利。这种行为的目的是强迫少数股东改变股东地位"；而在《布莱克法律词典》第九版中，Freeze-out最新的解释是"由一名股东或部分股东获得公司全部普通股权益的交易，在此交易中，其他股东会被给予现金、债券或优先股，以换取其手中的普通股"。

私有化交易的模式

私有化交易的模式大致可分为三种，包括一步式合并（也称为"长式合并"）、两步式合并（也称为"要约收购、简易合并"）、缩股（也称为"反向股份分割"），其中，两步式合并又包括短式合并（Short-form Merger）和长式合并（Long-form Merger），而缩股模式并不常用。

---

①　有时也会用Squeeze-out或Cash-out，在私有化交易中，这三个词表达的意思与特征是相似的。

1. 一步式合并

所谓一步式合并，是由上市公司控股股东所持有公司的子公司，与上市公司直接进行合并的私有化方式。经过合并后，上市公司的非关联股东取得现金对价——私有化对价，并被从上市公司股东中挤出，上市公司由此成为其原有控股股东掌控的私人公司，并在证券交易所退市。

在以美国为代表的发达证券市场，一步式合并是最直接的私有化模式。根据已经私有化和已宣布私有化方案的公司来看，大多数中概股公司选择了一步式合并。当然，一步式合并也有缺点，特别是投票说明在向股东发出之前，必须经过 SEC 的审查，因而有可能会延长私有化的完成时间。

一步式合并的主要流程包括以下几个环节：

（1）由控股股东（在有 PE 参与时还包括 PE 机构，即以控股股东为主的"私有化财团"）向上市公司提出合并方案，提议由控股股东持有的控股公司（Parent）的下属合并实体（Merger Sub）（以上各方合称为"收购方"或"要约方"）与上市公司合并；控股公司以一定的价格收购所有非关联股东所持有的股份（或 ADS）。不同意合并的公众股东，将有权申请评估，并按评估价格向控股公司出让其所持上市公司股份。

（2）上市公司发布 6K/8K 表格，宣布收到要约方的合并方案。

（3）上市公司董事会成立由非关联董事组成的特别委员会，研究该合并方案。特别委员会认为必要时，会聘请专业律师和财务顾问协助其研究收购方提出的合并方案。

（4）在合并方案得到特别委员会赞成的情况下，上市公司与收购方签订合并协议。

（5）上市公司与收购方发布附表 13D－3，披露收购方案。

（6）合并相关各方发布附表 13E－34，详细披露合并方案。

（7）上市公司向 SEC 报送股东投票说明，接受审查。

（8）上市公司召开股东大会审议并通过合并方案及相关文件。

需要说明的是，对于在开曼群岛注册的公司，合并须经出席会议的股东所持表决权的 2/3 以上通过。对于注册在特拉华州或内华达州的公司，合并须经有权在会上表决的已发行股份持有人的多数通过。由于控股股东及其关联方不必回避关于合并议案的表决，在通常情况下，由于控股股东或其关联方已经持有上市公司的多数股份①，因此合并议案通常会得到股东大会的批准。不同意合并方案的股东，可申请评估，再以评估价将股份转让给收购方。

为了降低私有化带来的诉讼风险，在一部分私有化交易中，合并文件规定，合并方案须经收购方及其关联方以外的非关联股东以多数票通过，才可以实施。

（9）上市公司发布表格 6K/8K，宣布完成合并。

（10）上市公司发布由证券交易所出具的表格 25，宣布从证券交易所退市。

（11）上市公司发布表格 15B，宣布终止美国 1934 年《证券交易法》下的注册和报告义务，完成私有化。

2. 两步式合并

第一步，以控股股东为主的收购方向上市公司发出收购要约，目标为收购上市公司特定比例（通常为 90%）以上的股份。从已经发生的两步式合并案例看，在操作方式上主要是控股股东及其关联方将其所持有的上市公司股份作为出资，注入收购方母公司，再由母公司注入合并实体。

第二步，若收购方成功获得上市公司 90% 以上的股份，上市公司董事会、股东会不需要采取任何行动，合并实体自动与上市公司合并。合并后存续的实体按合并价格回购非关联股东所持有的股份。同样，

---

① 例如，7 天连锁酒店的控股股东何伯权、郑南雁及其关联方持有 7 天连锁酒店 50.01% 的股份，广而告之传媒的控股股东王生成持有广而告之 75.4% 的股份。这为私有化方案在股东大会顺利通过奠定了坚实基础。

不接受合并价格的股东有权申请评估，并要求以评估价收购其所持股份。非关联股东由此被挤出，私有化得以完成，此即所谓短式合并。若收购方未能获得上市公司90%以上的股份，则需要交由上市公司股东大会投票表决合并事宜，即所谓长式合并。

两步式合并的最大优点在于，有关要约收购的文件在向股东发出之前并不需要经过SEC审查。因此，若收购方能够获得达到短式合并所要求的股份比例，两步式合并完成的速度通常比一步式合并快。当然，两步式合并也有缺点，若收购方在第一步收购中无法获得90%以上的股份，后续则需要走一步式合并的程序，私有化的时间反而会被拉长。

两步式合并较少被采用，在本书前面列举的已完成私有化的中概股公司中，SOKO健身（SOKO Fitness & Spa Group, Inc.）、天狮美国生物科技［Tiens Biotech Group（USA），Inc.］、傅氏国际（Fushi Copperweld, Inc.）采用了两步式合并，其中SOKO健身、天狮美国生物科技为短式合并，傅氏国际为长式合并。

（1）短式合并流程。

①上市公司发布6K/8K表格，宣布收到合并方案。

②上市公司发布附表13D，宣布收购方收购上市公司股权，宣布私有化方案。

③上市公司发布附表13E-3，宣布私有化方案，内容主要包括合并各方、合并的主要条款和步骤、合并的目的、合并的公允性、合并的法律后果、向非关联股东支付的合并价格及其确定依据、合并资金的来源、非关联股东的评估权等。

④在上市公司向股东发出附表13E-3之日起的20天后，或者根据实际情况和规则13E-3等法律所确定的更晚时间，不需要上市公司董事会或股东大会批准，不需要签订合并协议，合并相关方完成上市公司与合并实体以短式合并的方式合并。上市公司股东对合并无表决权，只有评估权。

⑤在合并生效后，收购方以及行使了评估权的股东之外的剩余股东所持上市公司股份将被注销，并自动转换为合并对价领受权。

⑥上市公司发布由证券交易所出具的表格25，宣布从证券交易所退市。

⑦上市公司发布表格15B，宣布终止美国1934年《证券交易法》下的注册和报告义务，完成私有化。

在短式合并中，上市公司不一定要设立特别委员会，也不一定聘请财务顾问或法律顾问。

（2）长式合并流程。

①上公司发布6K/8K表格，宣布收到合并方案。

②上市公司发布附表13D，宣布收购方收购上市公司股权。

③上市公司发布附表13E－3，宣布私有化方案，内容主要包括合并各方、合并的主要条款和步骤、合并的目的、合并的公允性、合并的法律后果、合并价格及其确定依据、合并资金的来源、非关联股东的评估权等。

④上市公司成立由非关联董事组成的特别委员会研究私有化方案。

⑤上市公司发布股东大会通知，向股东发出投票说明，召开股东大会审议并通过合并方案及相关文件。对于开曼群岛公司，合并须经出席会议的股东所持表决权的2/3以上通过。对于特拉华州或内华达州公司，合并须经有权在会上表决的已发行股份持有人的多数通过。为了降低诉讼风险，在一些私有化案例中，合并文件规定，合并须经收购方及其关联方以外的股东以多数票通过。

⑥在合并生效后，收购方以及行使了评估权的股东之外的剩余股东所持上市公司股份将被注销，并自动转换为合并对价领受权。

⑦上市公司发布由证券交易所出具的表格25，宣布从证券交易所退市。

⑧上市公司发布表格15B，宣布终止美国1934年《证券交易法》下的注册和报告义务，完成私有化。

3. 缩股

所谓缩股是指按一定比例①减少上市公司的股份总数，使其公众持股比例降至证券交易所规定的最低持股比例以下，即不再满足保持上市地位所需的最低公众流通股占比标准，从而将上市公司转变为非上市公司，以实现私有化的方式。在缩股过程中，不能转换为整数股份的零头股份（Fractional Shares）将由上市公司回购，这些股东由此被挤出。

如果并购方在上市公司的权益大于其他任何非关联股东，并购方可以实行反向股份分割，发行新的股票，合并之前的老股。通常情况下，缩股方式只能实现退市，难以使上市公司彻底转变为控股股东及其关联方的私人企业，因而在实践中较少被采用。缩股私有化的主要流程包括：

（1）上市公司发布 8K/6K 表格，宣布收到控股股东（及其关联方）提出的私有化方案，简要介绍通过缩股实现私有化方案的内容，并宣布上市公司将组成由独立董事组成的特别委员会，以研究控股股东及其关联方提出的私有化方案。

（2）上市公司发布附表 13D，披露私有化方案。

（3）特别委员会就私有化方案与控股股东进行谈判。

（4）上市公司发布附表 13E－3，披露私有化方案，内容包括私有化的原因、私有化的方式、缩股比例、向非关联股东支付的对价及定价过程和依据，以及资金来源等。

（5）上市公司按一定比例缩股，回购非关联股东所持零头股份，然后再按一定倍数拆分缩股后剩余股东所持股份（Forward Stock Split）。对于缩股是否需经股东大会批准，主要视上市公司注册地的法律而定。例如，经纬国际采用缩股方式实施私有化，由于其为内华达州公司，因而按内华达州公司法，缩股和拆股均不需要股东大会批准。

---

① 例如，中概股经纬国际的缩股比例就为 20 000∶1。

对于那些不同意缩股的股东，则有权要求上市公司以评估价回购其所持股份。

（6）上市公司发布由证券交易所出具的表格 25，宣布从证券交易所退市。

（7）上市公司发布表格 15B，宣布终止美国 1934 年《证券交易法》下的注册和报告义务，完成私有化。

拆除海外架构

中概股公司在成功实现从证券市场私有化之后，紧接着的工作就是拆除当初为实现海外上市而搭建的架构。这种被统称为红筹结构的资本架构分为两种：一种是境外主体直接持有境内公司股权的直接持股模式；另一种是不直接持有股权，而是通过签署一系列协议来实现控制的 VIE 模式。

直接持股模式也被称为"小红筹"模式，即公司创始人在境外设立主体，通过该主体持有境内运营公司，境内运营公司通常是一家外商独资企业，作为境内所有运营资产或子公司的母公司。有时，根据不同公司的具体需求，也可能设有多家间接持股公司。境外主体则作为境外资本对其进行投资的承载主体，同时境外主体通常也是在海外证券市场的上市主体，直接持股模式如图 5.1 所示。

VIE 模式的核心是一个"可变利益实体"，因新浪在美国上市时首创此模式，因此又称为"新浪模式"。该模式是指境外设立的控制公司（上市主体）虽不直接拥有境内经营实体的股权，但可以通过一系列协议安排的方式，达到实际控制和支配境内经营实体的目的，同时也可以按照国际财务报告准则和一般公认会计准则合并经营实体的财务报表。VIE 模式如图 5.2 所示。

（1）独家业务合作协议：通过该协议实现利润转移，协议规定由

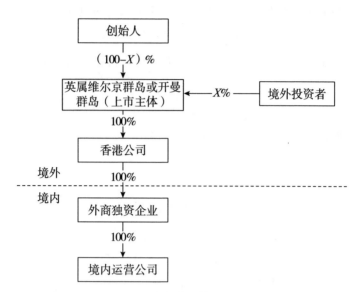

图5.1 直接持股模式示意图

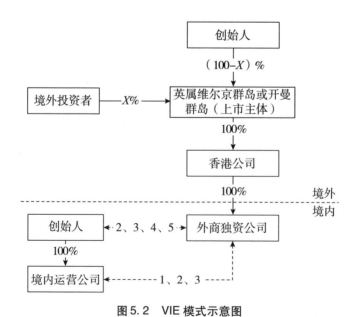

图5.2 VIE模式示意图

注：VIE控制文件——（1）独家业务合作协议；（2）独家购买权协议；（3）股权质押协议；（4）股东授权书；（5）借款协议。

外商独资企业向经营实体企业提供排他性的知识产权及技术顾问服务，而实体公司向外商独资企业支付的费用额为全年的净利润。

（2）独家购买权协议：即当法律政策允许外资进入实体公司所在的领域时，外商独资企业可提出收购实体公司的股权，成为法定的控股股东。

（3）股权质押协议：内资企业的股东将其持有的实体企业的股权完全质押给外商独资企业。

（4）股东授权书：通过该协议，外商独资企业可实际控制经营实体董事会的决策或直接向董事会派送成员。

（5）借款协议：即外商独资企业贷款给内资经营实体的股东，股东将资金注入企业发展业务。通过这一系列的控制协议，内资经营实体实质上已经等同于外商独资企业的"全资子公司"。

在拆除海外架构阶段，最简单的方式是把境外的股权结构原封不动直接复制到境内主体，即业内所称的"镜面反射"，以便在 A 股申请上市时更有利于通过中国证监会的审查。同时，拆除原 VIE 架构中外商独资企业与实体企业之间的控制协议。

此外，中概股公司回归还需要考虑诸多合规性问题，如果处理不当也会阻碍其 A 股上市，或是耽搁上市进度。例如，中概股公司普遍实施了股权激励计划，而且激励对象往往人数较多，因此在拆架构回归时应进行适当的股东数量调整，以保证在申请 A 股上市时股东人数不超过 200 人。

另外，很多中概股公司存在较多的关联交易，由于 A 股市场对关联交易十分重视并且审查严格，在登陆 A 股之前必须进行梳理与清理，减少不必要、不规范的关联交易。此外，与美国证券市场不同，A 股市场监管对拟上市企业的发展历程、工商变更、股权调整等历史沿革审查更加严格，特别是对企业在成立之初的股权结构、工商登记资料等要求的材料十分详细，而不少中概股公司初创阶段不够规范，或是后期发展中对此不太重视，很容易造成回归后申请 A 股上市时的障碍。

拆除红筹架构的目的是为了满足公司在 A 股再次上市的相关要求，而已经私有化退市的公司通过股权转让和（或）协议解除的方式，可以使拟上市公司改变为内资企业。

除了已在境外实现上市的红筹结构公司外，还有一批计划未来在境外上市的企业，为了获得美元等外币基金的投资，已经搭建了红筹结构，但仍未实现上市。这类公司如果要回归 A 股上市，也需要拆除红筹结构。在拆除红筹结构时，要根据公司本身的实际业务板块、组织结构和回归后的发展战略与业务计划，进行周密合理的方案设计。

按照是否保留境外投资者，可以分为保留境外投资者的拆架构模式和不保留境外投资者的拆架构模式。在保留境外投资者的模式下，可以由公司的创始人购买在我国香港离岸公司持有的境内外商独资企业的股权，或者对其进行增资，进入外商独资企业，并由开曼群岛公司回购创始人原先所持股权，将其变成一家创始人在境内控制，并含有外资股东的公司，该公司为一家内资控股的中外合资公司，如图5.3所示。

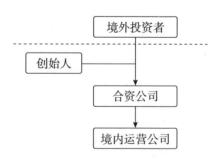

图5.3　拆除红筹架构后保留境外股东的股权结构

由于中国证监会要求申请 A 股上市的公司股权结构要简单清晰，因此，境外投资者与外商独资企业之间的持股关系也应该是直接持股，一般情况下不得有多层架构安排。开曼群岛公司需要回购投资者股权，投资者用回购价款购买我国香港公司持有的外商独资企业股权和

（或）增资进外商独资企业，并将开曼群岛公司以及我国香港公司移至架构外。在涉及多家投资者的情形下，可以在境外保留一层结构。

如果境外投资者选择完全退出外商独资企业，则外商独资企业顺利变为一家内资公司；如果境外投资者安排其境内的关联主体以境内股东身份继续持有外商独资企业股权，则境外投资者由此与创始人一起在境内持有外商独资企业权益，则原外商独资企业将变更为一家纯内资公司，如图5.4所示。

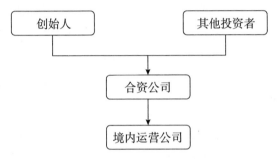

图5.4 拆除红筹架构后不保留境外股东的股权结构

对于VIE模式下的结构拆除，如果英属维尔京群岛或开曼群岛公司有足够外币资金，英属维尔京群岛或开曼群岛公司可以用自有资金回购投资者的股权，投资者直接实现退出。如果英属维尔京群岛或开曼群岛公司没有足够资金，可以用以下一种或多种方式拆除VIE架构。

（1）创始人或境内其他投资者以境内人民币投资于VIE公司。VIE公司收购外商独资企业100%的股权，则外商独资企业的母公司——香港公司由此得到该对价，并将VIE公司支付的该对价汇到英属维尔京群岛或开曼群岛公司，由英属维尔京群岛或开曼群岛公司支付投资者股权回购价款。

（2）VIE公司购买外商独资企业的资产，外商独资企业通过分红或清算的方式将回购价款经香港公司回流到英属维尔京群岛或开曼群岛公司，由英属维尔京群岛或开曼群岛公司支付投资者股权回购价款。

（3）创始人或境内其他投资者直接以较高价格购买外商独资企业

股权，以较低价格入股 VIE 公司，购买溢价资金在回流至英属维尔京群岛或开曼群岛公司后回购境外投资者所持股权，同时外商独资企业注销。

（4）在创始人与外商独资企业存在借款的情况下，也可以利用创始人与外商独资企业的借款协议，将钱款还给外商独资企业，并回流至英属维尔京群岛或开曼群岛公司，用于购买境外投资者所持股权。

拆除 VIE 架构有多种路径，在不同情形下，VIE 架构拆除的结果有所差异。应该特别说明的是，在外汇跨境流动受到比较严格管制的情况下，有些方式的操作成本是比较高的。笔者将不同操作模式下拆除 VIE 架构的结果归纳为下面两种主要情形。

第一种情形，如由 VIE 公司收购外商独资企业股权，香港公司将 VIE 公司支付的对价分到英属维尔京群岛或开曼群岛公司，并由英属维尔京群岛或开曼群岛公司支付给投资者作为回购价款，境外投资者实现退出。按照该路径，上述操作完成后，公司的架构如图 5.5 所示。

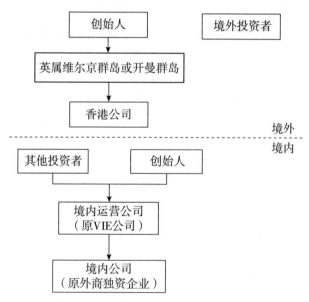

图 5.5　支付对价后的公司架构

第二种情形，如 VIE 公司购买外商独资企业的资产，外商独资企业通过分红或清算的方式将回购价款回流到英属维尔京群岛或开曼群岛公司，并由英属维尔京群岛或开曼群岛公司支付给投资者作为回购价款，境外投资者退出。按照此种路径，操作完成后的架构如图 5.6、图 5.7 所示。

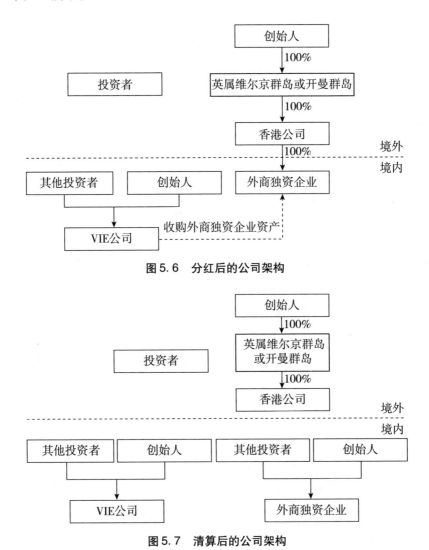

图 5.6 分红后的公司架构

图 5.7 清算后的公司架构

拆除 VIE 架构的最后一步，就是把 VIE 架构下设立的境外上市主体——英属维尔京群岛或开曼群岛公司，以及在境内设立的境外独资企业予以注销。由此，将境内外公司在股权关系上彻底切断，海外架构得以拆除。

应该特别说明的是，在当前国家强化外汇管制的大环境下，资本跨境流动十分困难，拆除海外架构所需外汇，或是人民币资金换汇出境都面临很大困难。尤其是对中概股公司而言，退市、拆除外海架构的目的是为了回归 A 股再次上市，必须保证拆除架构过程中的资金来源、资金跨境流动的规范性与合法性。因此，拆除海外架构时的跨境资金流动应该经过国家外汇管理局、商务部等相关部门的审批，以避免给后续申请上市埋下隐患。

债务重组安排

很多以 VIE 架构上市的中概股，其实际从事业务经营的主体并不是仅有一家，而是有多家业务承载实体，而且这些实体通常均由创始人股东等持股。因此，为了解决回归后，与拟上市公司之间存在的潜在同业竞争和关联交易问题，通常在拆除 VIE 架构的同时，一并对境内的主要业务单元进行重组与整合。这类重组通常都是基于公司未来发展战略进行的，既有可能进行业务、公司的合并，也可能将一些不符合未来发展战略定位的业务或公司剥离出售。

为了保持公司业务发展与历史沿革的连续性，在拆除 VIE 架构的同时，中概股与创始股东一起进行的业务与公司重组，通常采取选择一家境内业务公司作为整合平台主体，再由其收购其他业务实体的股权或资产，从而形成母子公司体系，这个平台主体同时也是未来的 A 股上市主体。

以分众传媒私有化为例，在完成私有化之后，分众传媒财务状况一度趋于恶化，总资产规模下降，从2012年的90.38亿元一路下降至67.05亿元，总负债规模则从29.92亿元一路上升到40.93亿元，资产负债率由33.1%的安全范围攀升到61.04%的警戒区域。

但另一方面，分众传媒的经营业绩却向好，收入从2012年的61.72亿元上升到2014年的75亿元左右，毛利率则从28.13%提高到34.35%。资产规模下降、债务规模上升按照通常理解应该是一家企业经营出现困难的标志，需要不断依靠外部债务融资，或变卖资产补充资金来维持运营，企业的效益因而也应该是逐渐恶化的。但是，分众传媒的业绩却恰恰相反，是何原因？

仔细分析分众传媒的债务情况，分众传媒没有银行债务，且其债务几乎全部由流动债务构成，导致其债务变化的主要原因是由应付股利、应付职工薪酬及其他应付款的变化引起。比如，2013年，其应付股利较2012年减少近6亿元，2014年应付职工的薪酬较2013年增加近4亿元，2015的其他应付款较2014年增加12亿元。因此，分众传媒债务增加的主要原因是非银行债务的增长，而这与其分红、激励等政策有关。

除了分红方式之外，内部重组方式也是公司创始人江南春和私有化投资机构从分众传媒获得资金的重要途径。截至2015年5月底，分众传媒其他应付款余额达到近24亿元，较2014年年底的12亿元几乎翻番。这其中，应付关联方的金额就高达14.25亿元，较2014年年底的1.8亿元增加12.45亿元。这笔资金是江南春在整合旗下业务时，由分众传媒向江南春或FMCH（分众传媒在香港设立的全资子公司）现金收购相关企业股权而形成。而2014年年底至2015年4月，分众传媒共耗资39.08亿元用于收购关联方股权。这笔资金加上63亿元的分红，就与将近100亿元的债务融资额相差无几了。

分众采取现金方式收购，而不是采取换股收购的原因在于，此举可以提前变现一部分股权，从而转移部分债务压力。这样，即使公司的A股借壳上市计划被延迟甚至失败，也不会影响债务的偿还。同时，江南春还通过将盈利能力存有显著差异的资产打包处理，在一定程度上减轻了这些资产后续处理的难度。

中概股在拆除红筹架构回归的过程中，通常涉及将境外债务转换为境内债务，公司经营性负债与私有化回归负债进行合理整合等问题。因此，在进行债务重组时，要兼顾公司长远发展需要和近期负债可持续性，既考虑回归后公司的正常负债能力，又要兼顾公司上市周期的需要，这是进行债务重组和融资安排工作的核心。此外，类似分众传媒灵活运用财务技巧，实现两类财务目标合理兼顾的做法，将为公司未来健康可持续发展以及私有化参与人的财务安全提供有效保障。

"美年爱康" 之战

中概股公司从海外证券市场退市是惊险的一跳。为什么这么说，是因为退市过程充满了风险与不确定性。这其中既有监管风险，也有海外股东的诉讼风险，更有资金安排的不确定性。除此之外，也有一些风险是不可预测的，国内上市公司美年健康与计划在美上市的爱康国宾私有化财团之间的争夺战，充分诠释了私有化进程中的不可测风险。

这场从 2015 年年底开始的体检行业（也称"健检行业"）两家龙头企业间的收购与反收购案例——美年健康与爱康国宾双雄争霸也成为国内商学院工商管理硕士（MBA）教学的经典案例。这场商战的导火索是在美国上市的爱康国宾酝酿回归 A 股上市，而美年健康提出要约收购，力图实现体检行业整合的计划。如果二者能够实现退市与整合的一石二鸟计划，也不失为一个很好的结果，而关键是故事偏偏就出在双方中的一方并不愿意整合在一起，于是商战纷起……

双寡头格局

要说清爱康国宾私有化争购事件的背景，要从几年前开始，包括慈铭、爱康国宾、美年健康三家行业龙头的争霸战可以分为三个回合。

2014 年以前，国内体检行业的首位是慈铭，爱康国宾居于次席，美年健康名气最小，排在第三位。慈铭一直申请国内 IPO 上市，而且已经过会，而与之竞争的爱康国宾感觉国内上市希望不大，则选择远赴海外上市。

结果出人意料，原本板上钉钉将于国内上市的慈铭因为国内资本市场 IPO 暂停等原因浪费了大量时间和精力，爱康国宾却于 2014 年 4 月在美国成功上市，成为国内体检行业上市第一股。

此时，爱康国宾可以说顺风顺水，志得意满，上市后融资 1.53 亿美元，市值 10 亿美元，成为中国健康管理行业在海外成功上市的第一股。如果说这是体检行业三家龙头企业的第一回合较量，那么爱康国宾显然是第一局的胜利者。

第二回合，美年健康依托资本兼并了"大健康"，更名为"美年大健康"，并成功借壳"江苏三友"于 2015 年 7 月成功上市。由此，国内体检行业出现了国内和海外两家上市公司。虽然两家企业都已经上市，但是竞争格局却发生了巨大变化。

首先，慈铭由于资金链问题而被美年健康实际控制人收购，美年健康一跃从行业第三成为行业第一。其次，江苏三友在被借壳而更名为"美年健康"后股价大涨，股价从美年健康借壳前 3 个月的每股不足 10 元一路上涨到 2015 年 6 月的每股 60 多元，到 7 月宣布收购获证监会通过后达到每股 40 多元。美年健康的市值是最先上市的爱康国宾市值的数倍之多，悬殊的市值差距和美年健康快速扩张的趋势带给爱康国宾巨大的竞争压力。

在这一回合中，美年健康后来居上，成为体检行业的最大赢家。

接下来是第三回合，在中概股回归的热潮中，爱康国宾创始人张黎刚在美年健康高估值、高市值吸引与行业竞争的压力下，联合财务投资者方源资本等投资方在 2015 年 8 月宣布私有化要约，私有化价格为 17.8 美元／ADS，筹划将爱康国宾从美国退市。如果此计划得以顺利实施，则爱康国宾回归 A 股后，按照当时的市场估值，市值至少可以比在美国证券市场增长一倍以上。

但是，计划总赶不上变化，美年健康抓住时机在爱康国宾私有化财团宣布私有化要约的关键时刻，联合其他投资者也发出收购要约，要约价格从最初的22美元/ADS进一步提高为25美元/ADS，比爱康国宾大股东牵头的私有化财团发出的私有化要约价格提高了40.4%，交易价格提升幅度非常大。

美年健康的私有化要约让爱康国宾的私有化财团猝不及防，一时处于仓促被动地位。

事实上，2014年4月，爱康国宾在体检行业率先实现上市，只不过上市地选择的是美国纳斯达克。上市这一时刻对于爱康国宾董事长张黎刚来说，确实是值得纪念的一刻，因为他的公司在行业内率先对接了资本市场，按理说接下来这只可以从资本市场获得源源不断给养的快鱼随时有机会吃掉行业内的慢鱼，上演资本市场的并购老戏，事实却并未必如此发展。

与资本市场的整体估值水平相比，美国资本市场上市公司的市盈率一直不高，导致国内同行业上市公司的市盈率一直远远高于在美国上市的公司，两个资本市场存在着显著市场价差，这必然导致在国内上市的公司在资金实力上会超过在美国上市的中概股公司。相比较而言，到2015年7月美年健康借壳江苏三友上市时，爱康国宾的先发优势已经丧失。因此，在各个行业整合蔚然成风、资本市场热捧整合故事的大背景下，爱康国宾的私有化计划成为获得资本优势的美年健康的阻击目标也就在情理之中了，只是爱康国宾的私有化财团并没有预见到这种风险。

爱康国宾阻击战

2004年，张黎刚成立爱康网，2007年，爱康网并购上海国宾体检，成立爱康国宾。2013年4月，爱康国宾获得高盛和新加坡政府投资公司（GIC）近1亿美元的投资，这也是国内体检行业获得的最大一笔投资。2014 年 4 月 9 日，爱康国宾在美国上市。与众多中概股公司一样，爱康国宾在美国资本市场的估值并不算高。当然，客观而言，与其他中概股公司相比，爱康国宾在美国市场的估值是不错的。但是，国内资本市场的高涨、中概股回归的受追捧程度，已经让在美国市场的爱康国宾相形见绌，回归的脚步已经迈开。因此，在美上市不到一年半之后，2015 年 8 月 31 日，张黎刚宣布，拟对爱康国宾进行私有化。

爱康国宾董事长张黎刚与私募基金方源资本等组成的财团，给出的要约价格为 17.8 美元/ADS，这个价格只比当时爱康国宾股价溢价约 10%，但大致可测算出张黎刚等至少需要筹集 60 亿元才能完成私有化。

3 个月后，美年健康联合平安保险、红杉资本、太平保险等资本机构，向爱康国宾发出一份"无约束力"的私有化要约，要约价格为 22 美元/ADS，比张黎刚买方团的报价高了不少。

收到美年健康收购要约的当天，张黎刚对外发布一封公开信。信中指出美年健康"明知该收购得不到我本人以及爱康国宾管理团队的支持，却准备在爱康国宾私有化进程的关键时刻发出竞争要约"，他将收购定义为恶意收购，并指出其"可能意图对爱康国宾的员工、客户和合作伙伴造成心理干扰并获得不当的竞争优势"。

双方的私有化股权之争并没有经过太多交锋便迅速演化为激烈矛盾。尽管爱康国宾实际控制人对私有化要约持强烈反对态度，但美年健康董事长俞熔并无撤退之意，2015 年 12 月 14 日，美年健康牵头的财团再次提价，将要约价格增加至 23.5 美元/ADS。俞熔认为，从市场规则来讲，美年健康对爱康国宾的收购无法界定成"恶意"。由于为中小股东提供了更有竞争力的报价，中小投资者基本对这场收购持肯定态度。

2016 年 1 月 7 日，以美年健康为代表的收购财团进一步提高了收购价格，新要约价格为 25 美元/ADS（1ADS 代表 0.5 普通股），相当于每份普通股为 50 美元，此价格比爱康国宾内部买方团提出的私有化价格提高了近 50%。

私有化变数

爱康国宾的股权结构存在着一定的不稳定性，张黎刚持有爱康国宾12.95%的股权，拥有的投票权达到34.5%，超过1/3以上。张黎刚一直在强调他拥有"一票否决权"，如果他不同意，美年健康无法完全收购爱康国宾。但是，爱康国宾的私有化计划也将无法完成。

按照开曼群岛公司法的规定，要获得2/3的投票权赞成，私有化合并协议才能通过，所以张黎刚及其买方团还需要争取其他中小股东的同意，由于美年健康给出了溢价近50%的要约价格，很难保证其他中小股东赞成张黎刚的私有化方案。

相比较之下，美年健康实际控制人俞熔持股约30%，加上一致行动人持股达42%，同时，美年健康的大部分经营骨干持有公司股权，比例超过20%，控股权的稳定和员工的激励已经达成一个较好的平衡，相对稳定性就会好很多。

美年健康发出私有化要约三天后，爱康国宾祭出"毒丸计划"，试图以提高收购难度与代价的方式，阻挡美年健康的迅猛攻势。毒丸计划向来"杀敌一千，自损八百"，由于资产收益率将被摊薄，必将降低其股票在资本市场的吸引力，最重要的是，张黎刚牵头的买方团要完成私有化的成本和难度也都会大大增加。

在历时7个多月的僵持之后，这场资本博弈故事出现转折。2016年6月6日晚间，爱康国宾官网宣布，公司收到来自云峰基金的无约束力的私有化要约竞购提案，云峰基金拟以每ADS 20～25美元或每股40～50美元的价格，收购爱康国宾发行在外的全部A类和C类普通股（包括美国存托凭证代表的普通股）。7日晚间，张黎刚方面宣布撤回其私有化提案。对此，张黎刚在随后发布的公开信中称："如果友好的投资者能通过结盟或者并购方式为爱康国宾的长期发展带来价值，我也会全力配合。为了公司的长期利益，如果我从爱康国宾股东层面和管理层面的完全退出将有助于知名且友好的投资者对于爱康国宾的收购，我愿意在收购完成时离开。"到 8 日早间，美年健康也发出了一份关于其参与的买方团决定不再参与向爱康国宾提交收购要约的提示性公告。爱康国宾与美年健康之间的对峙状态随着云峰基金的介入迅速被化解。

张黎刚与俞熔"两退"的原因显然是云锋基金的进入，云峰基金自然也成为爱康国宾私有化的唯一竞购方。据云锋基金官网披露的信息显示，爱康国宾将可能与云锋基金的被投企业在产业方面形成链条。在医疗健康领域，华大基因、阿里健康及寻医问药网均是云锋基金的被投企业。

对于爱康国宾的中小投资者而言，云锋基金私有化要约建议信提出的每 ADS 20～25 美元或每股普通股 40～50 美元的价格，较 2015 年 8 月 28 日（即爱康国宾发布公告收到其内部买方团私有化提议函的前一个交易日）不受影响的收盘价格溢价约 24.5% 至 55.6%，也是一个很有诚意的合理价格区间，中小投资者的利益得到了有效保护。

对于云峰基金的进入，美年健康方面公开表示，云锋基金的加入令业界和公众进一步认知到健康体检平台的重要价值，也意味着有更多顶尖的企业和资本将聚焦预防医学产业，这是其所乐见的，也令其对所选择和构建的赛道和生态更具信心。

显而易见，云峰基金入局与美年健康和爱康国宾"停战"的背后，几方事前应有过深入沟通。不过，就在美年健康和爱康国宾这两大民营体检巨头因收购事件"停战"之时，来自商务部反垄断局的立案调查通知又将两家"联系"在一起，这也算是一个插曲。最终，双方也以和平方式终结。

第六章

投资透视：盛宴与泡沫

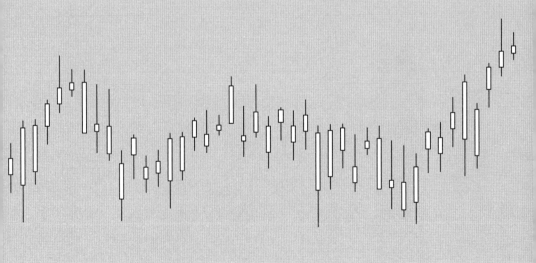

2015 年前后，伴随着股票市场回升和政策面暖风频吹，海外中概股回归上市所创造的资本故事打开了国内投资者的财富想象力，以拆除红筹架构后成功 IPO 上市的暴风科技所带来的造富神话为开端，以及之后分众传媒和巨人网络的成功借壳上市，持续创造了资本市场"海归创富"的财富盛宴。在这一时期，由于 A 股在 2015 年的快速上涨，财富效应被进一步放大，因而吸足了投资者的眼球。

彼时，以各种方式投资回归中概股成为市场各路资金热烈追捧的投资趋势。然而，在这场资本盛宴中，因利益碰撞以及不可避免催生的财富泡沫，使得社会争议日趋激烈。特别是 2015 年下半年市场暴跌，监管政策趋冷，热潮逐渐退去，获利者毕竟不是大多数。因此，站在当下这个时点，客观回顾和分析中概股回归投资，到底是熊掌，是鸡肋，抑或是稳健投资呢？

暴风科技财富神话

暴风科技是过去两年里中国资本市场上最激动人心的创富故事，被媒体称为"财富神话"，吸足了投资者的眼球。我们站在投资的视角，透视这个资本神话案例，剖析其利弊得失。

创业与出海计划

暴风科技的前身是 2005 年 8 月创办的酷热科技，酷热科技创业团队从 2006 年开始致力于为互联网用户提供优质的互联网影音娱乐体验，其开发的酷热影音播放软件迅速成为中国三大播放软件之一。2007 年，酷热科技与原暴风影音团队合并，成立了北京暴风网际科技有限公司，并获得知名风险投资机构 IDG 的投资，公司瞄准成为中国互联网影音播放解决方案提供商，为互联网用户提供互联网影音娱乐体验，并逐步成为国内媒体播放软件开发和互联网客户端运营的领先公司。

2006 年 5 月开始，暴风科技在投资者指导下为寻求海外上市开始搭建 VIE 架构。创始团队在开曼群岛设立酷热影音，由酷热影音在中国内地设立了外商独资公司互软科技，并将暴风影音的软件、技术秘密及商标、域名等注入冯鑫团队控制的暴风网际科技有限公司；同时，通过互软科技与暴风网际科技有限公司签订的一系列排他性合同，酷热影音实现了对暴风科技的实际控制。暴风科技的 VIE 架构如图 6.1 所示。

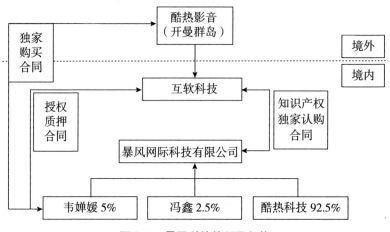

图 6.1　暴风科技的 VIE 架构

但是暴风科技的海外上市之路并不平坦，搭建海外红筹架构 3 年多后，仍然没有迎来上市。因此，暴风科技团队开始考虑回归国内上市的方案。

拆 VIE 架构回归

在红筹架构公司回归国内资本市场的实务操作中，监管部门审查的重点在于从投资审批、外汇监管、涉税事项等方面确认红筹架构搭建与拆除的合规性。暴风科技的红筹架构采取的是 VIE 模式，即由酷热科技和境内自然人等注册内资公司暴风网际科技有限公司，作为业务运营主体，由境外特殊目的持股公司酷热影音返程设立外商独资企业互软科技，再通过互软科技与暴风网际科技有限公司及其股东签署一系列控制协议，实现境内运营主体暴风网际科技有限公司相关业绩并入境外融资主体的财务报表。

因此，暴风科技作为已搭建 VIE 架构的公司，要从境外上市架构转向境内资本市场上市，需要拆除红筹架构，建立符合中国证监会监管要求的新股权结构。暴风科技在一年多的时间里经历了从拆除 VIE 架构到国内申请上市多个阶段的艰苦努力。

拆除 VIE 架构的过程就是对暴风科技之前搭建 VIE 的过程进行一次逆向操作，从 2010 年 8 月开始，暴风科技经历从启动谈判、签署重组协议，到报商务部审批、外管局审批、进行股改、证监局辅导等多个阶段，到 2011 年 5 月，暴风科技的整个红筹架构已经拆除完成。在拆除架构的实施过程中，由于诸多审批手续和原有公司主体注销等，实际耗费的时间接近两年。

2010 年 8 月，暴风科技开始启动估值谈判，并寻求境内合作方提供资金收购外资投资方的股权，以拆除 VIE 架构。外资股东的退出和内资投资者的进入，谈判的核心是股权转让价格的确定。同时，对公司而言，自然是希望新进入的投资方在能够为公司带来资金支持的同时，也能够对公司未来发展提供有益的帮助。这也是大多数境内企业在进行私募融资时会重点考虑的问题。

在新投资者的支持下，2010 年 12 月，有关各方签署了《终止协议书》，金石投资、和谐成长向酷热影音购买 VIE 架构的核心平台——互软科技 100% 的股权。互软科技由此从外商独资企业变更为内资公司，同时，根据该协议终止了酷热影音、互软科技与暴风网际科技有限公司之间的协议控制安排。此外，还签署了《重组协议》（以及在 2011 年 8 月签署《重组协议之修改协议》），启动拆除 VIE 架构的工作。酷热影音以 4 148.3 万美元在境外从 IDG 和经纬创投手中回购所有股份，两家投资机构获利退出。

由此，在红筹架构解除的同时，暴风网际科技有限公司的股权结构整也做了调整和安排。股权安排的核心是让利益相关各方都受益而不是受损，特别是对公司的核心团队做好激励安排。按照《关于北京暴风科技股份有限公司首次公开发行人民币普通股（A 股）股票并在创业板上市的律师工作报告》显示，暴风科技 VIE 拆除前，暴风网际科技有限公司股东酷热科技、韦婵媛、冯鑫分别拥有股份 92.5%、5%、2.5%。架构拆除后，引入了金石投资等机构投资者和蔡文胜等自然人投资者，以及融辉似锦、瑞丰利永、众翔宏泰三家法人投资者，这三家法人投资者安排的目的是让冯鑫作为实际控制人的员工持股有限合伙公司持有公司股份，并保持冯鑫对公司的控制力。

经此安排，2015 年 3 月上市前，在暴风科技的持股结构中，冯鑫持有股份 28.4%，三家有限合伙公司共涵盖 113 名高管及员工，合计持有股权 7.26%，冯鑫最终成为暴风科技的单一最大股东。对于依靠人才发展的互联网公司而言，将 100 多个被激励员工放在有限合伙公司的暴风科技，这不仅是一种员工激励方式，而且有利于增强冯鑫的控制力。金石投资、和谐成长、天津伍通、深圳市华为投资控股有限公司等 16 家机构投资者拥有股份 39.77%，其中和谐成长持股 10.888 9%，金石投资持股 5.799 1%。

暴风科技在拆除 VIE 架构回归的过程中做出此类安排——成立三家公司来让创始人和员工协同持股，既是对员工激励的安排，也是对管理层的有效激励机制，有利于保持公司治理结构的稳定。按照合伙企业制度，由于单只基金的有限合伙人上限是 50 人，所以暴风科技设立了三家公司：融辉似锦、瑞丰利永和众翔宏泰，每家公司都是实际控制人冯鑫作为普通合伙人，对合伙企业债务承担无限连带责任，而作为激励对象的管理层和员工，即有限合伙人以其认缴的出资额为限对合伙企业债务承担责任。由此，既部分提高了实际控制人的持股比例，又在一定程度上强化了对公司的控制力，同时也有效稳固了员工队伍，实现了激励机制安排的目标。

暴风科技在商务部和外管局审批程序上的顺利与在证监会审核的坎坷过程形成了鲜明的对比，暴风科技的 IPO 申请遭遇了证监会审批的巨大"不确定期"。尽管暴风科技在拆除 VIE 架构上节省了一些时间，但在申请 IPO 过程中的不顺畅，走走停停的 IPO 审批节奏使得其从启动回归到申请 A 股上市耗时 5 年之久，可谓一段艰苦卓绝的"IPO 长征"。

财富 "过山车"

2012 年 3 月，暴风科技首次提交了创业板 IPO 申报发行文件。历经 3 年的审批排队等候，2015 年 3 月 24 日，暴风科技成功发行上市，发行价格为 7.14 元，公司主营业务为互联网视频相关服务。

暴风科技上市后受到市场热烈追捧，遭遇二级市场资金的大肆炒作，连续 37 个涨停板，创造了 A 股的新财富神话。暴风科技回归之时得到股权激励安排的管理层和员工，以及财务投资者都在这一轮财富神话中获得了巨大回报。表 6.1 列示了公司上市后，按照 251 元的 5 日均价，公司股东、管理层、员工和主要投资者的持股情况及股票市值，显示了暴风科技回归上市所创造的巨大财富效应。如果按照公司股价最高时估算，财富效应将更加惊人。

表 6.1 暴风科技主要股东持股市值

股东名称	持股数量	占公司股比（%）	市值（亿元）
冯鑫	25 556 490	28.40	64.15
和谐成长	9 800 010	10.89	24.60
金石投资	5 219 190	5.80	13.10
天津伍通	4 175 370	4.64	10.48
华为投资	3 496 860	3.89	8.78
蔡文胜	3 356 820	3.73	8.43
江伟强	3 356 730	3.73	8.43
华控成长	3 269 610	3.63	8.21
丽泰恒丰	3 131 550	3.48	7.86

续表

股东名称	持股数量	占公司股比（%）	市值（亿元）
杭州沧浪	2 951 730	3.28	7.41
瑞丰利永	2 813 220	3.13	7.06
融辉似锦	2 572 920	2.86	6.46
唐献	2 269 260	2.52	5.70
苏州国润	2 087 640	2.32	5.24
林章利	2 087 640	2.32	5.24
蔡少红	2 087 640	2.32	5.24
刘畅宇	2 087 640	2.32	5.24
韦婵媛	1 444 050	1.60	3.62
曲静渊	1 237 770	1.38	3.11
众翔宏泰	1 145 070	1.27	2.87
江阴海澜	1 043 820	1.16	2.57
郑育龙	1 043 820	1.16	2.21
曹浩强	879 930	0.98	2.21
杨立东	687 690	0.76	1.73
信诺南海	622 890	0.69	1.56
王刚	550 170	0.61	1.38

资料来源：搜狐网。

但是，暴风科技的创富神话也必然会经历时间和市场的检验。随着 A 股的整体回落和市场进入调整，暴风科技股票在过去的一年多里经历了持续下跌，截至 2017 年 6 月，其股价回落到 24 元左右，公司总市值 80 亿元，股东所持股票市值也大幅缩水。暴风科技的资本故事未必所有回归公司都能够遇上，其投资者也坦言："不要把暴风神话延伸为也会发生在自己身上，这个事情已经结束了，不会再有'暴风'了。"投资者所说的"暴风不再"，其根源于在彼时牛市中的"大风口"和互联网公司概念稀缺性同时出现，暴风科技算不上十分优质的公司，其之所以能够获得超高的估值，完全是因为其概念的稀缺性和当时 A 股牛市行情的共振。互联网公司仍然要苦练内功，审视自身的商业模式是否真的健康，盈利能力是否够强大，因为市场上的投资者会逐步成熟，市场规则也会进一步完善。一旦 A 股市场大潮退去，一些无自身优势的公司必将沦为市场泡沫的牺牲品。

投资机会权衡

近些年来，伴随着以银行理财崛起为代表的各种金融创新，财富管理热潮席卷国内金融市场，除机构投资者队伍不断壮大之外，个人投资者对于投资、理财的热情也不断高涨。尽管 2000 年互联网泡沫破灭，对国内早期信息网络科技产业的机构投资者造成巨大打击，但此后随之兴起的 PE 机构或类 PE 机构迅速成长，与此相伴的是保险等机构投资功能的逐步放开，各类股权投资、资产管理类机构获得长足发展。

与此同时，以银行理财为代表，信托计划、券商资产管理、基金资产管理、保险资产管理等亦迅速崛起。这些机构投资者不仅管理自有资金，也通过发展受托资产管理业务，大量管理其他机构投资者和个人投资者的资金，形成中国投资领域的一股主导性力量。

中概股回归及其上市所带来的财富效应，掀起了股权投资和资产管理领域新的投资追逐热潮。在先期回归并成功上市企业的示范效应下，不仅机构投资者，连普通个人投资者也开始热衷以各种方式参与中概股回归投资，包括参与与中概股股权投资相关的金融产品投资。

在投资浪潮之下，对中概股投资机会需要理性地加以分析判断。首先，客观而言，先期回归的中概股公司中不乏优秀公司，甚至是国内相关行业的排头兵，例如，分众传媒在国内广告传媒领域就处于龙头地位；巨人网络、盛大游戏等在游戏行业处于领先地位；而药明康德则是国内新药研发平台中的优势公司。但是，也有不少公司并非资质优良的好公司，而是在行业的夹缝中生存的普通公司，或是竞争力比较弱的小型公司，这类公司即使回归后也依然面临巨大的生存压力和发展挑战，既缺少核心竞争力，也缺乏发展所需的战略资源。因此，投资者应该对这些公司进行理性分析和科学研判，而不是对所有中概股公司不加甄别，一概而论地盲目追捧。

其次，在股权投资中，不能以机会主义式的投机心理代替价值投资的基本原则。中概股投资更多的是看重公司的高成长性，特别是回归之后，有利于公司协调国内发展资源，实现跨越式发展，从而使股权投资获得良好回报。从资本市场层面看，如果能够顺利投资中概股，并帮助其在一个好的上市窗口期实现上市，固然会为投资者和股东带来很好的回报，但这终究不能作为投资决策的第一考量准则。如果将投资变成对资本市场的投机，即使在某些时候能够为少数人带来额外的回报，但这并不能作为股权投资决策的基础。事实也证明，随着国内证券监管政策的改变，一些积极投资于中概股的投资者，目前正经历投机性投资的退出困境，最终的投资回报率也会随着上市时间的大幅延后而被大大稀释。

再次，投资者要基于自身的风险承受能力和风险识别能力，选择符合风险收益要求的投资机会。对回归中概股的投资并不是像商业银行理财那样风险可控，也不像开放式证券投资基金那样可以随时或定期赎回。由于投资和退出的周期比较长，流动性比较差，它并不适合于风险承受能力比较低，资产配置对流动性要求很高的投资者。

然而，在中概股回归的投资热潮时期，很多股权性投资被包装成不同类型的理财产品，进入普通大众的投资范围，而且并未进行充分的风险揭示和产品特性披露。由此，使得很多不适合进行此类投资的中小投资者购买了该类产品。

由于近些年纷繁复杂的资产管理创新，一些中小投资者得以经曲线方式认购金融机构代为发行的资管型 PE 基金①，这些基金再投资于中概股私有化回归项目。在销售宣传中，销售机构往往以国内同类上市公司的二级市场估值为参照预测投资中概股回归项目的预期收益水平。实际上，由于 A 股市场波动幅度比较大，上市周期存在诸多不确定性，投资中概股的金融产品所宣称的预期收益率并不容易实现。

2015 年以来，类似的 PE 基金在国内非常抢手，个人投资者认购热情也非常高。2015 年，一家国内互联网金融机构在其官网发布"××证券顶级中概股回归股权基金"，管理人是深圳××财富投资管理有限公司，预计发行规模为 3 亿元，基金存续期为"5＋2"年，预期年收益率高达 80%，最低认购额为 200 万元。实际上，这个收益率在目前的监管政策和市场状况下几乎没有实现的可能。

最后，除了中小个人投资者之外，是不是所有机构投资者都适合参与中概股的股权投资呢？过去几年，A 股 IPO 走走停停，使得再融资成为占主流地位的股本融资途径，上市公司再融资规模远远超过新挂牌公司 IPO 募集的资金规模。正是由于再融资政策的宽松，使得很多上市公司不断加大再融资规模和频率，一些上市公司主业发展并不理想，便把募集来的资金投资于各类与其主业关联度很低的公司，中概股更是其追逐的投资热点之一。在一些规模较大的知名中概股回归项目中，就有不少上市公司的身影。这些上市公司要么进行直接股权投资，要么通过各类资产管理计划进行迂回投资。客观而言，对于主业发展不理想，没有多少闲钱的上市公司来说，投资于回归中概股而不去发展主业或谋划转型，几乎相当于"不务正业"，也让上市公司承担了不必要的投资风险。

此外，尽管从已经上市的回归中概股案例看，有较高的投资回报，但是，风险也是客观存在的。特别是在结构化的中概股回归投资类金

---

① 所谓资管型 PE 基金，主要是指由各类资产管理机构发行资产管理计划后，将整个资产管理计划作为单一有限合伙人，再投资于股权型基金的 PE 基金类型。

融产品中，貌似存在较高的预期套利空间，其实风险也潜藏其中。不少金融机构对参与中概股私有化的 PE 基金产品认购份额进行结构化包装，比如，金融机构拿到 5 000 万元中概股 PE 基金份额，就将它包装成结构化理财产品，其中 4 000 万元设计成保本的、预期年化收益在 9%～10% 的优先份额，销售给普通中小投资者，而剩余 1 000 万元则设计成非保本的、年化收益上不封顶的劣后份额，向风险承受能力更强的高净值群体销售。若这只 PE 基金在中概股私有化回归投资中创造了 30%～40% 的年化收益，在扣除优先份额收益和基金管理人 20% 超额利润分成后，劣后份额投资者可以实现翻倍收益。但是，这种看似高投资回报的项目却存在着私有化退市、A 股上市、股权退出等诸多环节的巨大不确定性，潜藏多重风险。

盛宴潜藏泡沫

在中国经济进入新常态的大背景下，特别是自 2008 年世界金融危机后，全球范围内的量化宽松货币政策造成了金融市场流动性泛滥。在国内，央行相对宽松的货币政策，也使得金融市场流动性空前宽裕，资金价格一路下行。因此，经济转型进程中，投资机遇的减少和投资动力下降使得金融机构资产荒蔓延，由此也使得国内大量投资资金难以寻求到适合的投资机会，从而导致热钱泛滥，资本过剩成为市场共识。正是在这样的经济金融环境下，中概股回归吸引了足够的眼球。这也促使很多参与中概股回归服务的中介机构和投资者开始转变自身的角色定位——由中介服务机构和直接投资者转型为投资中介。

数量众多的投资机构、中介机构蜂拥向有潜在回归意向的中概股公司。在争夺与博弈过程中，一些机构利用与大股东建立的紧密联系，除了为其提供直接服务外，还开始转变为资金中介，成为中概股回归中的资金"总包商"。其服务内容通常包括：通过发起资产管理计划或是基金方式募集股本资金，或是直接出售所获得的投资份额；为大股东或其他投资者寻找资金杠杆，以提高投资者收益；代表中概股私有化财团寻求金融机构的并购贷款等。

由于投资机会稀缺，资金广泛追捧，在"总包商"直接管理的中概股投资基金中，通常都会在资金募集时向投资者一次性收取2%～3%的"认购费"，其次是按照国际私募基金的通行惯例每年再收取2%左右的基金管理费，在投资成功实现退出时，再收取超额收益20%分成①。

各路资金的涌入必然催生泡沫，很多中概股在A股上市前的私募融资估值就已经达到了二级市场估值水平，有些资质较好、有成长前景的公司的估值远超过A股IPO发行估值水平②。在此背景下，一方面是热钱追逐少数投资机会导致投资掮客增多，另一方面则是一些中概股股东的心态出现变化，套现成为一些持股比例较高的中概股大股东的选择，甚至包括一些私有化财团中的财务投资者，也开始考虑出售所投股权，以收回成本，并锁定投资利润。因此，在已回归中概股公司的私募融资中，往往伴随着比例不等的出售存量老股与增发新股同时并存的现象。2015年，在一个规模颇大的私有化中概股项目中，该公司原第二大股东几乎卖掉了其所持的全部股权，成功地套现离场。

在2015年A股快速上涨阶段，最高监管层曾对中概股回归给予了支持态度，使得很多资管机构、PE机构围绕着中概股私有化财团的组建、资金募集、换汇出境、过桥贷款等创造出诸多服务，不少PE机构、券商直投子公司等甚至专门发起设立了"拆VIE基金"，专门进行中概股回归及上市前私募投资。这都使得中概股回归项目的预期投

①　在一些比较抢手的中概股投资项目中，由于投资份额稀缺，一些投资管理机构向投资者收取的分成比例达到30%，也有一些机构直接将投资份额加价30%左右转让给其他投资者，成为投资掮客。

②　2016年年底，一家已经成功实现私有化并顺利完成拆除VIE架构的中概股公司，其私募融资的估值达到36倍PE，已经远远超出了同行业公司在A股IPO时发行价的估值倍数，但投资者仍趋之若鹜。

资收益率迅速下降，泡沫已经滋生。

我们以公告的 A 股某医疗服务上市公司投资奇虎 360 回归项目为例，该公司公布的投资奇虎 360 项目的收益分配机制："首先，分配给有限合伙人，直至该有限合伙人累计获得的分配总额等于其截至分配之日的实缴出资额；其次，按照每年 8%（单利）的优先回报分配给该有限合伙人，直至该有限合伙人就其实缴出资额中的项目投资额部分实现每年 8%（单利）优先回报；再次，收益分成追补分配：给普通合伙人分配收益分成，直至按照第（3）项累计分配的金额等于第（3）项与上述第（2）项之和的 20%；最后，然后按 80/20 比例分成：80% 分配给有限合伙人，20% 作为收益分成分配给普通合伙人。"在中概股投资泡沫之下，此类投资俨然已经演变成鸡肋。

优选投资者

选择投资者是大多数海外中概股正式启动回归计划前要过的第一道关——组建私有化财团，这也是私有化筹备工作的重点内容。除了极少数规模很小的中概股，因其私有化动用的资金总量不大，可以由大股东独资完成以外，大多数中概股回归都需要投入大量精力组建私有化财团和筹措资金，因而选择投资者显得尤为重要。投资者的确定是一个双向选择的过程，私有化财团牵头发起人（通常是大股东）希望投资者既能够提供资本、资金支持，又能够在私有化过程中提供咨询、指导和各种外部协调。此外，如果联合投资者还拥有良好的品牌、专业技术和操作经验则是最佳选择。

然而，既然是双向选择，要作为私有化财团成员参与私有化交易的投资者也会对私有化项目进行深入评判。拟私有化中概股公司的状况、发展潜力与机会，私有化交易的价格和成功概率，A 股上市的可行性、周期和预期回报等，都是投资者需要考虑的重要因素。过高的股票价格或是过高的私有化溢价都会让投资者望而却步。此外，私有化牵头人的决策能力、执行能力、市场信誉和操作经验等也至关重要。一个高效、顺利的私有化成功案例一定是多方因素组合发挥作用的结果。

从过去两年宣布和实施私有化，且体量较大的中概股公司来看，主要都是TMT行业的公司，所以，这类公司在私有化和拆VIE架构中选择的投资者都比较注重投资者在资金支持之外，还能够带来的其他协同资源。就已有经验形成的普遍观念而言，以下三条是选择投资者时要重点考虑的因素：第一是TMT行业的投资机构。由于该类机构对行业情况比较熟悉，对公司价值的评判会比较准确，更易于达成共识，并能在行业资源的协作与整合上为回归后的中概股公司提供部分支持。第二是券商体系的投资机构。过去几年，国内大部分证券机构都建立起了所属独立直投机构或资产管理平台，并积极投资于上市预期较好的公司。这类机构在投资的同时可以为公司带来一些上市的资源支撑。因此，从中概股回归后的再次上市角度看是有积极作用的。券商体系的相关公司往往可以在公司再次上市时提供有益的指导和咨询，并能带来加快上市进程的社会资源。第三是有业务关联的行业内公司或其投资平台。该类机构可以为公司回归后提供直接的支持和业务协同。例如，华为投资暴风科技就可以对暴风科技的未来业务发展提供相关支持，也能够优化和提升暴风科技的股东背景。

投资者选择应该尽力避免一些"空手套"机构的参与。所谓空手套机构就是先行承诺参与投资，获得参与资格及投资额度后，又转手倒卖额度的空壳公司，有时一些资产管理机构也有类似行为，成为纯粹的资本市场"黄牛党"。这些黄牛型"投资者"既会增加财团资金到位的不确定性，又会损害回归公司的形象，有时还会带来监管风险。

在中概股回归中，国内大部分品牌PE机构都深度参与了整个交易与回归过程。作为私有化财团的重要成员，PE机构既是投资者，也常是私有化交易的策划者、推动者和支持者。客观而言，这些PE机构大多具有一定的资本实力、专业队伍和操作经验，同时，也常常是中概股公司的早期投资者，抑或是其海外上市的引路人。因此，这些 PE 机构参与私有化既有渊源，也很合理，是私有化财团的中坚力量。作为"理想的"投资者，这些 PE 机构也在参与中概股回归的过程中不断调整自身的参与方式和投资策略。

在后期的中概股私有化交易中，不少有一定实力或品牌影响力的投资机构在中概股回归过程中逐渐转向"定投式"资产管理与交易安排人的双重角色。那些伴随中概股公司成长，并在上市后持有一定比例股权的 VC、PE 机构，由于天然与中概股管理层和大股东有着紧密联系，往往会抢得投资回归中概股的先机。中概股在酝酿私有化的过程中就会征求这类机构的意见，甚至会将其作为整个交易的安排人。例如，2015 年 6 月，奇虎 360 年创始人周鸿祎联合中信证券、金砖资本、华兴资本和红杉资本，向奇虎 360 的股东发出不具有约束力的私有化要约，拟以 77 美元/ADS 的价格收购其他股东持有股份，正式宣布退市私有化。又如，2015 年 6 月，博纳影业宣布，收到来自公司董事长于冬，以及红杉资本及复星国际的私有化要约，以 13.7 美元每股的价格收购博纳。在私有化交易中，PE 机构与中概股公司大股东总是如影随形。

作为私有化的主要资金提供方和战略合作者，PE 机构扮演着重要角色。这些机构通常会与公司管理层在私有化过程中订立合作条款，策划共同进行杠杆融资，签订有特殊表决权的优先股、"棘轮"条款，甚至退出条款等，以此来提高收益并锁定风险。此外，一些知名 PE 机构的参与策略也在进行调整，由于高涨的投资需求，这些近水楼台的机构开始将获得的大部分中概股私有化份额拿到投资市场转售，自身认购的份额比例则大幅下降。转卖私有化股权份额的过程中，PE 机构可以收取 2% ~ 3% 的一次性认购费，再通过基金管理方式收取每年 2% 左右的管理费，赚取稳定的无风险收益，并参与后端分成。

除 PE 机构外，一些投行中介机构也介入中概股回归投资交易，作为交易安排人，这些机构或与中概股有着业务往来，或与中概股管理层和创始人有着较深人脉关系，往往在早期即介入中概股的投资或融资交易。例如，近年国内一些活跃的本土精品投行利用与 TMT 行业公司的紧密关系，为回归公司提供 VIE 架构重组、股权重构、业务重整等一整套资本运营服务。这些机构尽管不直接提供大量私有化资金[①]，但其关联公司往往以投资者面貌获得投资份额，再将这些份额进行转让——通常会转化为资产管理产品，如结构化的 LP 份额等，创造出新的盈利空间。

盛大争夺战

回归中概股的投资热潮使得对回归公司及相关投资机会的争夺异常激烈，一些案例中甚至演变为一场投资诉讼战。盛大游戏回归中，各投资方对投资主导权及投资机会的博弈与争夺便是典型案例。

2015 年 4 月 4 日，在美上市的盛大游戏宣布，其与凯德集团及附属公司达成 19 亿美元的最终私有化交易协议，凯德集团将为盛大游戏每普通股支付 3.55 美元（7.10 美元/ADS）。以此计算，盛大游戏的整体估值为 19 亿美元。如果交易完成，盛大游戏将成为凯德集团子公司，并由八个成员组成的财团共同所有：盛大游戏代理首席执行官张蓥锋的两个联属公司——宁夏亿利达和宁夏证券投资公司；宁夏中银绒业国际集团以及其两个联属公司——宁夏丝绸之路证券投资公司和宁夏中融传奇证券投资公司；东方鸿泰（香港）有限公司以及其联属公司东方弘治（香港）公司，以及豪鼎国际。

然而，当年 6 月 30 日，A 股上市公司世纪华通宣布，华通控股、

---

① 此类机构往往不具备资金优势，而主要依靠专业队伍和交易经验，作为交易安排人专注于为回归企业提供投行服务，以融资为核心的融资安排人角色则往往由私有化财团内的 PE 机构牵头主导。

砾游投资及东方证券共同设立的砾天投资、砾华投资、砾海投资，组成了"砾系基金"，通过出资63.9亿元收购华盛BVI、通盛BVI、上海海胜通投资有限公司等三家公司100%股权，使世纪华通间接持有盛大游戏43%的股权。但世纪华通所持有的股份投票权却偏低，仅有略超16%的投票权。11月18日，盛大游戏举行了临时股东大会，并发布公告称，2015年4月3日公布的并购协议（退市方案）已经获得股东大会通过。盛大游戏预期在当月内完成合并交易的交割。11月19日，盛大游戏从纳斯达克退市，收盘价定格在6.98美元，市值为18.88亿美元。

盛大游戏进行私有化后，按原计划是借壳A股上市公司中银绒业实现回归国内A股上市。但是，由于另一大股东——A股市上市公司世纪华通也是潜在的借壳标的，因此中银绒业和世纪华通等股东开始陷入漫长的利益争夺。

先是世纪华通方面称被减少了投票权，并怀疑大股东中银绒业有意通过转移资产将世纪华通排挤出局，因而搬出香港法院禁令，阻止中银绒业的一系列动作；而私有化财团中的其他7名合伙人也将中绒集团和中绒国际董事长马生明告上法庭，称中银绒业方面故意缩减合伙人出资额度，试图最大化占有盛大游戏回归A股的收益。绵绵不绝的盛大游戏股东权益纠纷，严重阻碍了其在A股借壳的上市计划。

因此，中概股公司私有化在选择投资者及寻求A股上市时，需要尽力平衡好公司内部各方股东及投资者之间的利益关系，特别是对类似盛大游戏这样控制权发生转移的回归公司而言，在对投资回报的高预期之下，如果不能合理做出投资安排和利益平衡，对各方可能都是灾难性的。回归公司自身也会因新实际控制人的不确定性，以及上市目标的不确定性而受损，既影响公司发展，又伤及股东利益，甚至最后会演变成一场因利益分配不均而导致的司法纠纷。

第七章

再次上市：策略选择与风险

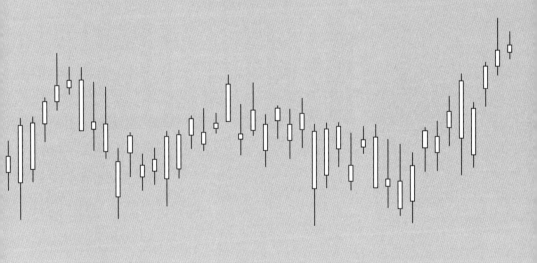

在拆除 VIE 架构后，已经转变为内资公司的回归公司，在进行必要的架构重整、股权和业务重组之后，便开启了登陆 A 股的新征程。

很多中概股公司在计划回归之初或是回归过程中，就已经开始谋划或已谋定上市策略。但是，不管上市谋划有多早、多么合理，市场毕竟是瞬息万变的，证券监管政策也可能因时因势而变，因此，面对多变的证券市场和无法完全预知的监管政策，各种不确定性带来的风险总是挥之不去。因时制宜、顺势而为的上市策略永远是应对风险的最有效方式。

上市策略选择

对于不同的回归公司而言，由于各自所处的行业、发展状况、投资者评价、回归市场时机，以及监管政策导向等各不相同，因而上市策略也各有不同。但有几个基本原则是都要考虑的：一是交易所的（市场）选择；二是上市时机的选择；三是上市方式的选择。

总体而言，无论出于怎样的上市考量与安排，在 VIE 架构拆除后，顺应市场趋势，制定严谨、周密、有弹性的上市时间表是引领整个上市工作的主轴。在制定具体工作时间表时应重点注意以下几点：

（1）在上报 IPO 材料前，要充分预留其他相关政府部门审批和登记所需要的时间。

（2）时间表一旦确定，应该尽力严格执行，特别是那些可以由公司自身和中介机构有效控制时间的任务，都应该尽力按时完成。

（3）上市方案和计划一旦确定，除非遇到重大不可控风险，否则都应坚决贯彻执行，切忌随意调整。

（4）尽可能预留调整修正上市计划的弹性安排。

（5）要在时间安排上预留 IPO 审批不确定性带来的时间延迟，并尽量做好相关预案。

正如本书在前言中所述，中概股回归首先是一项战略性选择，因此，选择在符合公司自身实际的证券市场上市，从而有利于促进公司未来发展是最重要的考量，上市也是公司发展的重要里程碑，能够为公司带来新的资源和注入新的活力。同时，公司上市也是对公司价值的市场评估，股东、投资者都希望能够获得更好的估值，从而获得更好的回报。所以，资本市场选择显得尤为重要，既要为公司长期发展奠定基础，又要努力符合股东最大化，体现公司价值的预期。

从过去几年中国资本市场的发展历程来看，境内的主板、中小板、创业板和新三板是适应不同公司上市的多种选项。此外，曾一度要推出的战新板也曾是很多回归中概股的重要上市目标，由于很多中概股公司都属于 TMT 行业，这是当时酝酿中的战新板十分欢迎的公司类型。尽管战新板的很多上市条件都非常适合回归的中概股，然而时至今日，随着该板的无限期推迟，这一选项几乎可以完全搁置了。

对回归中概股公司而言，在境内选择主板、中小板、创业板，还是新三板上市，主要取决于公司自身的实际情况和战略决策。当然，一些公司也可以在私有化完成后选择作为私人公司继续经营一段时间再去上市。但对于多数规模较大中概股公司，尤其是有财务投资者参与私有化，在海外遭遇低估的中概股公司，都会选择尽快再次上市，以打通资本渠道，促进公司发展。

除了在境内 A 股上市以外，也有部分中概股会考虑选择港交所等其他交易所上市。如果选择在港交所上市，还有一个好处就是不需要拆除红筹架构。选择再次上市地的主要考量因素有三个：一是估值；二是上市条件；三是时间周期。

就目前的内地和香港两个证券市场的状况来看，在估值方面，A股市场作为新兴市场，这两年尽管经历巨幅波动并处于低潮期，但整体估值水平仍明显高于香港市场。A 股多数行业的估值水平，包括中概股公司居多的 TMT 行业，都显著高于港股和美股的估值。因此，单就估值而言，A 股是最佳选择。在上市条件方面，特别是主板上市的，两地的要求都比较高，但港股市场在一些程序性的非实质性要求方面比 A 股更加灵活和宽松，因而也更加市场化。

在上市条件方面，随着 A 股注册制的无限期延后，同时为缓解 IPO "堰塞湖"，A 股上市审批速度明显加快，审查重点也与港股差异较大。同时，目前政策尚不允许境外注册公司直接上市。对于回归公司而言，中国证监会要求境内拟上市主体的控制权必须回到境内，再加上其他方面的高标准、严要求，中概股公司尤其是那些并非通过 IPO 方式登陆美国资本市场的中国公司，大多一时难以达到 A 股上市的条件。而在香港，除少数注册地被排除在外，海外注册公司一般被允许直接上市，对上市主体的控股股东所在地亦无限制。此外，中概股公司在香港重新上市，一般不需要为满足港交所要求而进行特别重组。

在时间周期方面，港股无论是 IPO 上市，还是借壳上市，大约半年时间基本都可以完成。按照港交所上市规则，回归公司基本都会选择 IPO 上市，而不会选择借壳上市。在 A 股 IPO 上市，时间周期并不太明确，借壳上市的审批也存在很多不确定性，目前更是处于基本停滞状态。因此，A 股在上市时间周期上并没有优势。但就大部分回归中概股的选择而言，回归 A 股仍是公司的主要选择，其原因是公司业务实体和客户等都在境内，选择在香港上市仍是排在第二位的考量。

主板上市

一般意义上，主板上市又称为第一板上市，是指公司在国家主板证券市场发行上市，主板市场是一个国家或地区证券发行、上市及交易的主要场所。中国的主板市场包括深交所和上交所两大交易所，目前通常将这两大市场区别于新三板市场，而统称主板。实际上在主板市场内部又具体分成以大公司为主的主板（狭义）、以中小公司为主的中小板，以及以科创型中小公司为主的创业板①。

目前，沪深两市上市公司超过 3 000 家，2015、2016 年度 A 股总市值都超过了 50 万亿元。从世界交易所联合会公布的数据看，以美元计算的 2016 年年底全球 10 大交易所市值，上交所和深交所分别名列全球第四和第五位，排在纽交所、纳斯达克和东京交易所之后，每年融资总量居于全球证券市场前列。公司申请在主板上市，需要达到证券法规所规定的上市条件。

根据《中华人民共和国证券法》第三章第二节的规定，股份有限公司申请股票上市，应当符合下列条件：

（1）股票经国务院证券监督管理机构核准已公开发行。

（2）公司股本总额不少于人民币 3 000 万元。

（3）公开发行的股份达到公司股份总数的 25% 以上；公司股本总额超过人民币 4 亿元的，公开发行股份的比例为 10% 以上。

（4）公司最近 3 年无重大违法行为，财务会计报告无虚假记载。

证券交易所可以规定高于前款规定的上市条件，并报国务院证券监督管理机构批准。

基于《中华人民共和国证券法》的上述规定，上交所则进一步规定，发行人首次公开发行股票后申请其股票在上交所主板及中小板上市，应当符合下列条件：

（1）股票经中国证监会核准已公开发行。

（2）公司股本总额不少于人民币 5 000 万元。

（3）公开发行的股份达到公司股份总数的 25% 以上；公司股本总额超过人民币 4 亿元的，公开发行股份的比例为 10% 以上。

（4）公司最近 3 年无重大违法行为，财务会计报告无虚假记载。

（5）本所要求的其他条件。

---

① 按照行业惯例或习惯，投资银行业通常是把狭义的主板和中小板统称为"主板"，而把上市条件与之有显著差异的创业板作为与主板相对应的独立板块。

就上述股票发行与上市条件看，中等规模以上的回归中概股基本都能够达到。但是，鉴于 A 股数百家公司排队等待 IPO 审批的现状，借壳上市是另一种较快的选择。

创业板上市

创业板又称二板市场，是与主板市场相对应，定位上与主板有一定差异的一类证券市场。其主要为暂时无法在主板上市的创业型企业、中小型科技企业提供上市服务，因而是主板市场的重要补充。例如，美国纳斯达克市场出现于 20 世纪 70 年代，经过 20 世纪 90 年代的发展，已经成长为与纽交所比肩的主流交易所，很多早期在纳斯达克上市的创业型公司后来发展成为行业巨人，但仍留在该市场。在国内，创业板是特指深圳的创业板市场，该板块于 2009 年 10 月 30 日正式开市。在国家实施科技创新战略，构建"双创"社会的大背景下，创业板市场的地位和作用更加突出。与主板市场相比，创业板对拟上市公司的条件要求更为宽松，门槛也相对低一些，在监管制度、信息披露、交易条件、投资风险等方面与主板有一定差异。

中国证监会 2014 年 5 月发布了《首次公开发行股票并在创业板上市管理办法》，发行人申请首次公开发行股票应当符合下列条件：

（1）发行人是依法设立且持续经营 3 年以上的股份有限公司。有限责任公司按原账面净资产折股整体变更为股份有限公司的，持续经营时间可以从有限责任公司成立之日起计算。

（2）最近两年连续盈利，最近两年净利润累计不少于 1 000 万元，且持续增长；或者最近一年盈利，且净利润不少于 500 万元，最近一年营业收入不少于 5 000 万元，最近两年营业收入增长率均不低于 30%。以净利润扣除非经常性损益前后孰低者为计算依据。

（3）最近一年年末净资产不少于 2 000 万元，且不存在未弥补亏损。

（4）发行后总股本不少于 3 000 万元。

深交所在此基础上发布了创业板上市条件，发行人首次公开发行股票后申请其股票在深交所创业板上市，应当符合下列条件：

（1）股票已公开发行。

（2）公司股本总额不少于3 000万元。

（3）公开发行的股份达到公司股份总数的25%以上；公司股本总额超过4亿元的，公开发行股份的比例为10%以上。

（4）公司股东人数不少于200人。

（5）公司最近3年无重大违法行为，财务会计报告无虚假记载。

（6）深交所要求的其他条件。

因此，创业板的发行和上市条件及门槛并不算高，但由于申请上市的公司众多，实际获得核准发行股票的公司标准要大大超出这些规定。应该特别指出的是，创业板上市的公司不能被借壳。

新三板上市

新三板市场原指中关村科技园区非上市股份有限公司进入代办股份系统进行转让试点，由于挂牌企业均为高科技公司，不同于原转让系统内的退市公司及原全国证券交易自动报价系统（STAQ）、全国电子交易系统（NET）中的挂牌公司，故而形象地称为"新三板"。

经过扩容和系统规范，目前新三板不再局限于中关村科技园区的非上市股份有限公司，也不局限于天津滨海、武汉东湖以及上海张江等试点地的非上市股份有限公司，而是全国性的非上市股份有限公司股权交易平台，主要针对的是中小型公司。公司申请在全国股份转让系统挂牌，不受股东所有制性质的限制，也不限于高新技术公司，但应当符合下列条件：

（1）依法设立且存续满两年。有限责任公司按原账面净资产值折股整体变更为股份有限公司的，存续时间可以从有限责任公司成立之日起计算。

（2）业务明确，具有持续经营能力。

（3）公司治理机制健全，合法规范经营。

（4）股权明晰，股票发行和转让行为合法合规。

（5）主办券商推荐并持续督导。

（6）全国股份转让系统公司要求的其他条件。

2016 年 5 月，在美国上市的中概股公司世纪佳缘宣布与百合网合并，公司股票停止在纳斯达克市场交易，完成私有化后世纪佳缘登陆新三板。在监管层不支持中概股公司借壳上市的背景下，世纪佳缘转投新三板代表了另一种选择。

实际上，除了百合网之外，已经有多家拆除 VIE 架构的公司，以及分拆回国的中概股子公司在新三板上市，包括国内最早拆除红筹架构的中搜网络，以及 ST 天涯、恒大淘宝、互动百科等公司。就目前监管层的政策取向分析，在回归公司 A 股主板借壳上市存在较大变数的情况下，先选择在新三板上市也不失为一个过渡性选择。

统计数据显示，到 2016 年 12 月 31 日，新三板挂牌公司有 10 163 家，仅 2016 年全年就新增 5 034 家，比 2015 年扩大一倍，全年累计成交额 1 192 亿元。新三板在融资、财务数据要求等方面更加灵活，但在流通性方面不如主板、创业板等。为活跃市场，监管层陆续推出的做市商制度有利于挖掘公司价值，而分层制度也有利于优秀公司脱颖而出，获得更好的融资与交易条件。

当然，新三板经过快速扩容以后，如何增加市场流动性，从而激活存量交易，并增强融资功能对新三板的未来发展至关重要。此外，建立新三板与主板市场之间的转板机制，对于增强投资者信心和增加吸引力也是现实要求。新三板数据库的统计数据表明，新三板中半数以上公司的财务状况都已经达到了创业板或中小板上市的财务门槛要求，到 2016 年年底，有 292 家公司进行了上市辅导。对回归中概股公司而言，是去新三板快速挂牌上市，还是排队等待IPO，抑或通过收购兼并、整合重组等方式借壳上市，都是可以考虑的不同策略选择。

上市路径规划

中概股公司实现 A 股上市的路径主要有以下三条：

第一是 IPO 上市。例如，暴风科技作为首家拆除 VIE 架构回归 A 股的 TMT 行业公司，登陆资本市场后一度表现强劲。

第二是借壳上市。相对于排队等待 IPO，借壳上市在审核流程上相对更快，但是，获得审批通过难度不小，沟通和运作成本也很高，也考验中介机构的撮合和协调能力。借壳七喜控股上市的分众传媒，以及借壳世纪游轮上市的巨人网络，均获得了市场的热烈追捧。

第三是分拆上市。母公司通过将其在子公司中所拥有的股份，按比例分配给现有母公司股东，从而在法律和组织上将子公司的经营从母公司的经营中分离出去。

第四是被并购上市。例如，学大教育等公司选择被 A 股上市公司并购，迂回实现上市目标，将上市与产业整合相结合，可谓一箭双雕。

IPO 上市

IPO 是指一家企业或公司（股份有限公司）第一次将其股份向公众出售（首次公开发行指股份公司首次向社会公众公开招股的发行方式），并在证券交易所挂牌交易。

通常上市公司股份是根据证券上市规则出具的招股书或登记声明中约定的条款，由经纪商或做市商进行销售。一般而言，一旦首次公开上市完成，公司就可以申请到证券交易所或报价系统挂牌交易。有限责任公司在申请 IPO 之前，要先变更为股份有限公司。

根据万得资讯统计分析，A 股市场 2016 年尚有 600 多家公司排队等待 IPO 审核，如果按照每年 200 家的发行速度计算，释放这个"IPO 堰塞湖"可能大约需要 3 年时间，即使扣除未能通过审核和主动撤回申请材料的公司，排队等待时间应该也不会低于两年。另外，还有几百家公司的 IPO 辅导备案登记受理。因此，尽管过去几个月里中国证监会加快了 IPO 审核和放行的速度，各种数据表明，IPO 的"独木桥"依然十分拥挤。因此，从时间估算上来看，从现在开始排队申请，到获得上市批文至少需要一年半的时间，稍有不顺的话，真正实现上市可能需要两年时间，上市之路有点漫长。

借壳上市

A 股市场历来就有"借壳"的传统，这与中国证券市场长期以来实行审批制有关，从审核制到核准制，都没有彻底解决发行速度跟不上公司发行上市需求的问题，上市资格一直是稀缺资源。随着 A 股市场波动，IPO 发行暂停也是常有之事，这更加剧了供需矛盾。因此，对回归的中概股公司而言，借壳上市也是一个尽早实现再次上市目标的较好选择。用借壳上市的方法曲线上市，能够有效缩短排队等候上市的时间，这也几乎成为回归中概股登陆 A 股市场的首选，而借壳上市成功与否的关键一步是找到合适的目标"壳"资源。

最先登陆 A 股的中安消技术有限公司与千方科技，为此后的中概股公司借壳上市提供了范例。中安消技术有限公司借壳上市公司飞乐股份，向后者的控股股东仪电电子集团及非关联第三方出售大部分上市公司资产，同时，发行股份购买中安消技术有限公司 100% 股权，并募集配套资金 9.53 亿元，完成出售之后，飞乐股份发行股份购买中恒汇志持有的中安消技术有限公司 100% 股权。

在过去两年多里，大部分回归公司的上市计划几乎都是借壳上市。为此，在退市过程中，很多中概股就已经在积极物色借壳对象。在市场高涨的 2015 年，中概股筛选壳公司不亚于抛绣球选亲，而被优质中概股选中的壳公司股东几乎像中了彩票一样，获得股价飙升的巨大溢价收益。但是，也正是因为这一原因，随着 A 股二级市场的回落，中概股借壳越来越不被管理层支持，并最终演变成抑制、限制借壳的政策。

当然，借壳上市的风险也不小。中国证监会对借壳上市的审查是按照 IPO 的标准进行的，因而获批的门槛很高。对于在回归后股权重整、业务重组、历史沿革，以及财务税收等方面存在瑕疵的公司，被否决的概率是非常大的，因此，借壳上市也被形象地称为"闯关"。

尽管审批难度很大，且目前监管政策导向也采取不支持的态度，但是，从常态趋势来看，只要注册制不推出，即使加快了 IPO 的审批速度，借壳上市仍将是 A 股市场重要的曲线上市方式。分众传媒、巨人网络等公司的成功借壳上市一直是市场上最吸引人的资本故事。

分拆上市

广义的分拆上市是指已上市公司或者未上市公司从母公司独立出来单独上市；狭义的分拆上市是指已上市公司将其部分业务或子公司独立出来，另行申请公开上市。分拆上市后，原母公司的股东在持股比例和绝对持股数量上没有变化，可以按照持股比例享有被分拆公司的净利润分成。分拆上市的最大好处是随着被分拆公司上市，母公司及其股东将获得超额的股权二次溢价收益。

中概股公司可以在整体私有化后，在股权重整和业务重组的过程中分拆能够独立经营，并具有独立盈利能力的部分单独上市。分拆既可以在拆除红筹架构的过程中就进行，也可以在拆除红筹架构后再进行。也有部分中概股公司选择不整体退市，而是分拆部分业务返程独立上市。

2015 年年底，中概股公司药明康德在私有化回归的过程中，将其生物药研发及生产服务分拆为"药明生物"，2016 年在我国香港提出上市申请，并于 2017 年 6 月 13 日在香港成功上市，获得良好的市场表现。在此之前，2015 年 4 月，药明康德业务板块中承载合同研究组织（CRO）业务的合全药业也已成功登陆新三板，药明康德自身则在谋求在 A 股借壳上市遇阻后，正积极准备申请在 A 股主板 IPO 上市。

被并购上市

所谓被并购上市，顾名思义就是回归中概股公司被 A 股上市公司并购，从而实现曲线上市。在这种方式下，既可以是 A 股公司直接并购中概股公司，也可以是中概股公司私有化回归后，再被 A 股公司收购。尽管此种上市方式有被 A 股上市公司"吞并"之嫌，但利用该种方式实现回归公司及其资产的再次证券化，对股东和投资者而言都是不错的选择。特别是在基于行业整合、产业协同的大思维下，被并购的公司将会获得新的发展空间。

当前，国内经济结构调整和产业转型升级的大背景下，以上市公司为主体和平台的行业整合成为主流趋势，对于回归中概股而言，与 A 股上市公司进行合作与整合，纳入上市公司发展体系，不失为一种较好选择。如本书前文提到，在已回归的中概股公司中，学大教育就是选择此种私有化方式回归，并迅速被并购，从而纳入上市公司体系的典型案例。

市场选择的标准

对回归的中概股公司而言，选择主板、创业板还是新三板上市，需要对中国资本市场这几个板块进行深入分析比较。这些不同子板块在上市门槛、监管重点、估值水平等方面各有优劣，公司要从自身实际情况与需求出发，对照上市条件与要求，做出客观、科学的评价与决策。

主板（包括狭义主板和中小板）作为主导性市场，更加成熟稳健，更有利于维护公司市值稳定，以及后期进行较大规模再融资。对于大型回归中概股公司而言，在主板上市有更多益处。在多层次的资本市场中，主板市场规模最大，中小板次之，而创业板更小。国内许多超大航母型公司国内上市都选择在主板上市。

经过 20 多年的发展与演变，目前能在主板上市已经成为企业规模和经营实力的一种标志，在进行债务融资活动时也易于得到更高的信用评级，更容易获得低成本的融资支持。此外，主板市场上市公司的股票也更容易得到大型稳健机构投资者的青睐，二级市场流动性更强、稳定性更高。在战略性新兴板搁浅之后，回归中概股公司中，处于健康、医药、新能源和消费品等行业的公司更可能获得在主板上市的机会。当然，与其他板块相比，主板的估值水平可能要低一些。例如，2016 年沪深主板（狭义）的估值为 16.08 倍，中小板的估值为48.89 倍。

由于大部分回归中概股主要处于 TMT 行业，且规模相对不大，成长性较好，因而更适于选择在创业板上市。世界各国创业板市场对拟上市公司的要求都比主板相对宽松一些，适宜处于成长阶段、经营记录较短、资本规模较小，但是成长性较高的公司，特别是那些中小型的科技公司。在美国纳斯达克市场，甚至对申请上市的公司没有盈利要求。

国内创业板的定位主要是为高科技领域中运作良好、发展前景广阔、成长性特征突出的新兴中小公司服务的市场。目前来看，国内创业板的估值水平明显高于主板，2015 年创业板估值接近 100 倍市盈率，即使经历下跌，2016 年的平均估值仍达到 61.96 倍。在其他国际证券市场上，创业板的估值水平通常也是高于主板的。

近两年，得益于国家科技创新战略的实施，以及构建"双创"社会的努力，新三板市场获得急速扩展，上市公司在 2016 年年底超过10 000家。对于规模明显偏小、盈利能力尚未释放的小型回归公司而言，如果不准备作为私人公司积蓄沉淀一段时间再直接上主板或创业板的情况下，在新三板上市也是务实的选择。快速挂牌，构建初步的融资渠道，获得市场认知，对于规范公司治理、增强发展后劲儿，以及后续转板等都是非常有益的积淀和准备。表 7.1 对主板、创业板和

新三板的上市条件进行了简要的比较，从中可以看出，三个市场板块
的不同特点与定位差异。

表7.1　新三板、创业板、主板上市条件对比

	新三板	创业板	主板
经营年限	满两年	持续经营大于3年	持续经营大于3年
盈利要求	具有经营能力	最近两年连续盈利，净利润累计不少于1 000万元，且持续增长	最近三个会计年度净利润为正，且累计超过3 000万元
资产要求	无限制	最近一期末净资产不少于2 000万元，且不存在未弥补亏损	最近一期末无形资产占净资产比例不高于20%
股本要求	无限制	发行后股本总额不少于3 000万股	发行前总股本不少于3 000万股
股东人数	小于200人直接挂牌；大于200人，证监会审核	不少于200人	不少于200人
实际控制人	无限制	最近两年内未发生变更	最近三年内未发生变更
涨跌幅	无限制	10%	10%
投资者门槛	大于500万元	无限制	无限制
股份锁定年限	无限制	1～3年	1～3年

资料来源：国内各大交易所网站。

对比表7.1中的各项，可以比较直观地看到，新三板的准入门槛
明显低于沪深主板和创业板市场。按照目前主板和创业板的规定，新
三板公司没有利润限制门槛，申报流程比较短，融资方式相对灵活。
在注册搁浅，主板、创业板上市排队"堰塞湖"难以迅速解决的情况
下，对规模较小、实力尚弱，但拥有良好发展前景的公司而言，在新

三板上市是适宜的选择。特别是对回归的规模较小的 TMT 行业公司，从对公司估值方法上看，在新三板上市也是比较合理的选择。

通常情况下，A 股主板估值更多是基于历史经营数据，重视分析代表公司盈利能力、偿债能力、成长性等方面的指标，同时，参照市场上现存同类公司定价来判断其公允价值。新三板挂牌公司有很多是成立时间不太长、业务模式和经营方式比较创新的公司，其本身的历史数据较少，不具有统计学意义上的代表性，并且其行业特性决定了难以在市场上找到太多可比同类公司。这就导致了其估值方法加入了很多的主观判断和"市场想象力"因素。

从积极方面而言，这种更为开放的规则给也予了国内互联网公司更大的选择空间。当然，这也可能会造成鱼龙混杂的局面。以天涯社区为例，虽然天涯做出了转型计划，向社区游戏、社区电子商务、互联网金融等业务推进，但仍难掩其背后连年亏损的事实。作为一个传统的老牌互联网社区，目前其主要产品仍是天涯论坛与地方门户网站海南在线，收入主要依靠广告和游戏联运，最近两年已经连续亏损，2014 年及 2013 年亏损金额分别为 4 465 万元和 3 161 万元。由于新三板上市成本低，挂牌速度快，互联网公司走向新三板的数量众多。

上市中的特殊问题

相较于境内公司，回归中概股在上市过程中除了要满足 A 股上市的相同条件外，还特别需要处理好有可能遇到的一些特殊问题①，包括相关的法律、规范性、财务、税务和筹资等问题，从而为再次上市奠定坚实可靠的基础。

---

① 2015 年 6 月 4 日，国务院常务会议曾计划推动以 VIE 架构为代表的特殊股权结构类创业企业在境内上市，使得境外上市或未上市的 VIE 架构公司可能实现在境内直接上市，但最终随着证券市场的剧烈波动而未能落地实施。

法律和规范性问题

A股上市可能遇到的法律问题和规范性问题是比较多的。首先，回归中概股中最常遇到的问题是经营期限的计算问题，私有化回归后返程上市也可能会面临持续经营时间不足3年的门槛问题。《首次公开发行股票并上市管理办法》（下文简称《首发办法》）规定，发行人应持续经营时间在3年以上，经国务院批准的除外。回归中概股公司的持续经营时间如果能从外商独资企业成立之日起计算，则无须再额外运行三个会计年度，会大大缩短再次上市的时间周期。

其次是发行人实际控制人的稳定性问题。《首发办法》要求，发行人最近3年内主营业务和董事、高级管理人员没有发生重大变化，实际控制人没有发生变更。实际审查中可能会出现采用过VIE架构的公司其创始股东、境外上市公司最终控制人并不是同一主体的情形，公司的实际控制人可能发生变更，由此导致发行人存在不符合证监会关于实际控制人稳定性的要求。

再次是发行人的独立性往往容易受到质疑。《首发办法》规定，发行人应当具有完整的业务体系，并且有直接面对市场独立经营的能力，发行人的人员、财务、机构和业务方面要具有独立性，发行人在独立性方面不得有严重缺陷。而通过搭建VIE架构在海外上市的核心内容，即通过签订VIE协议的方式，使得国内实体企业的利润、实体权益和经营决策权注入专门设立的由海外拟上市主体控制的外商投资公司中，该公司缺乏独立性和完整性。拆除VIE架构后，在公司的业务和股权重组中，可能因财务混同、业务交叉和人员身份重叠等因素而不符合对发行人独立性的要求，需要进行系统梳理和规范。

最后是采取VIE架构海外上市的公司可能面临关联交易的困扰。《首发办法》规定，发行人应有严格的财务管理制度，不得有资金被控股股东、实际控制人及其控制的其他公司以借款、代偿债务、代垫款项或者其他方式占用的情形。发行人应完整披露关联方关系，并按重要性原则恰当披露关联交易。关联交易应价格公允，不存在通过关联交易操纵公司利润的情形。在 VIE 架构下，由外商独资企业与境内运营实体之间签署的独家咨询服务等协议，外商独资企业再通过向境内运营实体提供咨询服务方式，从而收取相关的服务费用（通常费用的额度大小等同于运营实体的净利润），从而获得公司的经营利润。因此，通过 VIE 协议获得利润的外资公司，其利润的获得主要通过关联交易来实现，由此，发行人可能被认定为在资金管理、关联交易等规范运行方面存在缺陷，进而直接影响上市。

财务处理问题

回归中概股也面临诸多的财务风险。首先，财务造假问题一直是海外证券市场对中概股非议比较多的方面，特别是自浑水研究公司大规模做空中概股以后，中概股的财务规范性和真实性常常遭遇质疑。回归公司在申请国内上市时必然会导致这一问题衍生至国内，尤其是那些在海外退市前就被市场质疑的公司，需要更加规范严格、逻辑清晰、数字准确的财务报表，以及财务管理、内部授权等健全的内控制度。

其次，是财务负担风险。很多中概股公司在快速私有化后，都计划尽快上市，以改善财务结构和融资条件。而事实上，由于中概股借壳上市的受阻，很多已选好目标壳公司的中概股无法实现快速借壳目标。由此衍生出的最大问题就是债务安排的错位，当初退市和拆除 VIE 架构时的融资大多具有短期性特征，甚至财务成本也较高，如果快速上市计划难以落地，久拖不决的结果必然使得财务负担与还款压力形成巨大风险。这既包括拟上市公司资产负债结构和资金资本结构不合理带来的风险，也包括那些主要由控股股东或私有化财团承担的债务、巨额利息支出因上市周期拉长而成为财务风险。

最后，相当一部分中概股公司自身财务条件难以满足 A 股上市的标准。从首发上市审核来看，回归中概股与国内其他公司申请 A 股上市并无特殊政策，都需要满足《首次公开发行股票并上市管理办法》。尽管随着国内多层次资本市场的完善，市场差异化定位不断深化，创业板对于新兴公司的盈利门槛要求并不是特别高，但是在 VIE 模式下，国内的经营实体不保留或仅保留很少的利润，如果不能进行业务合理重组，并对财务进行有效规划与规范，就难以符合上市条件中的利润标准，这将成为上市的最大障碍。

税务筹划与规范问题

中概股回归作为一项跨境交易，必然涉及跨境及境内税务问题。不同国家、地区的税务制度差异，会导致征税政策、纳税范围、征缴时间等都有不同。在既不违背税务政策，又确保规范纳税、合理节税的目标下，做好税务筹划至关重要。同时，在 VIE 架构拆除后，对公司股权、资产和业务的重组，也将涉及诸多境内纳税的筹划问题。如果处理不当，不仅会额外增加很多税务成本，而且有可能触及税务违法，影响上市计划的实施。

在拆除 VIE 架构时，经常会出现收购外商独资企业的股权对价款比外商独资企业的注册资本还要高的情形，而差额部分通常需要由受让方代扣代缴10%的预提所得税，在完税后才能向外汇管理部门申请用汇核准，再购汇汇出境外。拆除 VIE 架构时，如果只是解除控制协议，在境内外主体公司层面和股东层面都没有发生变化的情况下，由于境内税法是以法人为主体，因此，取消控制协议而纳税主体并不会发生变化。但是，如果控制协议解除的同时，又对外商独资企业进行了重组，则会引起相应的税务问题。

具体来看，在 VIE 架构下，境内运营公司是以"服务费用"和"知识产权特许权使用费"等形式将收入转移至境外的，税收成本主要是10%的预提税（在香港地区则为7%），再加上5.6%左右的流转税，因此总的纳税税率低于25%的企业所得税税率；由于境内运营公司将大部分收入通过协议转移给了外商独资企业，而在 2008 年前后，外商独资企业享受"两免三减半"的税收优惠政策，这也有使利润从高税率公司流向低税率公司之嫌。因此，在这些方面都可能涉及纳税调整和补缴。在 VIE 架构拆除进行股权转让时，股权与注册资本的差额会产生 10% 的预提税成本。由于公司转回境内，未来股权税率更高（个人为 20%、公司为 25%），而 VIE 架构拆除时的转让价格低固然产生较低的预提税成本，但是，也有可能在股权未来变现时因溢价增加带来更高的税负成本。因此，股权转让溢价的高低，需要根据转让时的预提税成本与股权未来变现时的税收成本进行权衡和调整，达到合理纳税、有效节税的目的。

从境内实体公司角度看，由于该境内实体公司自身不存在享受税收优惠问题，因而解除协议后，也不会引起税收优惠的变化。但是，拆除境内实体公司与境内外商独资企业之间的协议控制，隔断两者之间的利益转移，并按独立交易价格原则发生交易行为，则原先的关联交易转让利润行为则可能引起主管税务机关的关注，境内实体公司以前年度转移利润的行为可能面临被纳税调整及遭受处罚的风险。

对于境内外商独资企业而言，由于解除协议控制，其外商投资企业性质、经营模式有可能发生变化，而税收待遇是否会变化，则取决于对外商独资企业进行重组的模式（如成为境内实体公司股东、子公司或资产业务纳入经营实体等）。若基于重组的原因，导致境内外商独资企业的外资公司性质发生变化，或经营模式发生改变，其原来享受的税收优惠条件不再符合要求，就不能再享受税收优惠，甚至面临被要求补税的压力。具体来看，常见的情形主要包括：如果外商独资企业重组为境内实体公司的股东，税收政策基本没有变化；如果外商独资企业重组成为境内实体公司的子公司，外商独资企业则有可能因其由外资公司转为内资公司，而引起税收待遇变化；如果外商独资企业采用业务整合、剥离等方式进行重组，可能引起外商独资企业原有的高新技术公司、软件公司、技术服务先进型公司等评价指标的变化，而不符合继续享受相关税收优惠条件。

对外商独资企业进行重组，如果涉及股权交易，境内实体公司向香港地区公司（离岸公司）收购其持有的外商独资企业股权时，会涉及香港地区公司是居民企业/非居民企业的认定问题。具体认定需要遵循以下相关规定：2009 年 4 月 22 日，国家税务总局发布《国家税务总局关于境外注册中资控股企业依据实际管理机构标准认定为居民企业有关问题的通知》（国税发〔2009〕第 082 号）（以下称"通知"），通知从企业日常经营管理人员履职的场所、财务及人事决策机构或人员的所在地、董事及高级管理人员的所在地，企业主要财产、会计账簿、公司印章、股东会董事会决议存放地或者所在地四个方面判断实际管理机构所在地。

境外中资企业同时符合以下条件的，根据《中华人民共和国企业所得税法》第二条第二款和《中华人民共和国企业所得税法实施条例》第四条的规定，应判定其为实际管理机构在中国境内的居民企业，并实施相应的税收管理，就其来源于中国境内、境外的所得征收企业所得税。具体规定是：

（1）企业负责实施日常生产经营管理运作的高层管理人员及其高层管理部门履行职责的场所主要位于中国境内。

（2）企业的财务决策（如借款、放款、融资、财务风险管理等）和人事决策（如任命、解聘和薪酬等）由位于中国境内的机构或人员决定，或需要得到位于中国境内的机构或人员批准。

（3）企业的主要财产、会计账簿、公司印章、董事会和股东会议纪要档案等位于或存放于中国境内。

（4）企业 1/2（含 1/2）以上有投票权的董事或高层管理人员经常居住于中国境内。

因此，对于香港公司（离岸公司）转让外商独资企业股权所得，根据《中华人民共和国企业所得税法实施条例》的规定精神，如果香港公司被认定为实际管理机构是在境内的居民企业，香港公司应就其来源于境内、境外的所得按 25% 缴纳企业所得税，而不是按向非居民企业5%的税率纳税。

拆除VIE架构前，经营实体的利润通过VIE模式分别体现在经营实体公司和外商独资企业里，因此存在利润转移的问题。拆除VIE架构后，由于外商独资企业最终注销（外商独资企业为壳公司的情况下）或重组并入经营实体公司（外商独资企业有实际业务情况下），实质性业务利润是否变化要视重组模式而定。

这包括三种情形：一是外商独资企业为壳公司情况下，外商独资企业直接被清算注销，利润无须转移，该环节流转税金及附加可节省。在此种情况下，外商独资企业一般也不会享受企业所得税方面的优惠政策，拆除VIE架构并清算注销后，对企业所得税没有影响。二是外商独资企业为实体公司，但只是进行业务重组，从税务上看，业务重组后转移利润功能消失，盈利能力提高，相对于原先VIE模式下，所得税税负有所增加，当然原来转移利润时所产生的流转税金及附加也可以节省。三是外商独资企业为实体公司，最终外商独资企业以股权重组方式纳入经营实体公司体系，外商独资企业成为经营实体公司的子公司或孙公司，拆除协议控制后，外商独资企业会继续存在，重组的具体内容和方式不同，相关税务成本也会不同。总体而言，对税负成本的影响可能正面，也可能负面，因此重组策略的设计与选择尤为重要。

外汇管理政策问题

中概股私有化和返程回归都需要为完成交易换汇出境，对于大型私有化项目而言，由于所需外汇额度大，因而国家外汇管理政策对项目能否成功实施影响巨大，也是私有化回归路上的一道坎。同时，基于回归后再次上市的严格审核要求，私有化回归中涉及的外汇额度申请、支付等事宜，必须严格遵守国家外汇管理政策，才能不给后期上市留下难以修正的隐患。

根据《国家外汇管理局关于境内居民通过特殊目的公司融资及返

程投资外汇管理有关问题的通知》（通称"75号文"）的规定，境内居民设立或控制境外特殊目的公司，以及境内居民将其拥有的境内企业的资产或股权注入特殊目的公司，或者向特殊目的公司注入资产或股权后进行境外股权融资时，应办理境外投资外汇登记/变更登记手续。2014年7月，国家外汇管理局发布了《关于境内居民通过特殊目的公司境外投融资及返程投资外汇管理有关问题的通知》（通称"37号文"），又对75号文的要求进行了更新，扩大了外汇登记的范围，要求境内居民以投融资为目的，以其合法持有的境内企业资产或权益，或者以其合法持有的境外资产或权益，在境外直接设立或间接控制境外特殊目的公司的，均需办理相关外汇登记。因转股、清算、破产、经营期满等原因导致境内居民不再持有相关特殊目的公司权益的，则需办理相应外汇登记注销手续。

因此，在拆除VIE架构时，需梳理境外特殊目的公司设立历次融资时的相关外汇初始登记、变更登记文件，关注是否已完成对应的外汇登记义务，并在拆除VIE架构后及时进行外汇注销登记工作。

此外，如在VIE架构存续期间的境外融资资金已通过外商独资企业增资、外债等形式进入境内，则还需梳理相关增资、外债登记等文件，以判断资金的使用及流入境内是否已遵循相应外汇管理规定。

再上市的风险与挑战

回归中概股作为曾在海外证券市场上市的公司，尽管在海外市场遭遇各种问题与挑战，但是回归后寻求尽快登陆国内资本市场，打通融资渠道，获得支持公司发展的资金资本等各种资源仍是公司最优先考虑的战略方向。私有化回归不容易，再次上市也同样艰难，会面临诸多不确定性与风险。对此，回归中概股要做好准备。

证券监管政策风险

中国国内资本市场与美国等海外发达国家资本市场的最大区别在于，政府监管部门在资本市场中具有更加强势的主导性地位，市场化机制在某种意义上依然受到抑制，包括股票发行制度、信息披露制度、交易规则等都受到监管当局决策的巨大影响，因此，证券监管政策是影响公司上市的最重要因素。对回归中概股而言，符合国家证券市场监管制度与规则体系的要求是基本标准，而决策层监管思维与政策取向的变化则是再次上市中面临的最大不确定性变量。

在过去两三年时间里，对回归中概股上市的监管导向和政策措施经历了几乎 180 度的大转弯，这既有资本市场大幅波动的影响，也有监管思维变化的因素，甚至还包括监管机构最高负责人政策思维的影响。应该说，在 2015 年下半年以前，在国家鼓励和支持产业创新及金融创新的大环境下，对于中概股再次在 A 股上市曾持非常积极欢迎的态度，无论是从国务院常务会议提出的顶层制度设计，还是相关部委出台的具体实施文件来看，都是如此。但在此之后，随着对证券市场巨幅波动的反思，加之一些其他因素的影响，监管层的政策思维和监管取向出现了显著变化。

2015 年 6 月 4 日，国务院常务会议表示，要推动特殊股权结构类创业企业在境内上市。这也是国务院常务会议首次就特殊股权结构类企业回归国内市场明确表示支持。此时，也正是中概股私有化进行得如火如荼之时。在此之前，2015 年 4 月的《中华人民共和国证券法》修订草案也为境外公司境内上市预留了法律空间，草案中有四个条款专门对境外公司在境内上市做出相关规定。这些条款内容涉及境外发行人所在国家或地区的证券法律和监管制度，境内上市的信息披露要求、财务会计报告要求，以及证券登记结算方面的要求等。这一修订草案被视为监管层为境外公司境内上市所预留的"顶层设计"，回归中概股有望成为最大的受益者。

　　在彼时的政策设计中，除了在国家证券监管政策的顶层制度设计上提供支持之外，在沪深证券交易所，也在积极为中概股回归预留政策落地的接口。在此之前，除了新三板外，VIE架构公司必须在拆除架构后才可以登陆境内资本市场，VIE架构的拆除实际上就是让外资公司变成境内公司，这样无论是申请IPO，还是并购借壳，都与境内公司并无差异。实际上，在国务院常务会议提出的支持特殊股权结构类公司在境内上市之前，上交所和深交所都曾探讨让海外回归公司与国内资本市场直接对接。

　　上交所在其当时拟推出的战新板上报方案中，在上市规则设定方面曾为红筹架构公司回归与直接上市预留空间。上交所发行部曾公开表示，对于大量在美国等地上市的中概股公司，特别是很多存在VIE架构的公司，相关部门针对其中的互联网公司有可能采取一些特殊的政策，把它们引入国内资本市场上市。同时，相关部门也在研究是否可以借用自贸区的特殊地位，设计合理路径逐渐把这些公司引入国内上市，这也正是当时工信部文件中所提出的举措。

　　深交所也在2015年6月明确提出，深交所将研究解决特殊股权结构类创业公司上市的制度性障碍，加快创业板的改革创新，积极落实国务院的相关部署，多渠道提升创业板的包容性和灵活度。

　　除了上交所和深交所外，新三板则已经完成了接纳特殊股权结构公司的工作。2015年5月初，新三板挂牌了第一家纽交所上市公司的全资子公司"合全药业"，其实际控制人正是当时还在纽交所处于上市状态的上市公司药明康德，合全药业也是第一只没拆除红筹架构直接登陆新三板的回归公司。事实上，早在2013年，证监会便表态股份有限公司申请股票在新三板挂牌，不受股东所有制性质的限制，而合全药业挂牌也证明了红筹架构公司在国内直接登陆资本市场的可行性。

　　然而这种积极向好的监管政策局面在之后却戛然而止。2016年3月15日，媒体报道，根据中国证监会的意见，在《"十三五"规划纲要（草案）》中，删除了"设立战略性新兴产业板"的内容，媒体获得的《纲要草案》修改情况说明第 9 条显示：根据证监会意见，删除第 27 页的"设立战略性新兴产业板"，此后在正式发布的"十三五"规划证明媒体报道属实。5 月 6 日，中国证监会对"暂缓中概股回归"做出明确表态，称高度关注境内外市场的明显价差、壳资源炒作，正对这类公司通过 IPO、并购重组回归 A 股市场可能引起的影响进行深入分析研究。6 月 17 日，证监会宣布就《上市公司重大资产重组办法》公开征求意见，重点规范"借壳"上市，并在 9 月 9 日正式发布实施了重组新规。9 月 2 日，就中概股回归问题，证监会新闻发言人在回复媒体提问时称：证监会正在对海外上市的红筹公司通过 IPO、并购重组回归 A 股市场可能引起的影响进行深入分析研究。在相关政策明确之前，对该类公司回归 A 股市场的相关规定及政策没有任何变化。而此后便再无音讯，但是市场反馈的信息显示，证监会已经暂时不再受理回归中概股的重组申请材料。

证券监管层关于中概股回归上市的最新意见是在 2017 年 2 月的全国证券期货监管工作会议上，证监会最高决策层明确表态称："去年初中概股回归一度盛行。应该认识到，在美国上市不回来，一样是服务国家战略。[①]"在市场看来，监管层此番表述或是意味着不鼓励中概股回归。

但也有观点认为，"在处理再融资和 IPO'堰塞湖'的事情之外，证监会应该没有更多余力再处理中概股的事情。监管层目前不想过度干预，对于已经完成私有化的中概股公司，以及在私有化进程中的中概股公司，暂时还未有正向的信号释放，对于借壳回归暂时也没有明确鼓励或支持的态度。"这表明，中概股回归借壳上市之路短期内开启无望。因此，不少已经实现回归的公司已经开始转向寻求 IPO 作为主攻方向。而那些尚未私有化的中概股公司，则悄悄地停下了实施回归计划的步骤，目前处于对监管政策的观望之中。

---

① 新浪财经，2017 年 2 月 10 日，《刘士余：中概股在美国一样是服务国家战略》。

实际上，随着证券市场的大幅波动，不仅拟推出的证券监管制度改革搁浅，对中概股回归上市的支持态度也转为格外审慎。随着注册制的无限期延后，战新板搁浅，回归中概股的上市之路受到抑制，监管层对回归中概股借壳上市持极其审慎的态度。

外汇及外商投资政策风险

中概股私有化及其回归作为重大的跨境交易，受国家外汇管理政策和外商投资政策影响巨大。在国家支持中概股回归的大气候下，商务部在 2015 年 1 月 19 日公布了《中华人民共和国外国投资法（草案征求意见稿）》（下文简称《草案》），向社会公开征求意见。该《草案》第 15 条明确了"外国投资"的概念，其中包括通过合同、信托等方式控制境内企业或者持有境内企业权益，这表明 VIE 架构公司被列入了外国投资的范畴，也意味着 VIE 架构公司有了明确的监管规范。

就外汇政策而言，在过去一个时期里，随着国家外汇储备在 2014 年达到近 4 万亿美元的新高，人民币汇率稳定，而实体经济则迫切需要转型升级，在此背景下，国家积极鼓励国内企业、资本走出去。因此，在 2015 年中期以前的一段时期中，外汇管理政策的导向都是鼓励企业和居民多使用外汇，支持走出去。然而随着美国经济逐渐复苏以及政治周期推动的美元升值到来，美元进入加息周期，给人民币带来了巨大的贬值压力，特别是在市场对国内经济存有悲观预期的大背景下，资本外流加剧。在不到两年的时间里，中国外汇储备跌至 3 万亿美元。为保持人民币对美元汇率的稳定，也为确保外汇储备的稳定，国家外汇管理政策开始转向，资本管制趋于加强，企业、居民的用汇审批更加严格，这直接波及中概股回归的用汇政策。在 2015 年中期的中概股回归高峰时期，个别大型回归项目的私有化交易规模达到接近 100 亿美元，集中大规模的用汇需求造成巨大的外汇管理压力。因此，中概股回归用汇政策收紧，外汇审批难度迅速提高。

在中国证监会 2016 年 9 月初表态之后，在国家外汇管理局举行的 2016 年 9 月政策新闻发布会上，外管局资本项目管理司明确表态，不太希望所有的"中概股"都回来，"外汇局坚持实需原则，你有真实需求，需要支付对价，我们还是支持的。但的确要防止以套利为目的的'中概股'回归。未来外汇局将支持正常合规的跨境并购和'中概股'回归，并在这个过程中维护国际收支的平衡。①"此后，国家外汇管理政策就不断收紧，大规模购汇用于中概股回归几乎无法获得批准。

国家税务政策风险

根据《国家税务总局关于外商投资企业和外国企业原有若干税收优惠政策取消后有关事项处理的通知》，"外商投资企业按照《中华人民共和国外商投资企业和外国企业所得税法》规定享受定期减免税优惠。2008 年后，企业生产经营业务性质或经营期发生变化，导致其不符合《中华人民共和国外商投资企业和外国企业所得税法》规定条件的，仍应依据《中华人民共和国外商投资企业和外国企业所得税法》规定，补缴其此前（包括在优惠过渡期内）已经享受的定期减免税税款"。因此，若外商独资企业在 2008 年以前已根据《中华人民共和国外商投资企业和外国企业所得税法》享受了相关企业所得税税收优惠政策的，在拆除 VIE 架构并最终注销外商独资企业后，而之前外商独资企业存续时限不满十年的，则公司需要补缴相应税款。

最后是涉及境外特殊目的公司的注销，由于 A 股的监管很难掌握境外特殊目的公司的法律状态，故此在拆除红筹及 VIE 架构的过程中，为避免存在法律纠纷等事项影响后续境内主体的规范经营，在实践中监管一般要求拟上市公司的实际控制人注销其在境外搭建的特殊目的公司，以消除后患。

---

① 中国证券网，2016 年 9 月 22 日，《外汇局：要防止中概股为套利而回归》。

政府产业政策风险

除了证券监管政策之外，工信部等国家相关部委的产业政策也对中概股回归影响深远。在国务院常务会议明确提出支持特殊结构公司回归之后，工信部也已陆续推出了相关支持政策，并积极酝酿新的政策变革。

2015 年 6 月 19 日，工信部发布了《工业和信息化部关于放开在线数据处理与交易处理业务（经营类电子商务）外资股比限制的通告》（通称"196 号文"）。该通告称，在全国范围内放开在线数据处理与交易处理业务（经营类电子商务）的外资股比限制，外资持股比例可至 100%。此举被市场认为是对 VIE 模式中概股公司回归 A 股的重要支撑，部分显著障碍得以清除。

实际上，工信部的产业政策变化正好与证券监管思路的变化相一致。早在 2014 年，工信部与上海市人民政府联合发布《关于中国（上海）自由贸易试验区进一步对外开放增值电信业务的意见》，该意见提出，信息服务业务中的应用商店业务、存储转发类业务等两项业务，外资可独资经营；在线数据处理与交易处理业务中的经营类电子商务业务，外资股比放宽到 55%，而此前外资的持股比例上限是 50%。

2015 年 1 月 13 日，工信部再次发布了《关于在中国（上海）自由贸易试验区放开在线数据处理与交易处理业务（经营类电子商务）外资股权比例限制的通告》，通告中提出，"决定在上海自贸区内试点放开在线数据处理与交易处理业务（经营类电子商务）的外资股权比例限制，外资股权比例可至 100%。"因此，结合此前工信部的文件不难看出，工信部对于信息服务领域的外资限制在逐步放开，作为中概股最集中的行业领域，如果从另外一个层面理解，这也是对于特殊股权架构限制的进一步放开，配合证券监管政策的变化，为中概股回归打开了大门。

然而，外汇、产业等部委局的支持态度随后也发生变化，特别是随着监管层的人事更替而开始急剧转向。拟议中的支持政策和措施被悄然搁置，已经出台的政策执行力度也开始打折扣，甚至在事实上被淡化处理。

大股东身份变化风险

公司远赴海外上市是一项系统工程，伴随着公司海外上市，很多中概股的股东也通过投资移民等各种方式获得海外居留权或是公民资格。不少企业家都是在其公司赴海外上市搭建红筹结构的过程中，同时办理了移民手续的。中国社科院《全球政治与安全》报告显示，中国正在成为世界上最大的移民输出国。越来越多的国内商界精英通过技术移民或投资移民渠道，获取他国永久居留权或国籍。美国、澳大利亚、加拿大、新加坡……都是热门的移民地。对于大股东移民海外的中概股公司而言，股东国籍变更对公司、回归及上市究竟会产生何种影响？情况各有不同。

一是公司设立后股东国籍变更对公司及股权的影响。《关于外国投资者并购境内企业的规定》第58条规定："境内公司的自然人股东变更国籍的，不改变该公司的企业性质"。因此，如果股东变更身份前后，均是以在境内的人民币资产对公司进行投资，根据国家现行法律规定，原内资公司的性质不会转变为外资公司，原股东所持股权的性质也仍会被认定为属于内资股，股东对股份的所有权自然也不会发生改变。

在审批权限上，根据中华人民共和国商务部商资函〔2008〕50号《关于下放外商投资股份公司、企业变更、审批事项的通知》的规定："一、商务部（原外经贸部）批准的外商投资企业，如新增投资总额及新增注册资本属于限额（《外商投资产业指导目录》鼓励类、允许类1亿美元，限制类5 000万美元，以下简称"限额"）以下的，由省级商务主管部门负责审批（第三条涉及事项除外）。二、限额以下（转制企业以评估后的净资产值计算）外商投资股份公司的设立及其变更（包括限额以下外商投资上市公司其他有关变更），由省级商务主管部门负责审批（第三条涉及事项除外）"。

二是公司增值时股东国籍变更对公司及股东股权的影响。对股东变更国籍后对公司增资的情形，以及股东变更国籍后对国籍变更前已持有的国内公司股权性质的认定，相关部门仍依据《关于外国投资者并购境内企业的规定》第 55 条规定："境内公司的自然人股东变更国籍的，不改变该公司的企业性质"进行认定①。依据现行关于外资的规定，适用的前提为外国公司、企业、其他组织或自然人（统称"境外主体"）对境内的投资，该等境外主体除特殊情形下可用人民币出资（如分配的人民币利润、转股收益、清算所得等）外，必须用外汇出资；且前述人民币出资的特殊情形亦需获得外汇管理部门的核准。也就是说，现行法律法规规定的假设前提即为原始境外主体对境内投资的问题，但对原属于境内主体而后变更为境外主体后进行的境内投资性质及出资方式（即是否用人民币出资，还是必须参照原始境外主体的规定以外汇出资）尚未有明确的规定，10 号令仅对境内主体变更为境外主体前的投资性质进行了界定，但对境内主体变更为境外主体之后进行投资的情况尚未直接涉及。

三是股东国籍变更后受让外商投资股份有限公司股权对公司及股东股权的影响。根据国家外汇管理局综合司 2005 年 7 月 15 日出具的《国家外汇管理局综合司关于取得境外永久居留权的中国自然人作为外商投资企业外方出资者有关问题的批复》（国家外汇管理局综合司汇综复（2005）64 号）："……中国公民取得境外永久居留权后回国投资举办企业，参照执行现行外商直接投资外汇管理法规"。这里"投资

---

① 在理论界，关于是否构成外资共存在如下三种观点：（1）身份说：即只要具备外资构成的身份要件（如属于外国国籍或我国港、澳、台身份等），其出资即构成外资，应履行外资审批手续；（2）资金来源说：如是用外汇出资，则不论该等出资系外方还是中方国籍身份的人，该等股权均为外资；（3）混合说：必须同时满足身份和外汇两项条件，该等出资方能被视为外资。

举办企业"采用广义理解的情况下，投资形式不仅包含投资设立公司，也包含对已设立的公司进行增资或者收购已设立公司股权（份）等投资方式。在股权转让情形下，根据《商务部关于下放外商投资股份公司企业变更审批事项的通知》中关于限额以下外商投资股份有限公司变更的情形，由省级对外贸易经济合作厅作为省级商务主管部门有权审批股权转让事项。因此，各级及各地商务主管部门的批文起着至关重要的作用。国籍变更是否会影响所持股公司性质变更（外商投资企业或纯内资企业）还需要结合所属行业、持股比例以及有权机关（如商务委及工商局）的具体要求而定。虽然10号文中提及国籍变更不影响公司性质，且在实践中一些工商行政部门也确认公司性质不变，但是，各地方相关主管部门可能会对同一法条或规定有不同的理解以及操作规程。

四是VIE模式下股东身份变更后对公司及股权的影响。对以VIE模式海外上市的公司，一般在招股说明书中都会披露，在上市构架中，位于最底层的实体通常是公司是由上市公司的股东（实际控制人）持有。在上市公司股东变更为外籍身份时，由于境内公司的自然人股东变更国籍的，不改变该公司的企业性质。因此，实体公司据此应该仍认定为属于内资公司。但是，由于某些行业的特殊性，在股东变更国籍，并仍继续持有实体公司股权的情况下，可能会存在国家对限制性行业严格规定，以及认定的风险。因此，如果在VIE模式下，股东的国籍身份发生变更，从慎重的角度考虑，相应股东应该提前考虑将自己名下股权转让给其他国内适合主体，并重新构建VIE模式。当然，重构VIE模式也需要根据上市公司所在国证券监管部门，以及证券交易所的规定和要求进行设定，并履行相应的信息披露。

上市遇阻的财务风险

中概股私有化和回归拆除红筹架构都需要动用大量资金。在私有化资金来源上，主要包括大股东的自有资金、财务投资者资金和金融机构的债务性融资。这些资金的来源基本上都具有以下几个特征：一是就股东资金而言，VIE 架构下公司原股东在私有化过程中的资金大多是负债资金，包括独立进行的融资，以及私有化财团为其提供的融资支持；二是财务投资者的股权型投资资金，这些财务性投资大多从提高投资收益率的角度出发，会进行杠杆化融资，包括结构化 PE 和 PE 加负债杠杆；三是夹层性融资，主要是金融机构为私有化财团成员提供的介于股权性资金和债务性资金之间的一类特殊融资；四是纯债务性融资，主要是私有化和拆除海外架构中的银团贷款融资。

从负债主体来看，一类是自由化财团成员的融资，这类融资都是直接为私有化与拆除架构服务的；另一类是私有化公司的负债。在私有化案例中，通常私有化公司增加负债的目的大多是为向股东分红，以此为股东筹集部分私有化自有资金。私有化公司自有现金及其融资资金用于分红将会直接减少经营性资金，也会加重公司的债务负担。因此，这类融资通常都具有过桥性质，在公司私有化和拆除架构后，会立即安排资金补充，以免影响公司正常经营。

在中概股私有化及回归过程中，以上所有这些融资都需要通过公司尽快实现再次上市退出，或是进行债务结构的重新安排。然而，一旦上市遇阻或是上市周期被过度拉长，会带来直接的财务压力，甚至酿成巨大财务风险。短期过桥性融资、投机性的财务投资，以及挤占公司经营性资金都需要有效的风险缓释措施。

如本书前文曾提到，在已经实施的私有化案例中，有些项目的投资性资金实际上是复杂的资产管理计划相互嵌套组合而来的，使用了比较高的杠杆，负债期间大都有付息压力，一旦上市遇阻或是上市周期拉长，必然因高杠杆带来巨大的财务压力和潜在风险。被挤占的公司经营性资金，在公司回归后的正常经营中需要迅速得到补充，融资造成的财务压力需要尽快解除。不仅如此，随着回归后公司业务的整合和扩展，还需要补充新的经营性资金。因此，保持适度的负债能力和偿债能力是确保公司健康发展的基础。

以奇虎 360 私有化项目为例，该公司私有化交易的总对价约为 93 亿美元，以创始人周鸿祎为首的财团贷款 34 亿美元，该笔贷款包括两部分，一笔是总额 30 亿美元的 7 年期贷款，另一笔是金额 4 亿美元的过桥贷款，由牵头行和账簿管理人中国工商银行"全额包销"，中国工商银行又邀请另外两家国内银行参与对奇虎 360 的贷款。

根据奇虎 360 私有化项目融资安排，私有化交易的资金将通过银行贷款、权益资本（Equity Capital）及转续股（Rollover Equity）的形式筹集，其中，老股东（含管理层团队和红杉资本）所持有的股份转移约 30 亿美元，债务融资约 30 亿美元，股权融资 45 亿~55 亿美元。按照私有化交易实施的安排，奇虎 360 已锁定 A 股目标壳公司，并准备"借壳上市"。然而，尽管奇虎 360 私有化交易一波三折地最终回来了，但时至今日，上市仍看不到明确的日程表，巨额投资与融资背后的财务风险是需要慎重对待的资金压力。

第八章

利弊之辩：市场冲击与政策取向

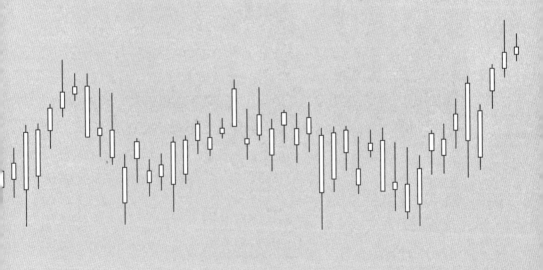

经济学原理认为，合理预期是理性经济人做出判断与决策的主要基础。但是，在金融市场上，市场环境有时就像六月的天，说变就变，因此人们有时称之为"黑天鹅"，中国资本市场也概莫能外。

2015年上半年启动的股市行情，在将上证综指快速推上5 000多点后，便迅速转变成一场"绞肉机"式的股灾。剧烈下跌不仅让股票市值迅速蒸发掉8万亿元之巨，也让如火如荼的中概股回归潮跌入冰点。与此同时，资本市场监管政策也突然转换了方向，热烈欢迎与鼓励回归的大门正在徐徐关上。而关于中概股回归的市场争论和政策抉择，一时间也成为金融市场的焦点话题和财经媒体关注的热点。

寒意袭来：私有化热潮降温

2016年6月，随着搜狐对外宣布公司已停止评估董事长兼首席执行官张朝阳2015年年底提交的投资要约，搜狐私有化计划戛然而止。而在此之前，已经连续有欢聚时代、金山软件等数家中概股公司暂停或终止了私有化回归进程。

一时间，百舸争流的中概股回归热潮迅速降温。

2016年3月，设立战新板这一原本被认为是板上钉钉的计划，被全国两会从"十三五"规划纲要草案中正式删除。这让不少中概股公司感受到了正在袭来的强烈寒意，毕竟战新板筹备时在很大程度上充分考虑了回归中概股公司，并将其作为重要的潜在上市群体，尤其是其中具备较大规模的互联网等TMT行业公司。

2016年5月，资本市场上关于监管层将叫停中概股回归的传闻不断，市场一片恐慌。当月，在中国证监会的例行发布会上，证监会新闻发言人做出正式回应："已经注意到相关舆情，根据相关法律法规，近3年已经有五家红筹企业通过并购重组回到A股上市，市场对此有质疑，认为这类企业回归A股有较大的特殊性，证监会也注意到境内外存在明显价差，壳资源炒作盛行。这类企业通过 IPO、并购重组登陆 A 股市场可能产生的影响，我们正在进行深入的分析研究。"尽管这一表态并没有立即关上回归中概股登陆 A 股的大门，但也凸显出证券监管部门对回归中概股的关注，特别是市场上关于中概股上市的一些负面意见。

此后，中概股回归上市被限的舆论进一步发酵。市场传闻称，证监会正在考虑采取限制中概股"借壳"回归的政策措施，拟议中的限制措施包括对中概股回归的估值按照一定的市盈率进行限制，另外还考虑限制每年中概股借壳回归交易的数量等。各种不利于中概股公司回归后再上市的传闻甚嚣尘上。

在这样的市场舆论氛围下，2016 年 5 月和 6 月，海外中概股回归意愿显著淡化，回归数量快速下滑。欢聚时代、陌陌、世纪互联等公司的股价也受到重创。根据万得资讯数据显示，从 2016 年年初至 6 月 21 日，9 只私有化退市中概股股价全线下跌，其中，欢聚时代（YY）跌幅达 40%，陌陌等 4 只中概股跌幅也在 30% 左右。

原因显而易见，在政策面暖风频吹的 2015 年，外国投资者押注中概股，寄希望于在中概股私有化时获得交易溢价。而一旦国内政策突变，这部分投资者选择率先用脚投票，中概股股价加速承压，下跌力量比之前的做空潮时期还要猛烈。

尽管寒潮不期而至，但巨大的投资需求并未改变，加之政策的靴子尚未落地，市场向好预期仍在，虽然也一直处于担忧之中。根据万得资讯数据，全球约有 350 家中概股公司，市值达到 1.5 万亿美元左右。由于中石化、中石油、中国移动等一批公司属于国企，这类公司是否会回归，以及回归程序和需要考虑的因素较为复杂，而且有些已经在 A 股和境外实现两地上市，回归可能性不高。因此，扣除这些国字头的企业，剩余 300 多家中概股公司的市值总额约为 5 000 亿美元左右。如果这些公司全部回归 A 股，至少需要 6 000 亿美元到 7 000 亿美元的交易对价，换算成人民币达到 4 万亿元的规模。

从价格分析，根据万得资讯统计，有数据可查的 200 只中概股，2016 年 6 月的市盈率整体估算为 13 倍左右。这个市盈率水平约为纳斯达克综合指数成分股市盈率的一半，较道琼斯综合指数成分股的市盈率也低约30%。而同期，A 股中小板和创业板市盈率分别为45 倍和67 倍，沪深主板市场的平均市盈率也达到 14 倍和 23 倍。因此，不考虑中概股与 A 股估值之间的估值差异，即使与美股的整体估值水平相比，这些公司也确实存在一定程度的低估。

所以，从这个意义上来说，中概股在海外证券市场遭遇整体低估正是这个群体选择回归 A 股的最重要动因。尽管按照一部分舆论的意见，这些公司回归有跨市场套利的嫌疑，但在更宽泛的意义上看，寻求对公司价值的认可与更加合理的估值，也是公司的正常选择，而不应该仅仅因为不同资本市场整体估值水平的差异，而将跨市场套利作为中概股回归的主要动机。毕竟，一家公司选择在哪个资本市场上市并不是一件轻松的事，也不是一项说改就可改的决策。

由此，在大量中概股选择集体回归之际，监管层态度由支持和欢迎转向"深入研究"，明显预示着 A 股市场对中概股回归的监管政策正在收紧，将可能出现重大转变，市场寒意渐浓。

暗流冲击： 中概股回归之弊

2017 年的证券期货监管工作会议上，证券最高监管层关于"在美国上市不回来，一样是服务国家战略"的表态，实际上基本明确了监管机构对中概股回归的态度。那么，关于中概股回归问题，为什么从 2016 年 9 月的"深入研究"到 2017 年度证券期货行业最高会议上的表态，会出现如此之大的变化呢？中概股回归到底会带来什么样的负面影响呢？显然，监管层启动对中概股回归的政策研究，说明中概股回归潮如果持续将带来部分担忧。

客观分析，在单一中概股回归项目上看不到的问题，一旦出现群聚效应，则必然引起证券监管、外汇管理和资本市场的一系列问题，从而带来一些未曾预想的后果。问题主要包括三个方面：一是影响资本外流与汇率稳定；二是导致投机氛围与炒"壳"盛行；三是进一步加剧市场波动与资金脱实向虚。这些已经初露苗头的负面影响，自然会引起监管层的关注与不安，使得中概股回归上市政策逐渐收紧，直至借壳上市闸门被关闭。

加速资本外流与影响汇率稳定

就中概股集中回归的 2015～2016 年宏观环境来看，大量海外上市公司集中回归最显著、直接的影响是对人民币外汇市场形成的压力，进而对央行保持人民币汇率基本稳定的政策目标带来了直接冲击。

2014 年以来，受国内经济增速下滑和国际经济增长乏力的影响，中国外贸出口形势严峻，贸易顺差大幅下降。与此同时，在国际外汇市场的人民币贬值预期之下，中国资本项下外汇流出加剧；而同期，逐渐高涨的居民和企业海外投资及并购热潮使得换汇出境需求激增。在人民币经常项目下顺差减少，以及资本项下需求激增的背景下，加之外汇市场的部分投机资金操纵，人民币外汇市场上汇率短期波动加剧。2015 年第一季度，资本外流规模加大，虽在第二季度有所减小，但到了第三、第四季度，资本外流规模再度加大，并创下新高。到 2016 年第一季度，资本和金融账户（不含储备资产）逆差达到 1 235 亿美元，储备资产减少了 1 233 亿美元。资本快速外流直接导致人民币汇率承压，贬值压力加大。从人民币兑美元汇率走势来看，从 2015 年下半年开始，人民币贬值压力一直有增无减，这使得央行对加剧汇率波动的各种因素格外关注。人民币兑美元汇率走势见图 8.1。

以奇虎 360 回归案为例可见一斑。奇虎 360 私有化交易对价总额约为 93 亿美元，金额巨大。因此，2016 年上半年，其私有化未能获准将收购资金一次性汇到海外，因此，奇虎私有化财团按照国家外管局

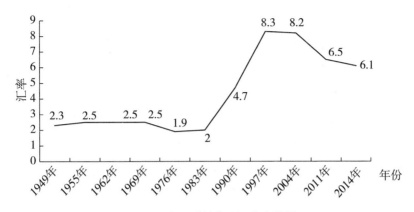

图8.1 人民币兑美元汇率走势图

资料来源：汇率网。

要求，分批汇出资金。这显示央行在努力控制资金外流的速度，缓释中概股大批集中回归带来的人民币贬值压力，也避免与其他影响人民币汇率稳定的因素相叠加。

对于体量较大的中概股公司私有化交易，在私有化和返程上市过程中，跨境投资及并购贷款动辄数十亿美元，势必形成巨大的外汇需求，消耗大量外汇储备。2016年下半年，国内外不确定性因素显著增多，"黑天鹅"事件频发，国际上，英国脱欧导致外汇市场动荡，美国大选结果使市场对美联储加息预期显著增强，地缘政治风险及国际金融市场波动加剧使市场避险情绪升温，引发资本流向美元等被认为更加安全的资产。在国内，尽管人民币汇率双向浮动弹性明显增强，但中国经济企稳向好的力度和可持续性仍待观察，而中国企业海外并购及投资者海外资产配置需求又增加明显，这都对中国的资本流动构成压力，并有可能加剧资本外流。

总的来看，2016年下半年以后，受地缘政治风险上升、美联储加息预期、中国经济下行压力，以及国内企业"走出去"加快等因素的综合影响，中国面临明显的资本净流出压力，资本流动短期波动压力较大。此外，直接投资也有可能迎来由顺差转向逆差的分水岭，证券投资和其他投资也将出现一定的波动，并存在外流压力。在这种背景下，人民币面临贬值压力使得国家加强外汇管理的政策短期内难有太大松动，外汇需求总量较大的中概股回归自然会成为外汇政策调控与管理的重要方面。

因此，在笔者看来，在国内经济显著企稳转暖之前，由于中概股私有化回归交易对外汇市场形成一定的集中冲击，与中概股回归相关的外汇管理政策一时难以转向。正如国家外汇管理局在2016年9月政策新闻发布会上的表态：要防止以套利为目的的所谓的"中概股"回归。其实，该政策取向的核心是担心中概股回归加剧资本外流，增加人民币贬值压力。

造成炒 "壳" 盛行和暴利神话

中概股集中回归除了对外汇市场形成一定冲击之外，在监管层看来，其第二大负面影响是对证券市场交易行为与市场风气的影响，特别是导致资本市场炒"壳"之风盛行，追求一夜暴利的投机氛围弥漫市场。

分众传媒借壳七喜控股，以及巨人网络借壳世纪游轮，分别连续了7个和20个涨停板。巨大的财富效应令中概股回归项目成为市场关注的焦点，证券市场掀起的"乌鸡变凤凰"的创富故事，使得原本就显得过热的借壳上市成为吸引投资者的最大热点。这更使得一些壳公司待价而沽，壳资源价格疯涨。前几年总市值在25亿元以下的所谓"壳"公司很多，而中概股掀起回归潮后，加之股指上涨的影响，一些基本面很差临近退市边缘的上市公司市值直奔50亿元。一些投机机构则借机操纵"壳"资源市场，炒作所谓借壳题材股，而市场散户投资者追逐"壳"公司投资机会，导致市场小道消息盛行，借壳猜想频频见诸媒体，投机话题风靡微信社交圈，中国证券市场充满了投机氛围。

正如前文所述，战新板搁浅，IPO申请排队又是"堰塞湖"，新三板上市还要面临转板等诸多不确定性。因此，借壳上市几乎成为回归中概股最现实可行的直接选择。但是，集中回归和借壳之风对 A 股市场的正常估值造成了很大的干扰。

根据清科集团的报告，2016 年前四个月，就已有 23 家上市公司发布与借壳上市相关的公告，A 股市场上的"壳"资源愈发受到追捧，"壳"公司交易火爆异常。其原因也是多重因素叠加影响：一是 IPO 虽然重启，审批显著加快，但从申报材料到获得批文的过程仍然很漫长，排队公司数量众多，难以实现快速上市，时间成本和机会成本巨大；二是大量中概股宣布私有化回归，其中一部分原本是打算在战新板上市的，但由于注册制无限期延迟和战新板搁浅，导致借壳上市成为这些公司首先考虑的独木桥；三是 A 股市场上壳资源本就稀缺，真正资质较好的"壳"公司寥寥无几，好货抢手，一"壳"难求。

正是在这样的市场氛围之下，中概股投资者、二级市场的机构投资者和散户投资者都在追逐暴利神话。万众淘金，投机盛行，必然引起监管层的关注，并采取行动给市场降温。

加剧市场波动和资金脱实向虚

对回归中概股公司再次上市的投机性投资心理，一方面使得二级市场的游资爆炒潜在"壳"资源公司，引起股价剧烈波动，加剧了证券市场波动，摒弃价值投资理念；另一方面，对财富神话的追逐也使得很多资金逐利而来，一些实体领域的公司不是将资金投向实业经营领域，而是用来参与证券投机，甚至一些公司举债投资中概股回归，或是加杠杆投资于股票市场。自中概股回归成为投资热点开始，一大批 A 股上市公司直接或间接参与到中概股投资之中。一些上市公司对单一中概股项目的投资规模达到 4 亿美元之巨。

不仅潜在"壳"资源公司被游资爆炒，连参与中概股股权投资的 A 股上市公司自身也被二级市场追捧，股价节节高，一路上涨。数据显示，2015 年年底公告参与奇虎 360 投资的中信国安，自 2016 年 3 月中旬以后，在不到一个月的时间里股价涨逾六成。追逐中概股投资的资金进一步加剧了市场波动。

深入分析，从已经落地的中概股回归案例看，最大的赢家往往都是参与私有化的股东和财团投资者。以奇虎360为例，假如奇虎360顺利借壳某A股公司上市，该壳公司通过发行新股收购奇虎360的资产，并假设给奇虎360的估值为200亿美元，则参与该私有化的股东及投资者将直接获得一倍以上的溢价。如果借壳上市后，能够像巨人网络借壳世纪游轮一样进一步上涨，则获利更加巨大。这种获得快速巨额回报的潜在可能性，使得各路投资者对投资回归中概股趋之若鹜。

正是这种投机带来的潜在暴利可能，驱使很多公司将本该投资于实业领域的资金投入股权投资及炒作，而这部分由资本市场溢价而产生的估值差最终要由资本市场投资者接盘和买单。同时，投机套利行为使得投资赚钱来得"太容易"，也会使得投资者对实业投资与产业经营失去耐心，这对发展实体经济并没有益处。

客观而言，此前大量PE和风投机构的资金进行成长股投资（即使是PRE－IPO投资①），投资资金也是主要进入实体经济领域，有利于促进实体产业发展。而中概股私有化投资则更多是风险套利性投资，可能会加剧近年来中国金融系统脱实向虚的泡沫化倾向。

A股上市公司成中概股投资主力

中概股回归不但搅动散户的情绪，连A股的上市公司也是蠢蠢欲动，手握闲钱的上市公司公告不惜重金投资准备回归的中概念股公司，而这些参与股权投资的"影子"公司在二级市场上也受到了投资者的追捧，一路狂奔。

---

① PRE－IPO投资是指投资于企业上市之前或预期企业可近期上市时。

中概股回归成为目前最当红的题材。2016 年 4 月 8 日，爱尔眼科发布最新公告称，拟间接投资奇虎 360 股权，投资认缴出资额为 3 032.4 万美元等值人民币。受此影响，尽管当日大盘尾盘跳水跌破 3 000 点，但是爱尔眼科的股价依然逆势大涨 5.44%。

中信国安拟向奇虎 360 私有化项目公司投资约 4.13 亿美元，获得奇虎 360 约 4.46% 股权。公告显示，公司作为单一出资人的私募股权投资基金睿威基金向天津奇信志成增资 2.093 亿美元，增资后持有后者 5.25% 股权；公司并向天津奇信通达科技增资 2.034 亿美元，持有后者 1.74% 股权。

中信国安称，奇虎 360 私有化如顺利完成，公司将持有奇虎 360 部分股权，按照目前的市场预期，公司预计本次投资将取得良好的投资效益，有利于提高公司利润水平。消息曝光后，中信国安股票当日涨停。

奇虎 360 此前披露，本次私有化财团由周鸿祎牵头，参与机构还包括金砖丝路资本、红杉资本中国基金、泰康人寿、平安保险、阳光保险等。而电广传媒此前亦公告称，拟以认购华融 360 专项投资基金的方式，间接投资奇虎 360 股权，电广传媒投资额不超过 3 亿元人民币。

江苏华西集团联合 i 美股资产管理有限公司宣布，已就收购当当网事宜结成买方联盟。虽然华西股份的相关人士表示，收购事宜与上市公司没有关系，但是仍然控制不住市场联想，华西股份一度涨停。

资料来源：《信息时报》，2016 年 4 月 12 日。

正本清源： 中概股回归之利

如本书开篇所言，20 世纪末以来，中国大批以互联网公司为代表的 TMT 行业公司远赴海外证券交易所上市，包括早期的新浪、搜狐、百度，直至近年的腾讯、阿里巴巴、京东等互联网主流公司。这些公司大多是因为无法按照《中华人民共和国证券法》及交易所上市标准的要求在 A 股上市的企业，或者是因为国内上市审批的周期过长，而选择在海外上市。

然而，时移世易，海外中概股筹划回归国内，尽管每家企业都有不同的考量，甚至心存套利之念，但是不容否认的是，中概股回归国内的积极意义仍然是值得重视的。

弥补 A 股结构短板

海外中概股是中国互联网企业的主流和标杆。自 1999 年 7 月中华网在纳斯达克上市开始，过去近 20 年里，中国互联网领域的主流企业几乎都选择在海外上市（见表 8.1）。这是过去证券监管政策和产业政策所致，也是企业根据自身发展需要综合考量的结果。

互联网产业发端于美国，然而成长最快的市场却是在中国，中国庞大的人口基数和快速增长的互联网用户群体催生了巨大的互联网产业。中国互联网行业公司的 BAT 已经跻身世界一流公司行业。同时，围绕互联网产业"基础设施"的服务也是迅猛增长，包括支付、物流、数据处理、云存储设施等。

自 2015 年"互联网＋"成为国家战略以来，互联网正成为改造中国传统产业的主导力量，重组行业运行流程、重构行业格局、改写行业扩张方式和竞争逻辑。但是，在这样的大环境下，中国资本市场却鲜有大型主流互联网公司的影子，2016 年遇到困难的乐视网应该算是 A 股最大的互联网概念公司了。

因此，中国作为全世界第三大证券交易市场，互联网产业快速崛起的国家，海外上市中概股的回归，对弥补 A 股市场的行业缺失，丰富投资者的互联网对象，分享互联网产业快速成长的红利有着积极意义。

表8.1 中国互联网公司估值一览

公司名称	上市时间（年月）	发行价	目前股价	累计涨幅	市盈率	市值
中华网	1999.7	20 美元	3.44 美元	-83%	—	3.65 亿美元
新浪	2000.4	17 美元	73.88 美元	4.34 倍	9.5	45 亿美元
网易	2000.6	16 美元	37.85 美元（曾经拆股）	9.5 倍	15.7	49 亿美元
搜狐	2000.7	13 美元	76.78 美元	5.9 倍	21	29 亿美元
携程网	2003.12	18 美元	45.15 美元（曾多次拆股）	20 倍	41	60 亿美元
盛大游戏	2004.5	11 美元	38.78 美元	3.5 倍	20.3	27 亿美元
空中网	2004.7	10 美元	6.96 美元	-30%	30	2.37 亿美元
前程无忧	2004.9	14 美元	50.3 美元	2.6 倍	44	14 亿美元
金融界	2004.10	13 美元	7.14 美元	-46%	—	1.57 亿美元
九城	2004.12	17 美元	6.01 美元	-65%	—	1.51 亿美元
分众传媒	2005.7	17 美元	22.24 美元（曾经拆股）	2.6 倍	—	30 亿美元
百度	2005.8	27 美元	107.86 美元（曾经拆股）	40 倍	88	375 亿美元

续表

公司名称	上市时间（年月）	发行价	目前股价	累计涨幅	市盈率	市值
腾讯	2006.6	3.7 港元	180 港元	48.6 倍	55	3 300 亿港元（428 亿美元）
完美时空	2007.7	16 美元	23.4 美元	46%	8.4	11.5 亿美元
巨人网络	2007.11	15.5 美元	6.91 美元	−55%	13.9	17 亿美元
优酷土豆	2009.12	12.8 美元	29.72 美元	1.32 倍	刚上市	30.5 亿美元
当当网	2009.12	16 美元	27.06 美元	68%	刚上市	21 亿美元

注：市盈率显示为 "—" 表示每股收益为负，优酷土豆与当当网刚刚上市，未有显示。

资料来源：网易财经，《中国互联网公司海外上市十年》专题，数据截至 2010 年 12 月

矫正行业估值偏颇

尽管市场对回归中概股的追捧和炒作，导致对其估值暂时偏离了市场价值中枢。但是，只要引导和监管政策适当，很多优质中概股回归后将对 A 股一些行业的市场估值起到纠偏的作用，从而让 A 股投资者对一些行业的估值预期更加理性。

客观而言，尽管作为新兴资本市场，证券市场估值水平比发达国家成熟市场略微高一些是正常的，但是，A 股对互联网等 TMT 行业的高估值与上市公司的稀缺性是有很大关系的。一批行业主流公司的回归将使得 A 股对该行业不再物以稀为贵，加大了市场投资供给，从而会有效平抑市场的估值偏差，形成更加合理的行业估值标准，促进价值投资理念的增强，也有利于减少市场波动风险。

提升证券监管水平

尽管国内证券市场的监管水平和能力已得到大幅提升，但与成熟证券市场相比，仍然存在较大差距，这是不争的事实。无论是在企业上市审批、信息披露，还是财务规范性、公司治理等方面，仍有待改进和提升。

大部分中概股由于经历过美国等成熟证券市场的洗礼，经历过严格的监管体系的磨炼，因此，一方面，A 股市场相关人员可以与中概股交流在美经验，不断完善 A 股市场的制度建设；另一方面，监管层仍然可以根据掌握的发达资本市场的经验，对回归中概股进行有效监管，从而将中概股回归作为提升 A 股监管质量的契机，而不要演变为套利的操纵机会。当然，更不能简单认为，A 股的监管水平不比发达证券市场低，从而滋生骄傲自满的情绪。

助力新兴产业成长

在海外证券市场上市是 20 世纪 90 年代以来，中国创新型公司在资本层面走出去的典型代表。要获得海外投资者的认可，在商业模式、技术、产品等方面创新是最基本的要求。因此，一大批出海公司过去近20年里成为国内产业创新和成长的重要力量。海外资本市场的资金和平台支持促进了这批公司的发展壮大，包括新浪、百度、搜狐，乃至后期的腾讯、阿里等公司，无不是得益于海外资本市场的推动，借助国内市场的快速成长而发展起来的。

而另一方面，正如本书前文所述，海外资本市场日益严峻的生存和发展环境已经成为阻碍一部分公司发展的"瓶颈"。回归国内市场，获得新的发展资源与动力是推动中概股回归的原动力。因此，欢迎优秀中概股公司回归国内，支持其发展壮大，将有利于中国新兴产业的成长。当前，在经济增长转型和产业结构调整升级的大潮流中，鼓励和支持中概股回归国内，并按照国民待遇原则，对其他国内公司一视同仁，便可促进这些公司进一步发展壮大，这在一些国内发展滞后的战略性行业更是具有举足轻重的战略意义。

比如，清华大学的校办企业紫光集团收购了在纳斯达克上市的华人背景公司展讯通信和锐迪科微电子公司，并将两家公司私有化后合并组建了紫光展锐。此后，该公司与全球半导体巨头英特尔公司达成战略合作，英特尔向紫光集团旗持有的控股子公司——紫光展锐投资90亿元（约15亿美元），并获得该控股子公司20%的股权。2016年，紫光展锐的出货量为8亿个芯片，营收达到20亿美元。在5G（第五代移运通信技术）研发领域也一直位于世界第一阵营，计划于2018年实现商用。目前，尽管上市之路并不顺畅，但紫光展锐已成为与国内电子信息产业集团并驾齐驱的市场化公司。此外，已经顺利回归正等待再次上市的中概股公司药明康德，既是世界新药研发服务领域名列前茅的公司，也是中国在这个领域的领头羊，发展前景光明。

政策取向： 遵循市场逻辑

中概股投资与有效资本市场

有效市场假说①又称有效市场理论，是经济学中的著名理论，也是资本市场监管逻辑与制度设计的理论基础之一。它包含以下几个要点：一是市场上的参与者都是理性的经济人，并谨慎地在风险与收益之间进行权衡取舍；二是股票价格反映了理性人的供求的平衡，不同人对同一公司任何估值的偏差，也即意味着存在套利可能，理性人的套利行为最终会使估值趋于一致；三是股票的价格能够充分反映该资产的所有可获得的信息，即"信息有效"。

有效资本市场有两种定义：一是内部有效市场（internally efficient markets），又称交易有效市场（operationally efficient markets），它主要衡量投资者买卖证券时所支付交易费用的多少，如证券商索取的手续费、佣金与证券买卖的价差；二是外部有效市场（externally efficient markets），又称价格有效市场（pricing efficient markets），它探讨证券的价格是否迅速地反映出所有与价格有关的信息，这些信息包括有关公司、行业、国内及世界经济的所有公开可用的信息，也包括个人、群体所能得到的所有私人的、内部非公开的信息。

成为有效市场的条件：一是投资者都利用可获得的信息力图获得更高的报酬；二是证券市场对新的市场信息的反应迅速而准确，证券

① 有效市场假说（Efficient Markets Hypothesis，简称"EMH"）是由尤金·法玛（Eugene Fama）于1970年提出的。有效市场假说起源于20世纪初，其奠基人是法国数学家路易斯·巴舍利耶（Louis Bachelier），他从随机过程角度研究了布朗运动以及股价变化的随机性，并且认识到市场在信息方面的有效性：过去、现在的事件，甚至将来事件的贴现值会反映在市场价格中。他提出的基本原则是股价遵循公平游戏（fair game）模型。

价格能完全反映全部信息；三是市场竞争使证券价格从旧的均衡过渡到新的均衡，而与新信息相应的价格变动是相互独立的或随机的。中概股私有化回归与再上市过程中的投资、交易与监管，作为资本市场行为遵循这一理论所定义的逻辑框架。

站在监管者的角度，应相信健全的市场运行与监管机制下，市场自身必然会对偏离市场公允价值的交易行为进行合理纠偏，因此，偏差不会一直存在。作为监管者，其应急出台的管控措施最主要的作用是加快纠偏的速度，以降低市场的波动程度和周期。当然，与此同时，自然也存在矫枉过正和监管过度的风险。为抑制这类市场波动而采取过激的监管举措更是非常有害的。

站在市场投资者的角度，尽管在中概股私有化和拆除 VIE 架构回归的过程中，投资机会的稀缺必然使得投资价格由竞争决定，由此而达到的投资均衡中，已经包含了不低的预期收益溢价和风险溢价。在投资行为发生时，投资市场是个弱式有效市场，而投资退出依赖公司上市，股票二级市场是半强式或强式有效市场①，因此，风险随之而来。最终，投资时在弱式有效市场上获得的收益预期，最终会被依靠上市退出时股票二级市场的（半）强式有效市场的风险所侵蚀，从而大打折扣。因此，一大批投资者所预期的高额回报最终会化为泡影，更可能得到的结果是资本市场的普通股权投资回报率。在中概股借壳

---

① （1）弱式有效市场假说（weak Form efficiency）认为在弱式有效的情况下，市场价格已充分反映出所有过去历史的证券价格信息，包括股票的成交价、成交量、卖空金额、融资金融等。推论一：如果弱式有效市场假说成立，则股票价格的技术分析失去作用，基本分析还可能帮助投资者获得超额利润；（2）半强式有效市场假说（Semi-Strong Form Efficiency）认为价格已充分反映出所有已公开的有关公司营运前景的信息。这些信息有成交价、成交量、盈利资料、盈利预测值，公司管理状况及其他公开披露的财务信息等。假如投资者能迅速获得这些信息，股价应迅速做出反应。推论二：如果半强式有效假说成立，则在市场中利用技术分析和基本分析都失去作用，内幕消息可能获得超额利润；（3）强式有效市场假说（Strong Form of Efficiency Market）认为价格已充分地反映了所有关于公司营运的信息，这些信息包括已公开的或内部未公开的信息。推论三：在强式有效市场中，没有任何方法能帮助投资者获得超额利润，即使基金和有内幕消息者也一样。

上市遇阻之后，如果被迫都选择 IPO 上市，则在较长的投资周期里，内部回报率并不会具有特别的吸引力，而且作为一项缺乏流动性的资产，并不适合上市公司投资，尤其是不适合那些通过负债进行投资，或是将经营性资金挪作投资的公司。因此，投资者应该防范盲目追逐投资热点和进行投机性投资决策的巨大风险。

最后，我们站在回归中概股公司及其股东的角度看，应该更加清楚，公司的真实价值才是可以长期维持的有效估值，也是确保公司长期可持续发展的基础。用过度的套利思维，希望公司能够长期偏离真实市场价值是不可能的。短期的市场泡沫并不能真正作为公司的价值判断基础。而且，从更长的时间周期来看，这种思维，以及基于该思维的决策最终可能会损害公司的健康可持续发展，而将公司引向歧途。

市场化取向与公平国民待遇

笔者这里特别需要说明的一点是，资本市场的所谓市场化政策有两个重要特征：一是政策公平原则；二是政策平稳原则，这也是资本市场健康发展的基础。无论是对上市公司，还投资者，这两大原则都是引导其做出正确选择与决策的前提。政策公平能够有效抑制市场投机和操纵冲动，而政策平稳有利于形成合理预期，因而有利于资本市场参与主体做出更加理性科学的决策。

而在中概股回归及上市问题上，这两条原则都或多或少存在误用。2015 年，国家对待中概股回归曾有明确态度："支持投贷结合、众筹等融资方式，鼓励具有特殊结构的企业，创业企业回归 A 股在国内上市。"相关部委也出台了一系列支持中概股回归的举措，对早期回归的部分中概股也给予了积极的支持，使其顺利实现上市。

而此后，随着 A 股的巨幅波动，以及中概股投资热潮的兴起，政策出现几近 180 度的转向。监管层对中概股回归由"鼓励"变为沉默式的"研究"，最后演变成实际上的不欢迎——称中概股留在海外资本市场也是"服务国家战略"。这使得部分已经回归和正处在回归途中的中概股公司措手不及，进退维谷。特别是中概股借壳上市事实上冰封。但是，与此同时，在 A 股市场仍然有公司能够借壳上市。因此，实事求是地说，内"外"公司的政策公平性，以及政策稳定性是容易受到质疑的，公平国民待遇被若隐若现的某种"歧视感"遮蔽了。这于资本市场的健康发展是不利的，更容易导致市场滋生"闯关"冲动和赌博思维。

因此，理性对待中概股回归，既不片面夸大其负面冲击，又不过度强调给予其政策倾斜，以积极、审慎的市场化政策取向，采取合理、公平的政策举措，正面、有效地加以监管与引导，避免市场大起大落，才是利国、利民、利市场的正确选择。

第九章

重温经典：分众传媒回归还原

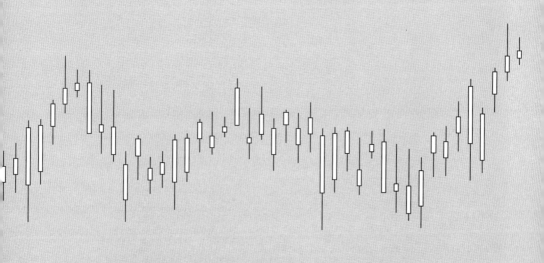

在过去的两三年时间里，海外中概股回归与上市潮是资本市场和中国投资界一道亮丽的风景线。既有成功的喜悦，也有受挫的尴尬，还有对未来的彷徨。然而，不管市场如何变迁，政策如何演绎，那些经典的资本故事始终是人们津津乐道的主题，那就让我们一起重温过去的经典。

直击： 分众传媒回归 A 股

2005 年，有"中国传媒第一股"之称的分众传媒登陆美国纳斯达克，并创下中概股融资规模近 1.72 亿美元的全新纪录。

分众传媒实际控制人江南春原来的主业是代理 IT 广告，直至 2002 年才开始投资楼宇广告，并在 20 世纪初创立分众传媒，随后两年，他总共获得了近 5 000 万美元的风险投资。2004 年，他通过全资子公司 JJ Media 在英属维尔京群岛（后地址变更为开曼群岛）设立 Focus Media Holding Limited（简称"FMHL"），随后 FMHL 在我国香港设立全资子公司 Focus Media（China）Holding Limited（简称"FMCH"），并持有分众传媒 100% 股权，搭建完成 VIE 架构，谋求赴美上市。

彼时分众传媒可谓意气风发，上市 3 个月后，江南春就迈出了并购征途的第一步。2005 年 10 月，分众传媒以 1.83 亿美元的价格收购框架传媒（Framedia），后者是当时国内最大的电梯平面媒体；2006 年 1 月，公司又以 3.25 亿美元的高价并购了国内第二大楼宇视频媒体运营商聚众传媒，这进一步奠定了分众传媒在楼宇广告市场上的霸主地位；同年 3 月，公司出资 3 000 万美元收购了手机广告商凯威点告，这成为其进军手机广告行业的标志；同年 8 月，公司宣布收购影院广告公司 ACL，并将其更名为分众传媒"影院网络"；2007 年 3 月，公司以 2.99 亿美元的价格收购好耶广告，此举也被外界看作是分众传媒进军互联网的门票；同年 12 月，公司斥资 1.68 亿美元收购玺诚传媒。

江南春堪称分众传媒的灵魂人物，他不但投资眼光超前，而且还是资本运作的高手。粗略算来，自2005年上市以来，分众传媒先后并购了60多家公司，耗资共约16亿美元，形成了包括商业楼宇联播网、电梯框架海报网络和卖场终端联播网在内的三大核心业务模式。

当然，也有观点认为，分众传媒这一系列的并购案例中，只有框架传媒和聚众传媒的收购是比较成功的，后来大部分偏离了主业，可以算是盲目扩张。江南春自己也承认2007年是分众传媒并购征途的分水岭："我们（2007年）之前的收购都是非常成功的，包括楼宇卖场的框架业务，至今都是公司主业之一，也铸就了分众今天在生活圈、媒体圈的主力产品线。但是2007年之后，在高市值的情况下，我们就开始思考，楼宇广告本身具有局限性，再发展5年、10年后，一旦触及行业的天花板，我们该如何突破？当时公司的计划是从数字化户外媒体转型成为一家纯数字化媒体集团，于是我们就展开了新一轮偏离主业的收购，为日后公司的发展埋下了一系列隐患。"

隐患在2008年金融危机的漩涡中最终爆发。2008年年初央视的"3.15"晚会上，曝光了分众传媒向手机用户发送垃圾短信的新闻，一时间使分众传媒成为众矢之的，还引发公司股价在短短两日之内下跌了30%。同年11月份，江南春忍痛砍掉了无线广告业务，分众无限独立上市的计划就此梦碎。

当年年末，分众传媒在资金链逐渐吃紧的情况下，不得不寻求外援。2008年12月22日，新浪宣布收购分众传媒旗下主要户外广告资产，值得一提的是，户外广告资产可以说是分众传媒的"钱袋子"，据公开资料显示，户外广告带来的利润占分众传媒营收的52%及整体毛利的73%。

2009年年初，分众传媒股价一度触及4.84美元的新低，相较于历史最高价，跌幅约达92.70%。2009年9月24日，新浪与分众传媒同时宣布，由于在商务部反垄断审核中受阻，双方的合并计划自动终止。

此后，在国内经济强刺激背景下，分众传媒业务开始慢慢回暖。

但是接下来几年，做空分众传媒却始终阴魂不散。分众传媒像大多数在美上市中概股一样，蜜月期过后就出现了"水土不服"的状况，开始遭遇做空机构的"穷追猛打"。

2011年11月，知名做空机构浑水研究公司发布报告列出分众传媒"四宗罪"，做空潮变得更加猛烈。除了做空机构，紧盯着中概股的还有SEC。自登陆纳斯达克以来，分众传媒曾多次遭遇SEC的行政诉讼，直到分众传媒退市后的2015年9月，SEC宣布分众传媒及江南春已支付5 560万美元与SEC达成和解。

然而，近年A股市场科技股风生水起，与同类型公司海外估值差价突显出来，最典型的案例如后来拆掉VIE架构登陆A股的暴风科技，其上市后股价连续实现30多个涨停。

所有的信息似乎都在提示分众传媒一件事：回归A股。2012年8月12日，分众传媒发布公告称，公司收到董事长江南春联合凯雷投资、鼎晖投资等五家投资机构共同提出的私有化收购要约，交易总金额近35亿美元。

此后，分众传媒经历了私有化退市、拆架构、借壳上市等多个环节，尽管在借壳上遭遇了宏达新材的变故，但是，2015年分众传媒最终成功借壳七喜控股实现了A股上市，完成了自美国证券市场到A股的跨市场回归。

借壳上市背景

分众传媒借壳的目标公司七喜控股的前身是广州七喜电脑有限公司，位于广州市黄埔区云埔工业区，成立于1997年8月。该公司在2000年年底开始进行股份制改造，并在2001年3月22日正式成立七喜电脑股份有限公司，是研究、制造、销售以"HEDY"和"大水牛"两大品牌为主的计算机整机，以及周边设备和移动通信产品的专业厂商，也是国内获得手机生产牌照的厂商之一。2004年8月，该公司在深交所挂牌交易上市。2005年8月30日，该公司发布公告，正式将公司名称由七喜电脑股份有限公司变更为七喜控股股份有限公司（简称"七喜控股"）。

七喜控股在 2013 年对主要亏损业务进行了转让，并决定于 2014 年全面退出手机业务，公司主要产品及业务包括：电脑的生产与销售、IT 产品分销、手游开发、智能穿戴设备研发与销售、表面组装技术（SMT）贴片代工和物业租赁。由于公司所处的传统 IT 业务竞争日益加剧，并且随着电子商务的发展，原有的渠道模式也在不断调整和变革中。2012 年、2013 年及 2014 年，扣除非经常性损益后归属于母公司股东的净利润分别为 312.33 万元、-13 618.99 万元、-106.53 万元，近年营收规模出现较大下滑，盈利能力较弱。

为实现转型发展，七喜控股近年来不断收缩主业，处置非核心资产，并通过涉足手机游戏及智能穿戴领域尝试转型升级，但公司产业结构调整一直未能取得预期效果，发展前景不明朗，也缺乏明确的目标。因此，在分众传媒借壳宏达新材遇阻后，与七喜控股的合作浮出水面，这也符合七喜控股原股东拟通过重大资产重组方式注入具有较强盈利能力和持续经营能力的优质资产，使公司脱胎换骨的愿望。

1. 分众传媒具有持续发展前景和良好的盈利能力

分众传媒作为国内媒体广告行业的龙头企业，已经构建了国内最大的城市生活圈媒体网络，正致力于成为国内领先的 LBS（地理位置服务）和 O2O（线上到线下）媒体集团。分众传媒的主营业务为生活圈媒体的开发和运营，主要产品为楼宇媒体（包含楼宇视频媒体及框架媒体）、影院媒体、卖场终端视频媒体等，覆盖城市主流消费人群的工作场景、生活场景、娱乐场景、消费场景，并正致力于相互整合成为媒体网络。

2012 年、2013 年及 2014 年，分众传媒净利润分别为 132 577.97 万元、207 780.86 万元、241 711.82 万元，呈现稳步上升趋势。2015 年 1~5 月，分众传媒的净利润为 120 145.86 万元。

2. 战略发展需求推动分众传媒谋求回归 A 股

分众传媒的原海外母公司 FMHL 于 2005 年 7 月在纳斯达克 IPO 上市，并借助海外资本市场的融资平台不断发展壮大，通过一系列的兼并收购活动陆续整合了国内的楼宇媒体、影院媒体、卖场终端视频媒体行业，成为在上述领域拥有绝对领导地位的媒体集团。

随着国内互联网市场的崛起，分众传媒也开始谋求将线下点位与互联网、移动互联网结合，陆续推出了一系列云到屏、屏到端的精准互动活动，致力于成为国内领先的 LBS 和 O2O 媒体集团。该种战略布局有利于进一步发挥分众传媒的线下资源优势，实现分众传媒线上、线下两个市场的良好协同。要实现这一战略布局，则要高度依托 A 股资本市场的持续融资功能和并购整合功能等的支持。因此，分众传媒必须快速实现在 A 股资本市场的再次上市，为下一步的战略发展奠定坚实基础。

借壳上市安排

根据双方达成的借壳上市方案，分众传媒将其整体资产植入七喜控股，并将七喜控股更名为分众传媒。根据《盈利预测补偿协议》，分众传媒控制人承诺分众传媒 2015 年、2016 年和 2017 年实现的经具有证券业务资格的会计师事务所审计的净利润（扣除非经常性损益后七喜控股重大资产置换的归属于母公司所有者的净利润）分别不低于295 772. 26 万元、342 162. 64 万元和 392 295. 01 万元。当交易完成后，上市公司盈利能力将得到大幅提升，这也有利于保护全体股东特别是中小股东的利益，实现利益相关各方共赢的局面。

通过借壳交易，分众传媒也实现了与 A 股资本市场的对接，进一步推动了分众传媒战略布局及业务发展规划的实现。借助资本市场平台，分众传媒可以进一步拓宽融资渠道，提升品牌影响力，并借助资本市场的并购整合功能为后续发展提供动力，同时也有助于实现上市公司股东利益最大化。

分众传媒借壳七喜控股的具体方案包括三大部分：重大资产置换；发行股份及支付现金购买资产；发行股份募集配套资金。

1. 重大资产置换

七喜控股以全部资产及负债与分众传媒全体股东持有的分众传媒的等值股份进行置换。为简化交易手续，七喜控股直接将截至评估基准日的全部资产及负债交割予易贤忠或其指定方，易贤忠应向本次交易对方或其指定方支付对价。

根据国众联评估出具的国众联评报字〔2015〕第 3－016 号评估报告书，以 2015 年 5 月 31 日为基准日，该次交易的拟置出资产评估值为 86 936.05 万元。根据《重大资产置换协议》，经交易各方友好协商，拟置出资产作价 88 000.00 万元。

根据中联评估出具的中联评报字〔2015〕第 1064 号评估报告书，以 2015 年 5 月 31 日为基准日，选用收益法评估结果作为最终评估结论，该次交易的拟购买资产分众传媒 100% 股权的评估值为 4 587 107.91 万元，评估增值 4 339 180.99 万元，增值率为 1 750.19%。根据《发行股份及支付现金购买资产协议》，经交易各方友好协商，分众传媒 100% 股权作价 4 570 000.00 万元。

2. 发行股份及支付现金购买资产

经交易各方协商一致，该次交易中拟置出资产作价 88 000.00 万元，拟置入资产作价 4 570 000.00 万元，两者差额为 4 482 000.00 万元。七喜控股置入资产与置出资产的差额部分由七喜控股以发行股份及支付现金的方式向分众传媒全体股东购买。其中，向 FMCH 支付现金，购买其所持有的分众传媒 11% 股份对应的差额部分；向除 FMCH 外的分众传媒其他股东发行股份，购买其所持有的分众传媒 89% 股份对应的差额部分。

该次发行股份购买资产定价基准日为七喜控股第五届董事会第十七次会议决议公告日，该次发行股份购买资产的发股价格为 10.46 元/股（不低于定价基准日前 120 个交易日公司股票交易均价的 90%，即 9.79 元/股）。

股权结构演变

分众传媒借壳上市合同签署后，创始人江南春通过 Media Management（香港）及 FMCH 合计持有分众传媒 26.74% 股权，仍为分众传媒的实际控制人。分众传媒借壳上市合同签署后的股权结构见图 9.1。

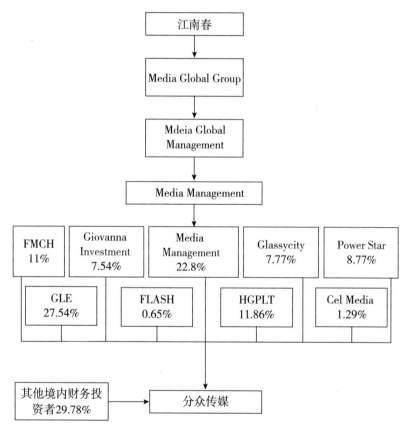

图9.1 分众传媒借壳上市合同签署后的股权结构

回顾一下分众传媒股权的历史沿革。2005 年 3 月，分众传媒建立了相关海外上市、返程投资的 VIE 架构，其原海外母公司分众传媒于 2005 年 7 月在纳斯达克实现了 IPO 上市，并于 2013 年 5 月从纳斯达克退市。上述海外上市至 VIE 架构拆除的具体过程如下：

1. 分众传媒设立及境外上市前私募融资

2003 年 4 月，分众传媒设立于英属维尔京群岛（2005 年 4 月，分众传媒住所地址变更为开曼群岛），设立时分众传媒向 JJ Media 发行 140 000 000 股普通股，向 Yibing Zhou 发行 5 000 000 股普通股，向 China Alliance Investment Ltd.（以下简称"China Alliance"）发行 45 000 000 股普通股，向 SB China Holdings Pte.，Ltd.（以下简称 "SoftBank"）发行 10 000 000 股普通股。JJ Media 的唯一股东为江南春。分众传媒设立时的股权结构如表 9.1（为表述简化，此处的股份数和股票面值信息均是在假设分众传媒历次股份拆分均已发生的基础上所对应的数字）。

表 9.1　分众传媒设立时的股权结构

序号	股东姓名	持股数量	持股比例（%）
1	JJ media	140 000 000	70
2	China alliance	45 000 000	22.5
3	SoftBank	10 000 000	5
4	Yibing zhou	5 000 000	2.5
合计		200 000 000	100

随后分众传媒经历了若干次股份转让、增发、拆股，于 2005 年 7 月在纳斯达克首次公开发行并上市。

2. 分众传媒的上市及私有化退市过程

第一，2005 年 7 月分众传媒在纳斯达克上市。

2005 年 6 月，分众传媒向 SEC 报备了招股说明书的注册声明，其股份成为美国证券法下的登记证券。随后，2005 年 7 月 13 日，分众传媒的 ADS 在纳斯达克正式挂牌报价。2005 年 7 月 19 日，分众传媒在纳斯达克完成了 700 万股 ADS 的首次公开发行。

第二，2013 年 5 月分众传媒从纳斯达克私有化退市。

2012 年 8 月，江南春联合相关私募投资者作为发起人就收购分众传媒并完成分众传媒退市的交易（私有化）向分众传媒董事会提出了一份私有化提案。该等发起人包括 Giovanna Investment、Gio 2 Holdings、Power Star，以及 State Success 四家公司（私募发起人）。根据该私有化提案，发起人 Giovanna Investment 和 Gio 2 Holdings 随后在开曼群岛设立了四层控股公司作为实施私有化的主体，从上至下分别为 GGH，Giovanna Intermediate Limited，Giovanna Parent Limited 和 Giovanna Acquisition Limited。

在该等私有化提案的基础上，在完成美国证券法下所要求的必要程序之后，2012 年 12 月 19 日，分众传媒与 Giovanna 和 Giovanna Acquisition Limited 签订了一份《合并协议》。根据《合并协议》，私有化将通过 Giovanna Acquisition Limited 和分众传媒合并的方式实施，合并后 Giovanna Acquisition Limited 停止存续，分众传媒作为合并后的存续主体成为 Giovanna Parent Limited 的全资子公司（合并交易）。在签署《合并协议》的同时，江南春、七喜控股重大资产置换并发行股份，支付现金购买资产并募集配套资金，发起人以及当时分众传媒的第二大股东 Fosun International Limited 另行签署了一系列相关交易文件，据此江南春和 Fosun International Limited 各自同意将其所持有的分众传媒股份的一部分通过约定的转换方式转换成 GGH 的股份。

根据《合并协议》及相关交易文件，江南春及其控制的实体将其所持有的相当于 129 122 265 股分众传媒普通股的分众传媒股份、ADS 及限制性股份单位（RSU）无对价注销，同时有权以每股 0.001 美元的价格认购 309 074 股 GGH 股份（对应的估值相当于 710 172 457.50 美元），在合并交易完成时占 GGH 的股权比例约为 31.00%。另外，江南春及其控制的该等实体所持有的剩余的相当于 7 272 730 股分众传媒普通股的分众传媒期权和限制性股份单位则依据《合并协议》的条款以相当于普通股每股 5.50 美元的对价注销，由此获得的现金对价约为 40 000 015 美元。Fosun International Limited 将其所持有的相当于 72 727 275 股分众传媒普通股的 ADS 注销，并有权以每股 0.001 美元的价格认购 174 084 股 GGH 股份（对应的估值相当于 400 000 012.50 美元），在合并交易完成时占 GGH 的股权比例约为 17.46%。另外，Fosun International Limited 所持有的剩余的相当于 38 350 945 股分众传媒普通股的 ADS 则依据《合并协议》的条款以相当于普通股每股 5.50 美元的对价注销，由此获得的现金对价约为 210 930 197.50 美元。根据《合并协议》，分众传媒的其他公众股东的股份则在合并交易完成时被注销，并以相当于普通股每股 5.50 美元的价格获得现金对价。

2013 年 4 月 29 日，分众传媒召开临时股东大会，审议通过了《合并协议》及其所规定的各项交易。2013 年 5 月 23 日，分众传媒向开曼群岛公司注册处报备并登记了合并计划，据此，合并交易于 2013 年 5 月 23 日生效。2013 年 6 月 3 日，分众传媒向 SEC 报备表格 15，根据美国相关的证券法律，该表格正式注销了分众传媒的股份和 ADS，并有效地终止了分众传媒作为纳斯达克上市公司向 SEC 提交报告的义务。

私有化完成后，截至 2013 年 5 月 23 日，分众传媒的控制权关系变更为如图 9.2 所示。

在一系列的股权变动过程中，可以清晰地看到分众传媒 VIE 架构的搭建过程：

一是在我国香港设立 FMCH 公司。

2003 年 4 月，FMCH 于香港设立，设立时 FMCH 分别向 Bosco Nominees Limited 及 Bosco Secretaries Limited 发行 1 股股份，向分众传媒发行 9 998 股股份。

2003 年 4 月，Bosco Secretaries Limited 将其持有的 1 股 FMCH 股份转让至分众传媒。

2003 年 4 月，Bosco Nominees Limited 将其持有的 1 股 FMCH 股份转让至余蔚；同日，余蔚与分众传媒签署了一份信托声明，约定余蔚作为受益人及分众传媒的受托人为分众传媒的利益持有 1 股 FMCH 股份。

2005 年 1 月，余蔚将其作为受托人持有的 1 股 FMCH 股份转让至

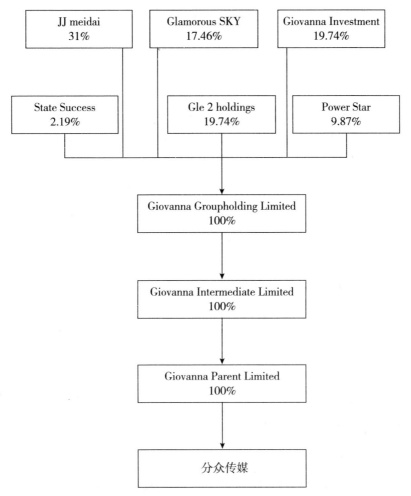

图9.2 私有化完成后分众传媒的控制权关系变更

分众传媒。在转让完成后，分众传媒持有 FMCH 100% 的股权。

二是境内公司分众传媒、分众数码的设立。

2003 年 6 月，FMCH 设立分众传媒，并持有分众传媒 100% 的股权。

2004 年 11 月，江南春、余蔚设立分众数码，股权比例分别为 90%、10%；2004 年 12 月，分众传媒收购江南春持有的分众数码 90% 股权，分众传播收购余蔚持有的分众数码 10% 股权（2009 年 10

月，分众信息技术收购分众传播持有的分众数码 10% 股权，分众数码成为分众传媒 100% 控股的公司）。

三是境内公司分众传播、分众广告的设立。

2003 年 6 月，江南春持有分众传播 70% 股份。至 2004 年 12 月，江南春、余蔚分别持有分众传播 85%、15% 的股份；2004 年 10 月，分众广告设立，分众传媒、七喜控股重大资产置换并发行股份及支付现金购买资产并募集配套资金持有分众广告 90% 的股份，余蔚持有分众广告 10% 的股份。分众传播及分众广告陆续设立并收购了多家经营广告业务的子公司，开展广告经营业务。

四是 2005 年 3 月签署 VIE 控制协议。

2005 年 3 月，分众传媒、分众数码、江南春、余蔚、分众传播（及其下属境内经营实体）分别签署了一系列的《股权质押协议》《股东表决权委托协议》《转让期权协议》《技术许可服务协议》《商标许可协议》《业务合作协议》《借款协议》《信托协议》。根据上述协议安排，FMHL 间接控制的分众传媒、分众数码通过 VIE 架构控制分众传播及其下属境内经营实体的日常经营、高管选聘以及需获得股东批准的重要事务，从而实现 FMHL 对分众传播及其下属境内经营实体的实际控制。

五是境内经营实体后续加入 VIE 架构。

自 2005 年 3 月起至 VIE 架构拆除止，后续加入的部分境内经营实体均通过签署 VIE 协议的方式，作为协议被控制方加入分众传媒的VIE 架构中。

同时，笔者也总结和梳理了分众传媒 VIE 架构的拆除过程，以帮助读者了解中概股拆除红筹架构的主要步骤。

根据《外商投资产业指导目录（2004）》，不迟于 2005 年 12 月 11日，外资间接全资持有境内广告公司的产业政策障碍将消除，分众传媒逐渐将大部分业务转移至其直接再投资的广告公司，报告期内分众传媒大部分的经营性业务及资产均已纳入分众传媒全资及控股子公司。

第一，2010 年 8 月与境内经营实体签署 VIE 终止协议。

2010 年 8 月，江南春、余蔚、分众传媒、分众数码、分众传播及部分境内经营实体签署了《终止确认协议》，各方确认终止其于前期签署的《股权质押协议》《股东表决权委托协议》《转让期权协议》中与该等境内经营实体相关的所有权利和义务，该等境内经营实体不再作为控制协议一方。同时，各方进一步确认，各方已经采取必要的措施以使该等境内经营实体退出完全生效，不存在在各方之间依然有效的、与控制协议性质类似的任何协议安排；各方在上述协议下均不再享有任何权利，也不再承担任何义务。同日，分众数码与分众传播签署了《终止确认协议》，各方确认终止其于 2005 年 3 月签署的《技术许可服务协议》，各方均不再享有该协议中约定的任何权利，也不再承担任何义务。

第二，2014 年 12 月拆除 VIE 架构。

2014 年 12 月，江南春、分众传媒、分众数码及分众传播签署《终止协议》，各方确认终止其于 2005 年 3 月签署的《股权质押协议》《股东表决权委托协议》《转让期权协议》中所有权利和义务，各方已经采取必要的措施以使上述协议终止完全生效；不存在在各方之间依然有效的、与控制协议性质类似的任何协议安排。协议终止后，各方均不再享有该协议中约定的任何权利，也不再承担任何义务。至此，分众传媒的 VIE 架构拆除。

第三，后续转让股份。

2015 年 1 月，江南春将其持有的分众传播 85% 的股权转让予分众数码。分众传媒通过股权控制的方式持有相关经营主体的股权。

第四，外汇登记。

江南春对于上述一系列操作所涉及的境外投资已根据《国家外汇管理局关于境内居民通过境外特殊目的公司融资及返程投资外汇管理有关问题的通知》（汇发〔2005〕75 号）及《国家外汇管理局关于境内居民通过特殊目的公司境外投融资及返程投资外汇管理有

关问题的通知》（汇发〔2014〕37 号）等有关规定，办理了必要的外汇审批登记手续。

透视： 基本面分析

分众传媒作为中国领先的数字化媒体集团，自 2013 年完成私有化退市，到 2015 年成功登陆 A 股，并获得资本市场在估值上的相对认可，主要归结于其在楼宇广告行业的龙头地位，主要体现在以下几点：

第一，分众传媒是国内室内广告领域的领导者并拥有垄断地位，业务稳定。分众传媒几乎垄断了国内楼宇广告市场。据麦肯锡调查显示，以覆盖的商业楼宇数量计算，分众传媒的 LCD 在一线城市的市场份额超过 90%；分众传媒的海报框架在一线城市的市场占有率达到 75%；在卖场终端媒体网络领域，分众传媒在一线城市的市场份额超过 90%。

2009～2013 年，分众传媒仅通过内生增长实现销售收入年均增长 31%，税息折旧及摊销前利润年均增长约 26%。

第二，分众传媒的全国性投放网络资源具有一定的稀缺性及业务拓展潜力。从根本上来说，楼宇广告行业是一个资源竞争的行业，商业楼宇是非常稀缺的、不可再生的资源，由于合同都是独家性的，往往谁先占据后，其他人很难进入。分众传媒的媒体网络遍布全国，其在全国各地占有的楼宇总数已近 20 000 栋，覆盖一线、二线、三线 100 余个城市，数以 10 万计的终端场所，日覆盖超过 3 亿的都市主流消费人群。根据全球最大的不动产管理集团高力物业所提供的中国十大城市 TOP 50 写字楼排行榜，分众传媒占据了 75% 以上的份额。

遍布全国的投放网络，为公司未来互联网广告、移动应用分发等互联网业务的开拓奠定了基础。

第三，分众广告投放受众定位较传统渠道更准确。从全球广告营销的发展趋势来看，大众营销方式已向分众营销模式改变。分众传媒的楼宇电视瞄准了传统媒体所不能充分覆盖的中高收入人群，面向有清晰特征的族群，深度挖掘某些商品与品牌的主力或重度消费群的需求，使广告尽可能精准和有效地击中目标受众，从而使媒体预算浪费度最低，并支持实际的销售增长。

自2013年开始，笔者的团队便深度参与了分众传媒私有化及回归，并为其提供了最主要的融资安排。同时，作为分众传媒的投资者，我们也在其回归的不同阶段，对公司进行过深入的分析研究。

经营状况分析

分众传媒在国内首创了商业楼宇LCD视频广告联播网的独特商业模式，主营商业楼宇LCD联播网业务、框架广告网络业务、卖场终端视频媒体业务、电影院广告网络业务和户外大牌广告业务。公司所经营的媒体网已经覆盖中国100余个城市、数以10万计的终端场所，日覆盖超过3亿的都市主流消费人群，业已成为中国都市主流的传媒平台。

1. 商业楼宇 LCD 联播网业务

LCD视频媒体网络是指由放置在商场、酒店、公寓和写字楼大堂等高人流量区域的平板数字显示器所组成的媒体网络，锁定中高收入的商务群体，在消费的空白时段刺激购物行为。广告可从早8点至晚8点循环播放，平均每个广告的播放时间为15秒。

截至2014年9月30日，分众传媒LCD视频媒体网络涵盖国内110多个城市，拥有数字显示器达到180 605台，业务净营收3.72亿美元，同比增长2.41%。

营收的增长区域集中在一线（北京、上海、广州及深圳）及二线城市（成都、杭州、南京、重庆、天津、武汉、大连、长沙、青岛、沈阳、济南）。随着LCD视频媒体网络的扩张，广告时段的销售价格也不断上涨，一线城市广告时段的有效价格（Effective ASP）2010年及 2011 年分别上升 30.3% 及 12.4%；二线城市广告时段的有效价格 2010 年及 2011 年则分别上升 22.1% 及 13.1%。在价格因素的推动下，2011 年 LCD 板块的营业净收入实现了 49.3% 的增长，然而自 2012 年开始，受经济环境不稳定的影响，广告投放数量增长减缓，分众传媒的营收增长也相应放慢。纵然如此，LCD 视频媒体网络业务仍占集团营收最高比重，达 42.7%。

LCD 视频媒体网络的主要营销支出包括租赁成本、设备折旧、人员工资及设备维修、科研开发等。由于该部分的支出相对营收的比例较为固定，毛利率在过去 4 年里也保持了与营业总收入相近的增长趋势。

LCD 视频媒体网络业务情况见表 9.2。

表 9.2 LCD 视频媒体网络业务情况表

商业楼宇 LCD 联播网业务	2011 年	2012 年	2013 年	2014 年 (1-9 月)
销售金额（万元）	286 527	293 804	297 369	227 990
同比增长率（%）	49.30	2.54	1.21	2.41
毛利润（万元）	200 855.43	207 719.43	225 108.33	172 360.44
毛利率（%）	70.10	70.70	75.70	75.60

2. 框架广告网络业务

框架媒体业务是指在商业大厦及住宅区的公共空间内（如电梯及大堂等）放置广告框架，租用和出售框架空间给广告客户。截至 2012 年 12 月 31 日，分众传媒已在全国 20 多个城市安装了 858 113 个传统及数码海报框架，平均每天可覆盖 6 500 万中高端家庭消费者。

2011 年至 2013 年，框架媒体的营收及毛利润呈高速增长，营业净收入复合增长率为 43.4%，毛利润增长率达 47.2%。2014 年前三季度毛利率为 72.3%，在一线城市，管理层降低销售价格以吸引更多客户，使得海报框架的利用率由 2009 年的 29.1% 提高到 2011 年的 44.8%，

2012 年维持在 45.0% 水平。在二线城市和三线城市（东莞、苏州、无锡、常州、济南、青岛、石家庄及太原），分众传媒对现有的海报框架和收购的海报框架进行整合，整合后海报框架的数量增加，利用率提高，营收快速增长。截至 2014 年 9 月 30 日，海报框架数量达到858 113 个。

框架媒体的主要营收支出包括租赁成本、设备折旧、人员工资等，上述成本在业务整合后也相应增加，但相较营收的增长率较低，故毛利率在过去 3 年内得以保持在较高水平。在这一领域，分众传媒占据约 70% 的市场份额。

框架广告业务情况见表 9.3。

表 9.3 框架广告业务情况表

框架广告 网络业务	2011 年	2012 年	2013 年	2014 年 （1 – 9 月）
销售金额（万元）	119 524	190 318	235 718	210 125
同比增长率（%）	52.14	59.23	23.85	27.83
毛利润（万元）	76 614.88	131 509.74	159 109.65	151 920.38
毛利率（%）	64.10	69.10	67.50	72.30

3. 卖场终端视频媒体业务

分众传媒 2004 年推出的卖场终端视频媒体业务是指在大型连锁零售商店或大卖场，以及超市和便利店内放置平板 LCD 播放广告。分众传媒的卖场终端视频媒体锁定快速消费品的主要购买决策人群，截至 2014 年 9 月 30 日，分众传媒已放置 59 611 块 LCD 在中国 206 个大中小城市的大中小型卖场、超市、便利店内。

分众传媒在该领域的营收保持稳步增长，其主要销售渠道有两条：

第一，家乐福/沃尔玛连锁型超市：2011 ~ 2014 年，加入卖场终端视频媒体网络的超市数量不断增加，分众传媒 LCD 的利用率也不断提高。在分众传媒给予了该渠道客户适当的价格优惠的基础上，该板块的营收仍然保持较快增长。

第二，其他类型的卖场：2011 年以前，分众传媒营收增长主要受益于有效销售价格上涨及 LCD 视频利用率的上升。然而自 2012 年开始，分众传媒开始优化该板块的 LCD 媒体网络，进行重新布局，LCD数量相较 2011 年有所下降，影响了总体收入及利润状况。

卖场终端业务情况见表 9.4。

表 9.4　卖场终端业务情况表

卖场终端联播网业务	2011 年	2012 年	2013 年	2014 年 (1 – 9 月)
销售金额（万元）	36 357	32 693	36 366	23 975
同比增长率（%）	49. 23	– 10. 08	11. 23	– 16. 95
毛利润（万元）	24 104. 69	19 125. 41	21 492. 31	12 299. 18
毛利率（%）	66. 30	58. 50	59. 10	51. 30

4. 电影院广告网络业务

分众传媒将国内现有的最现代化、上座率最高的高端影院集中买断，整合为高端影院网络体系，出租影院屏幕上的广告时间段。电影院线媒体网络精准覆盖优质消费群。截至 2014 年 9 月 30 日，分众传媒拥有中国各地共计 316 个电影院（4 285 块屏幕）广告时间的出租权。分众传媒在该领域的主要竞争对手包括万达、金逸和中国电影公司。

2010 年，分众传媒在 18 个二线城市开展影院媒体业务。2011 年，其在一线及二线城市单位广告时间的销售价格相较之前一年分别上升53.5% 及 64.9%。这一方面是由旺盛的市场需求导致的：越来越多的客户发现通过大荧幕的强烈震撼力进行品牌营销效果较预期更好；另一方面，由于分众传媒早期即进入影院领域，面临的竞争尚不激烈，因而在定价方面灵活度较大。2012 年，分众传媒签约租赁的影院屏幕数量相对稳定，但是销售价格及利用率持续提高，营收保持了增长态势。2013 年分众传媒电影院线媒体业务保持平稳增长，2013 年的净营收相比去年同期大幅增长 20.47%，毛利润同比增长 5.7%。2014 年起，电影院线媒体业务实现爆发式增长，2014 年前三季度的净营收相比去年同期大幅增长 73.67%，毛利润同比增长 115.9%。

该项业务的成本支出包括租用影院屏幕的费用及雇用人员费用。2011 年以前，分众传媒与影院签订的多为临时合约，以满足客户在旺季的需求，自 2011 年开始，企业与影院签订了时间更长的合约，租赁价格更为优惠，成本降低，除 2013 年外，毛利率每年改善。

电影院广告业务情况见表 9.5。

表9.5　电影院广告业务情况表

电影院广告网络业务	2011 年	2012 年	2013 年	2014 年 (1－9 月)
销售金额（万元）	32 707	48 383	57 098	65 877
同比增长率（%）	180.93	47.93	18.01	73.67
毛利润（万元）	17 563.66	27 384.78	28 377.71	37 484.01
毛利率（%）	53.70	56.60	49.70	56.90

5. 户外大牌广告业务

在户外大牌广告业务领域，企业通过出租户外广告牌赚取利润。户外广告牌主要放置在机场、高速公路及建筑物顶，销售价格由播放的时段、地点及所在城市决定。户外大牌广告业务从 2011 年起有下降趋势，截至 2014 年第三季度只占总营收的 1.1%。

2009 年，分众传媒处置了两年前收购的拓佳成远（分众传媒下属唯一一家经营全国机场和高速路项目的全资子公司），将重点放在运营小城市的广告牌上（由于竞争激烈，大城市的中心商业区地段很难进一步开发）。分众传媒管理层表示，小城市广告牌的平均毛利率要低过大城市，小城市广告牌比例的增加是导致近年来该板块整体毛利率水平不断下降的原因。

户外大牌广告业务情况见表9.6。

表9.6　户外大牌广告业务情况表

户外大牌广告业务	2011 年	2012 年	2013 年	2014 年 (1 – 9 月)
销售金额（万元）	35 849	31 525	12 967	5 889
同比增长率（%）	21.03	– 12.06	– 58.87	– 42.54
毛利润（万元）	4 983.01	– 3 247.08	1 854.28	765.57
毛利率（%）	13.90	– 10.30	14.30	13

销售模式分析

分众传媒通过直接向广告客户出售广告位、向4A公司销售广告位及向其他广告代理公司销售广告位的形式实现收入。公司2012~2014年各销售渠道销售金额占比情况如表9.7所示。

表9.7　各销售渠道销售金额占比情况

客户类型	2012 年	2013 年	2014 年（1 – 9 月）
	占比（%）	占比（%）	占比（%）
直客	57.37	63.96	67.46
4A 公司	34.36	29.10	26.32
其他广告代理公司	8.27	6.94	6.22
总计	100.00	100.00	100.00

分众传媒通过直接向客户销售广告位的渠道实现的销售收入占比最高，且呈逐年上升的趋势。

1. 销售策略及定价策略

首先是销售策略。公司筛选客户的条件一般为中型到大型客户，公司每年的常客重复签约率都高达95%之上。公司每年会在年初和年中分别讨论本年需要新近突破的行业，并进行新客户的重点突破，比如这两年火爆的移动互联网行业和前两年的母婴行业。广告合同的一般期限为一季度一签或者一年一签。

分众传媒广告的播出时间根据客户的投放时长来确定，一般一个星期到一个季度不等。播放的时长也是根据客户的投放来确定，公司一般提供5秒/15秒/30秒的标准投放时长供选择。播放的屏幕数量根据客户投放时购买的播放城市确定。楼宇LCD广告的播放时间为每天早上8点到晚上8点，所有的广告在每天的播放时间里循环播放。公司以CF卡①的形式人工更换广告内容，一般为每周一次。

其次是定价策略。公司每年在原有定价的基础上会根据电视台或者其他可比媒体的涨价幅度进行调价，楼宇广告调价一般一年两次，分别在1月1日和7月1日各一次；框架和卖场广告调价一般一年一次，在1月1日；影院广告调价一般一年数次，根据当年新增的影院和屏幕数量进行调整。折扣率情况则每个客户不尽相同。

以公司2014年1月1日刊例的商业楼宇联播价目表为例，公司视频广告投放价格如表9.8所示。

表9.8 公司视频广告投放价格表

城市	普通广告片 刊例价（元/周） 60次/天				片花贴片广告片 刊例价（元/周） 30次/天
城市	15"	5"	15"	5"	5" + 30"
北京	698 000	358 000	428 000	228 000	1 056 000
上海	698 000	358 000	428 000	228 000	1 056 000
广州	468 000	243 800	286 800	150 800	711 800
深圳	468 000	243 800	286 800	150 800	711 800
杭州	288 000	148 800	180 800	89 800	436 800
宁波	66 800	33 800	44 800	22 800	100 600
南京	288 000	148 800	180 800	89 800	436 800

---

① CF卡是一种用于便携式电子设备的数据存储设备。

续表

城市	普通广告片 刊例价（元/周） 60 次/天				片花贴片广告片 刊例价（元/周） 30 次/天
苏州	79 800	40 800	48 800	24 800	120 600
无锡	56 800	29 800	34 800	17 800	86 600
青岛	159 800	83 800	97 800	50 800	243 600
济南	108 000	56 800	65 800	34 800	164 800
威海	41 800	21 800	25 800	13 800	63 600
成都	288 000	153 800	186 800	92 800	441 800
德阳	41 800	21 800	25 800	13 800	63 600
珠海	70 800	36 800	42 800	22 800	107 600
东莞	66 800	33 800	40 800	20 800	100 600
长沙	158 000	83 800	96 800	49 800	241 800
常德	41 800	21 800	25 800	13 800	63 600

以公司 2014 年 1 月 1 日刊例的框架电梯海报价目表为例，公司电梯广告投放价格如表 9.9 所示。

表 9.9　电梯广告投放价格表

市场等级	一周刊播（元/幅）
一线城市（北、上、广、深）	698
二线城市	528
三线城市	458

2. 2012～2014 年公司十大投放客户

公司 2012 年、2013 年及 2014 年的前十大投放客户情况如表 9.10 所示。

表 9.10　前十大投放客户情况表

	投放客户	2012 年度销售金额（元）	占当期营收比例（%）
1	北京京东世纪贸易有限公司	172 343 957.60	2.65
2	浙江贝因美科工贸股份有限公司	137 777 218.85	2.12
3	广州宝洁有限公司	109 921 084.87	1.69
4	一汽—大众销售有限公司	104 189 143.65	1.60
5	中国移动通信有限公司	94 732 520.98	1.46
6	百胜（中国）投资有限公司	88 437 120.62	1.36
7	内蒙古蒙牛乳业（集团）股份有限公司	78 653 907.00	1.21
8	多美滋婴幼儿食品有限公司	72 203 235.59	1.11
9	苏宁电器有限公司	72 113 682.63	1.11
10	崇明县旅游局	60 120 752.75	0.92
	合计	990 492 624.54	15.22

	投放客户	2013 年度销售金额（元）	占当期营收比例（%）
1	北京京东世纪贸易有限公司	185 715 905.60	2.59
2	浙江贝因美科工贸股份有限公司	155 218 346.96	2.17
3	广州宝洁有限公司	139 671 215.53	1.95
4	百胜（中国）投资有限公司	120 499 737.79	1.68
5	四川汇金商贸有限公司	106 571 068.98	1.49
6	益海嘉里食品营销有限公司	99 978 581.73	1.40
7	中国移动通信有限公司	88 697 780.96	1.24
8	一汽—大众销售有限公司	84 414 296.96	1.18
9	多美滋婴幼儿食品有限公司	80 367 382.00	1.12
10	苏宁云商集团股份有限公司	79 877 905.00	1.11
	合计	1 141 012 221.51	15.92

续表

	投放客户	2014 年度销售金额（元）	占当期营收比例（%）
1	北京京东世纪贸易有限公司	232 839 902.00	2.89
2	淘宝（中国）软件有限公司	162 979 415.75	2.02
3	广州宝洁有限公司	150 306 294.00	1.86
4	浙江贝因美科工贸股份有限公司	140 538 201.25	1.74
5	四川汇金商贸有限公司	133 266 340.86	1.65
6	中国移动通信有限公司	104 994 533.62	1.30
7	纽海信息技术（上海）有限公司	100 150 957.64	1.24
8	内蒙古蒙牛乳业（集团）股份有限公司	95 859 275.40	1.19
9	珠海恒大饮品有限公司	92 429 395.20	1.15
10	百胜（中国）投资有限公司	86 095 300.27	1.07
	合计	1 299 459 615.99	16.12

公司前十大投放客户占总营收的比重由 2012 年的 15.22% 增加至 2014 年的 16.12%，基本保持稳定，不存在对单一客户的过度依赖。公司的主要成本为点位租金，占各期公司成本的 50% 以上，其他主要成本包括设备的折旧摊销、人工以及电费等。

竞争格局与优势分析

1. 竞争格局

分众传媒在户外广告领域尤其是商业楼宇广告领域处于垄断地位。据麦肯锡调查显示，除分众传媒以外，国内其他广告商在 10 个城市室内广告业务的市场份额均不超过 1%。以覆盖的商业楼宇数量计算，分众传媒 LCD 在一线城市的市场份额高达 96%，占据绝对领导地位；分众传媒的海报框架在一线城市的市场占有率达到 75%，其他的市场份额由很多分散的小广告商占据；在卖场终端媒体网络领域，分众传媒在一线城市的市场份额超过95%。

2. 主要竞争对手

由于分众传媒在商业楼宇广告行业处于垄断地位，目前国内尚无与其完全可比的公司，国内主要的整合营销公司以及户外广告公司情况如下：

（1）蓝色光标。

蓝色光标是在中国大陆为企业提供品牌管理服务的行业龙头公司，主要提供品牌传播、产品推广、危机管理、活动管理、数字媒体营销等一体化的链条式服务。公司已在全国多个地区建立了服务网点，业务网络架构辐射面广，是目前国内唯一一个辐射全国的业务网络。公司利用互联网技术，率先将公共关系服务与网络技术融合集成，创建了国内最早的互动营销部，是公共关系服务手段的创新。公司从事公共关系服务多年，通过大量成功案例积累了可复制的业务经验，部分案例被评为中国公共关系案例大赛金奖，为开展相关业务提供了较好的借鉴经验。

（2）省广股份。

省广股份是中国本土最优秀的大型综合性广告公司之一、国家一级广告公司，主要为客户提供整合营销传播服务，具体包括品牌管理、媒介代理和自有媒体三大类业务。省广股份是我国最早一批成立的广告公司，广告策划创意能力业内领先。公司曾多次参加国内外各类广告大赛，获得了包括美国莫比广告金奖、中国广告节金奖在内的各类奖项600多项。公司拥有国内最多的广告专业人才，设有北京、上海、成都、香港、福州等7家分公司，并与世界排名前列的跨国公司博报堂、旭通合资成立广旭、广博广告公司，其服务的客户数不胜数，包括中国电信、广州本田、水井坊、华晨汽车等，创造了一个又一个品牌神话。

（3）华谊嘉信。

华谊嘉信是本土最大的线下营销服务供应商，是业内少数具有整合营销传播服务能力的领军企业，依托其优秀的策略创意能力和高效的执行管理能力等核心竞争优势，为客户提供从营销策略、创意策划到执行管理的"一站式"营销服务，帮助客户提升品牌形象、提高产品销量、提升营销活动的投入产出比，最大限度地为客户创造价值。公司已成功为众多国内外知名企业在提升品牌形象、提高产品销量方面提供了长期、稳定、优质的线下营销服务，其客户包括惠普、微软、索尼爱立信、摩托罗拉、可口可乐、卡夫、吉百利、三星、飞利浦、西门子等世界500强企业，以及联想、伊利、王老吉、中粮集团等国内知名企业。

（4）思美传媒。

思美传媒是本土最大的线下营销服务供应商，是业内少数具有整合营销传播服务能力的领军企业，依托优秀的策略创意能力和高效的执行管理能力等核心竞争优势，其为客户提供从营销策略、创意策划到执行管理的"一站式"营销服务，帮助客户提升品牌形象、提高产品销量、提升营销活动的投入产出比，最大限度地为客户创造价值。公司已成功为众多国内外知名企业在提升品牌形象、提高产品销量方面提供了长期、稳定、优质的线下营销服务，其客户包括宝洁、上海家化、相宜本草、卡夫、百事可乐、肯德基、皇冠曲奇、达能、祐康集团、光明、胡庆余堂、伊力特、金龙鱼、上海通用、鸿星尔克、东风日产、长城汽车、中国电信、中国平安、滇虹药业、三九药业、云南白药等中外知名企业。

（5）凤凰都市传媒。

凤凰都市传媒主要从事户外LED媒体运营业务，通过在城市核心地段建设户外LED屏幕，构成全国性的LED媒体网络，并以此为平台为客户提供媒体策划、广告创意、广告制作、广告发布及效果评估等一系列广告服务。公司目前已建成国内领先的户外LED联播网，截至2014年5月31日，运营屏幕总数达60块，总面积超过15 000平方米，联播网覆盖中国20个经济发达城市，媒体所处点位均具有重要、显著、稀缺的核心特征。公司坚持以自主运营媒体为主、承包代理媒体为辅的运营模式，自主运营媒体的数量达到55块，其数量、总面积及覆盖城市数量等核心指标均位于行业前列。此外，公司通过承包代理方式经营5块户外LED媒体。

（6）白马传媒。

白马传媒成立于1986年，主营候车亭媒体，1998与Clear Channel集团合资经营风神榜候车亭，2001年在香港主板上市，成为内地首家在香港成功上市的广告公司。风神榜候车亭为白马传媒自有媒体资源，无代理、无中介，为一手资源，专业媒体供应商。白马传媒的候车亭资源占据全国60%以上的份额，网络式覆盖全国26座一级、二级城市，并且在北京、上海、广州的候车亭占有率达到96%以上。

（7）大贺传媒。

大贺传媒是一家提供户外广告服务的公司，包括设计及制作户外广告，以及通过出租其户外广告位而发布广告。公司是中国最大的广告集团之一，业务范围遍及全国各地，现已形成创意户外、智慧终端、中国快告三大业务板块，营收位居中国广告传播业第二位。大贺集团被选为中国广告协会户外委员会主任委员单位，先后获得"中国之星"设计金奖、"中国广告大奖"金奖、中国优势广告企业、全国"光彩之星"企业等众多奖项。大贺传媒同时是国内传媒行业唯一经过认定的高新技术公司，国内首家上市的本土广告公司。

（8）航美传媒。

航美传媒是专业经营机场及机载电视系统的传媒机构，打造了覆盖北京、上海、广州等全国52家主要机场和国航、东航、南航等9家航空公司机载电视系统的"中国航空数字媒体网"。2007年11月，航美传媒成功登陆美国纳斯达克，成为中国第一家在纳斯达克上市的航空数字媒体网运营商。

（9）香榭丽传媒。

香榭丽传媒2006年进军户外LED大屏广告市场，是目前中国最主要的户外大型 LED 媒体网络运营商之一。公司长期致力于有效提升传统户外媒体的传播价值，在全国各大城市最主要的核心商圈、交通干道及核心地标等区域之中为客户提供更为灵活、更为生动直观的数字视频传播方式。香榭丽传媒与众多国内外知名品牌和国际广告代理公司均有长期和稳固的合作关系，主要合作客户涉及领域广泛，包括中高端白酒、汽车及交通、航空旅游、金融保险、休闲服装、互联网及电子商务、中高端化妆品、珠宝手表、家用电器、食品饮料、生活服务等。

（10）郁金香传媒。

郁金香传媒是国内领先的户外 LED 大屏幕媒体运营商，专注于从事户外 LED 大屏幕的媒体资源开发和广告发布业务，占据了国内 LED 大屏幕媒体市场的主要市场份额。目前，公司运营的屏幕媒体覆盖了全国近 90 个城市，其中不仅包括四大直辖市，还涵盖 90% 的省会城市，运营的屏幕媒体数量已超 200 块，继续保持行业内领先地位，其中上海的东方商厦、北京的京信大厦等均是受到客户追捧的优质屏幕。除开发优质的媒体网络资源，郁金香传媒始终把为客户争取最大的媒体投放价值作为重点。经过近年来的发展，公司与众多国内外知名品牌、广告代理公司长期维持稳定的合作关系。其客户涉及的主要行业包括汽车、电子产品、金融、酒类、化妆品、食品饮料、奢侈品、航空公司、电子通信等，此外还有中高端品牌及产品的营销推广活动。

3. 与同行业公司主要经营、财务指标对比分析

2013 年主要竞争对手的财务指标如表 9.11 所示。

表 9.11　主要竞争对手的财务指标

	蓝色光标	省广股份	华谊嘉信	思美传媒	凤凰都市传媒	大贺传媒	航美传媒	分众传媒
销售收入（亿元）	35.84	55.91	17.55	16.38	4.82	4.29	2.77	63.95
毛利率（%）	34.52	19.04	10.90	14.16	65.62	36.73	10.13	68

续表

	蓝色光标	省广股份	华谊嘉信	思美传媒	凤凰都市传媒	大贺传媒	航美传媒	分众传媒
利息折旧及摊销前利润/收入（%）	19.63	8.21	6.17	6.87	23.52	16.59	3.17	39.37
应收账款周转天数（天）	111.11	42.72	105.35	40.12	116.50	198.56	144.69	105.88
资产负债率（%）	42.59	45.28	41.43	35.98	26.26	53.42	27.67	26
流动比率	1.89	2.08	2.14	2.71	2.05	1.38	2.48	3.0
速动比率	1.89	2.08	2.14	2.71	1.84	1.32	2.48	2.7
利息保障倍数	19.66	94.36	16.79	–	–	2.23	–	3.9

4. 竞争优势

分众传媒是中国围绕都市主流消费人群的生活轨迹打造的无时不在、无处不在的数字化媒体平台。其核心竞争力包括：遍及全国的广告网络、丰富的客户资源、低成本运作模式、产品多元化等，下面我们来具体分析。

第一，分众传媒是室内广告板块的领导者。

分众传媒几乎垄断了楼宇广告市场。据麦肯锡调查显示，除分众传媒以外，国内其他广告商在 10 个城市室内广告的市场份额均不超过 1%。

（1）以覆盖的商业楼宇数量计算，分众传媒 LCD 屏幕在一线城市的市场份额高达 96%，占据绝对领导地位。

（2）分众传媒的海报框架在一线城市的市场占有率达到 75%，其他市场份额由很多分散的小广告商占据。

（3）在卖场终端媒体网络领域，分众传媒在一线城市的市场份额超过 95%。

分众传媒广告业务市场份额见图 9.3。

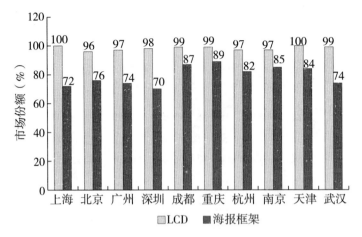

图 9.3　分众传媒广告业务市场份额

资料来源：麦肯锡。

第二，分众传媒定位准确。

从全球营销发展来看，大众营销向分众营销改变的趋势不可阻挡。分众传媒创造的楼宇电视正是把目光瞄准了传统媒体所不能充分覆盖的中高收入人群，分众传媒把自己定位于面向中高收入人群的新媒体。

分众传媒自 2002 年起一直坚持以中高端写字楼为主的发展方向，到 2004 年则以写字楼为核心，沿着其他中高端人群的生活轨迹，将液晶电视植入到商场、宾馆、机场及娱乐休闲场所中。

分众传媒的核心理念就是面向一个特定的有清晰特征的族群，而这个族群恰恰是某些商品与品牌的主力或重度消费群。通过分众传媒，广告主能让广告最精准和有效地击中目标受众，并因此使媒体预算浪费度最低和支持实际的销售增长。

第三，分众传媒占据稀缺资源。

楼宇广告行业是一个资源竞争的行业，商业楼宇是非常稀缺的、不可再生的资源，由于合同都是独家性的，往往谁先占据以后，其他人很难进入。分众传媒凭借强大的资本力量，在全国各地迅速高效地占有了这项稀缺性资源。

分众传媒目前在全国各地占有的楼宇总数已近20 000栋。根据全球最大的不动产管理集团高力物业所提供的中国十大城市TOP 50写字楼排行榜中，分众传媒占据了75%以上的份额，余下来的则是任何运营商都无法进入的楼宇以及其他公司所占据的楼宇。

第四，分众传媒拥有全国性网络，深度覆盖。

分众传媒的媒体网络遍布全国，并针对一线、二线、三线城市的客户需求进行深度覆盖。

分众传媒的主营业务楼宇广告集中在一、二线城市，旨在对目标受众族群进行深度覆盖或对那些平时不太看电视、听广播的目标受众进行补充覆盖。分众传媒在楼宇液晶电视市场的占有率加之其在流动场所如商场、宾馆、休闲娱乐场所的交叉覆盖，已能够使广告精准触达85%以上楼宇人群。分众传媒在该市场上为广告主构筑了一个全国最好的市场推广平台。

在三线城市分众传媒则以加盟的方式与当地资源整合，迅速占据此城市资源，以形成规模效应并为竞争者的进入带来壁垒，这样既能加快其在全国的扩展速度，又能避免如果三线城市亏损所带来的负面影响。

第五，分众传媒采取直营为主、加盟为辅的聚焦战略。

分众传媒在进行全国扩张的时候，并没有采取纯粹的直营战略，而是采取了以直营为主、加盟为辅的聚焦战略。分众传媒将资金集中投入到投资产出比较高的城市，而在其他商机尚不成熟的地区利用品牌优势，甄选当地有较强经济实力、有丰富媒体经营经验以及有较强本地人脉关系的广告公司对其进行标准化的商业模式、运营管理、媒体专业知识培训，经确认后许可其加盟。加盟公司无须支付加盟费用，但须将自身2/9的广告时段归分众传媒使用。在加盟公司发展成熟越过盈亏平衡点之后，分众传媒又可以溢价方式收购加盟公司。

分众传媒已形成了一个包括北京、上海、广州、深圳、杭州、南京、成都、重庆、武汉、天津、大连、青岛、长沙、沈阳、西安、昆明、厦门、石家庄、温州、东莞、珠海、汕头 22 个城市的直营网络和 20 个加盟城市所构成的连锁网络，就目前客户选择投放的城市看，95% 以上都集中在直营网络中。在加盟城市中所取得的广告时间，仅用于为大中型广告主提供增值的价值，并不用于直接销售。

第六，分众传媒客户基础良好。

自 2008 年至 2011 年，分众传媒排名前 20 及前 100 的客户（以销售额计算）的销售额持续高速增长，但是占总营收的比例不断下降。随着越来越多的新客户加入，过分依赖一小部分客户实现收入增长的风险逐步降低。

分众传媒和已有的客户建立了长期的合作关系，其规范化服务和品牌化管理也大大提升了其议价能力。快消品类 2011~2014 年第三季度均占分众传媒收入最高比例，超过 30%；交通类排名第二，2013 年及 2014 年第三季度比重开始减少，低于 20%；互联网类，尤其是电子商务及门户网站占比增长速度快，互联网类客户 2014 年前三季度占比增加至 18%。分众传媒收入分布与中国行业发展概况相匹配，日常用品如快消品广告要求较稳定，同时符合互联网快速发展的趋势。

第七，分众传媒具有成本优势。

通常成本领先战略是指通过比竞争对手更低的成本进行生产和销售，从而在市场确立竞争优势。分众传媒的成本领先战略则是通过楼宇规模的扩张，从而实现相对电视的成本优势。

央视市场研究发现，分众传媒的成本对于普通受众仅为当地电视台的 1/2 以下，这不仅巩固了中高端客户的信心，更吸引了大量快消品广告主。

分众传媒的成本领先战略，不但使其从电视广告中赢得了一部分客户，而且在楼宇广告市场中占据了难以超越的成本优势，从而成为众多客户的单一选择。

经营计划与发展战略分析

1. 战略目标及定位

分众传媒发展的核心战略为聚焦战略，其核心含义为将公司资源集合于一点，集中拓展重点市场、面向核心客户群与着重创新升级公司核心产品与服务。此外，分众传媒此前还积极引进国际资本，利用其资金优势大力投资市场，升级公司产品与服务。对于新市场的拓展，分众传媒采用以直营为主、加盟为辅的聚焦战略，通过与地方具有较强实力的机构合作加盟，既避免了同业竞争，又开发并占据了新的市场。

2. 经营计划

除了前述主要业务外，分众传媒还积极开拓新的广告市场，如3D视频媒体网络、移动互联网媒体网络等。2013年下半年开始，分众传媒已借助其庞大的实体网络，进军应用程序线下分销市场（offline app distribution）。分众传媒拟在已签约的楼宇及商业住宅区电梯口为客户提供免费无线网络，客户可以通过该网络进入指定的应用商店，极速下载电影、游戏等应用程序。手机应用程序开发商则可以借助分众传媒丰富的线下资源（全国80%以上主要城市的高档写字楼、公寓、住宅楼电梯区域）进行广告推广活动。

按照分众传媒现有的网点个数统计，预计分众传媒无线网络覆盖的人流量今后将达到1亿人次，按1%的到达率保守估计，实际下载的应用程序个数约为100万。预计每年的收益将达到500万~1 000万美元。成本方面，每年用于路由器等硬件投资的费用约为1 000万元，用于支付移动/联通等流量供应商的费用约在1 000万~2 000万元，因而总的成本约在300万~400万美元。该部分成本已经包含在分众传媒未来的资本支出规划之内。未来一两年内，分众传媒会将经营重点放在培养消费者习惯和改善消费者体验上，旨在为未来经营打开新的营销渠道。

行业竞争分析

1. 广告业的基本情况及发展趋势

第一，广告业的内涵。

广告是指为了某种特定的需要，通过一定形式的媒介，公开而广泛地向公众传递信息的宣传手段。广告包括非经济广告和经济广告。非经济广告是指不以营利为目的的广告，如政府行政部门、社会团体乃至个人的各种公告、启事、声明等，主要目的是推广；经济广告又称商业广告，是指以营利为目的的广告，通常是商品生产者、经营者和消费者之间沟通信息的重要手段，或企业占领市场、推销产品、提供劳务的重要形式，主要目的是扩大经济效益。

第二，广告产业链。

广告产业链包括广告主、广告公司、广告媒体和消费者四个主体。其中，广告主是广告的需求者，广告媒体是广告的传播载体，广告公司是连接广告主与广告媒体的中介，消费者是广告的受众。广告产业链如图9.4所示。

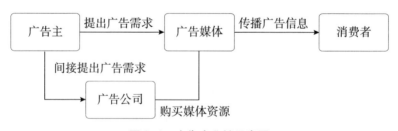

图9.4　广告产业链示意图

第三，广告媒体的分类。

广告媒体是用于发布广告的传播载体，电视、广播、报纸、期刊、户外媒体等是目前世界范围内普遍采用的主要广告媒体形式。随着信息技术的不断发展，互联网媒体、移动媒体等新兴媒体形式不断涌现，并与传统媒体发生不同程度的融合，丰富了广告媒体的形式。主要广告媒体的分类如图9.5所示。

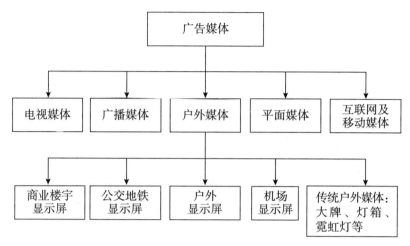

图9.5 主要广告媒体的分类

第四，全球广告业的现状。

经过多年的发展，全球广告业已处于行业生命周期中的成熟期，行业增长与GDP增幅基本持平，行业集中度上升，市场规模巨大。据全球权威传播机构实力传播（Zenith Optimedia）的统计与预测，全球广告业规模自2009年受金融危机影响出现小幅下降至4 351亿美元后，近年来稳步回升。2010年全球广告支出较上年同比增长6.6%，达到4 656亿美元，2011年和2012年分别增长3.8%和3.3%，达到4 816亿美元和4 973亿美元，已超过金融危机前水平。

据实力传播2014年6月发布的广告业报告，全球广告业规模在2013年增长3.9%，达到5 090亿美元。报告预测2014年全球广告业规模将上涨5.5%，总量达到5 370亿美元。2009~2014年全球广告支出见图9.6。

从地区广告市场规模来看，北美和西欧等经济发达地区的广告市场规模较大，发展较为成熟，而亚太地区的新兴市场历经若干年的高速增长后市场规模总量已经超过西欧，位居世界第二。上述三个区域市场规模合计占全球广告市场的比例超过80%。

世界各地区广告市场根据所在地宏观经济情况的不同，增长率存

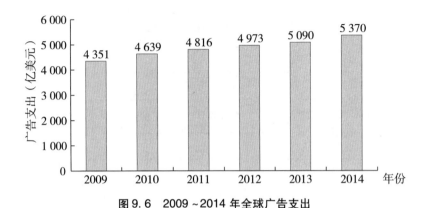

图9.6　2009～2014年全球广告支出

资料来源：实力传播。

在较大差异。2013年，北美市场同比增长率约为4.8%，西欧市场则出现1.3%的负增长。而包括中国在内的亚太地区（除日本外）和拉美地区等新兴市场增长潜力巨大，增长率分别达到11.3%和11.8%。据实力传播预测，上述地区2013～2016年将继续保持12%左右的高速增长。

第五，中国广告业的现状。

广告业作为服务性产业伴随着中国经济的成长和转型而不断发展壮大。改革开放以来，中国广告业取得了飞速发展，显示出强劲的增长活力。2003年，行业营业额首次突破1 000亿元，达到1 078.68亿元；2009年，行业营业额突破2 000亿元，达到2 041.03亿元；至2013年，行业营业额已突破5 000亿元，达到5 019.75亿元，2000～2013年广告业营业额年均复合增长率达到16.20%。2012年，广告业营业额较上年大幅增长50.32%，一方面是由于行业整体快速发展，另一方面是由于国家工商总局对相关数据的统计方法和统计口径进行了调整，导致部分地区的广告市场规模出现较大调整。即使不计2012年，2000～2011年全国广告业营业额年均复合增长率亦达到14.38%，高于同期GDP年均复合增长率的10.21%。

同时，中国广告市场规模的世界排名也在不断提高，根据实力传播统计，自 2007 年起，中国在 4 年内先后超过法国、英国和德国等发达国家，已成为世界第三大广告市场，仅次于美国与日本。

中国主要的广告媒体形式包括电视、报纸、户外媒体、广播电台、期刊和互联网等。电视作为目前国内影响力最强的媒体形式，长期以来占据着广告市场的主导地位。而报纸、期刊及广播电台等媒体由于受到互联网等新兴媒体的挤压，市场份额近年来有所下降。户外媒体受益于城镇化进程的不断加快以及消费者生活形态的改变，近年来的广告投放呈现稳步增长态势。2000～2013 年中国广告市场规模见图 9.7。

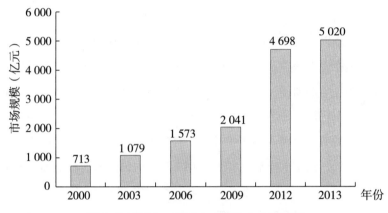

图 9.7 2000～2013 年中国广告市场规模

资料来源：中国广告协会。

就各区域广告市场发展情况来看，广告行业的发展与地方经济发展水平密切相关，北京、江苏、上海、广东和浙江等经济发达省市多年来一直位居国内广告市场前列，2013 年，上述五个省市广告经营额占全国广告经营额的比例为 68.86%，呈现显著的区域集中特征，具体情况见图 9.8。

第六，中国广告业的未来发展趋势。

（1）中国广告市场未来发展空间巨大。

广告业作为服务性产业，其发展与宏观经济发展水平密切相关。

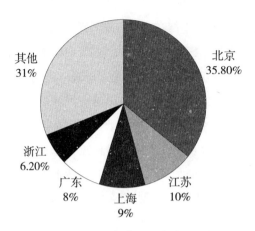

图 9.8   2013 年中国广告市场份额

资料来源：中国广告协会。

自改革开放以来，中国广告行业已经连续多年高速增长。随着国民经济的持续稳定发展、人均可支配收入逐年提高、消费品种的日益丰富以及市场竞争的加剧，预计广告主未来将不断增加广告投放量，从而促进广告市场规模的不断扩大。

就广告业营业额占 GDP 的比例而言，中国广告营业额在 GDP 中所占比例较低，低于全球平均水平。2013 年，中国广告业营业额占 GDP 的比例仅为 0.9%，与美国等广告业发达国家 2% 的占比存在较大差距。国家工商总局及国家发改委发布的《关于促进广告业发展的指导意见》提出"到 2015 年，广告业营业额相对 GDP 比重力争达到 1.5%"的发展目标。因此，在外部政策支持和市场内在需求相结合的情况下，未来几年中国广告市场的发展前景向好，市场规模具有巨大的增长潜力。

（2）广告业整合与集中趋势明显。

经过多年发展，国内的广告市场参与主体在经营业态上已经出现了比较明显的分化，在各个细分领域已逐渐出现一批实力相对较强的广告公司，行业整合与资源集中将是广告市场未来的发展趋势。拥有强大资金实力、掌握丰富媒体资源的广告公司将收购兼并其他广告公司或拓展分支机构，率先对行业进行整合，在未来的竞争中掌握主动权。

（3）资本化经营成为广告公司发展的重要驱动力。

中国现代广告业发展历程尚短，广告公司发展积累较少，相对国际大型广告集团资本实力较弱。面对激烈的市场竞争以及稀缺的媒体资源，单纯依靠内生增长提供发展资金已经无法满足广告公司快速发展的需要。通过发行上市筹集发展资金已成为解决这一问题最为有效的途径。

2001年以来，白马传媒、分众传媒、航美传媒、省广股份等行业内优秀公司先后登陆资本市场。通过上市融资，并灵活运用收购兼并等资本化经营手段，这些公司实力得到不断增强。因此，资本化经营是国内广告公司发展壮大的有效途径，未来这一趋势仍将延续。

（4）新技术应用和媒体间融合促进广告行业业态升级。

随着网络技术、通信技术、多媒体技术等新兴技术的发展与应用，在广告媒体领域产生了互联网媒体、移动媒体和户外电子媒体等一系列新兴媒体，并逐步得到了广告主的认可。这些媒体具有区别于传统媒体的高速、精准、高效、互动等特征，能极大地提高广告信息的传输能力和表现形式，成为未来广告业的重要增长点。

同时，新兴技术将有利于电视媒体、平面媒体、户外媒体、互联网媒体等媒体间的融合，挖掘出各种媒体形式更多的广告价值，并创造新的媒体使用方式，促进广告行业的业态升级。

2. 户外广告业的基本情况及发展趋势

户外广告是指利用公共、自有或他人所有的建筑物、构筑物、场地、空间等设置的广告载体，包括电子显示屏、广告喷绘大牌、灯箱、霓虹灯、实物造型、气球等多种媒介形式。户外广告大大拓展了受众接受广告信息的时间和空间，与电视、期刊、互联网等主要覆盖室内受众的媒体有着极强的互补性，具有不可替代的媒体价值。同时，户外广告在引导大众消费、美化城市空间、营造都市氛围等方面也发挥着重要作用。

户外媒体与其他主要媒体的特征对比如表 9.12 所示。

表 9.12　户外媒体与其他主要媒体的特征对比

种类	优势	劣势
户外媒体	与室内媒体的覆盖能力高度互补，有效填补了其他媒体在户外时间与空间上的空白 媒体种类多样，表现形式丰富 对特定地区受众的定位精准 贴近消费终端，容易引发消费行为	单个广告媒体覆盖面较小 部分传统户外媒体易受地方政策变化影响 非电子化的户外广告媒体广告容量较小、内容较为单一
电视媒体	视听合一、信息量大 覆盖面广、影响力强 传播速度快、信息时效性强	广告信息转瞬即逝，不易保存 媒体价格较高 受众容易产生抗拒情绪
广播媒体	传播速度快、覆盖面较广 汽车普及、老龄群体增加推动媒体价值的提升	信息表达仅依靠声音，缺乏形象感 广告信息转瞬即逝，不易保存 受众容易产生抗拒情绪
平面媒体（报纸、期刊）	信息量大、说明性强、阅读性强 对特定受众的定位精准 易保存、可重复阅读	制作周期长、时效性较差 单一媒体的读者人群范围较窄，覆盖范围有限 受互联网媒体冲击较大
互联网媒体	视听合一、信息量大 传播速度快、信息时效性强 表现形式丰富、交互性强	单一网站的受众覆盖范围有限 广告真实效果难以评价 有效广告位有限、媒体资源分散

中国户外广告业经过多年发展已形成相当的市场规模。根据中国广告协会统计，2009 年行业市场规模达 192 亿元，同比增长 7%；2010 年由于受到宏观经济形势好转以及世博会、亚运会等大型城市活动的影响，市场规模较 2009 年同比大幅增长 42.35%，达到 274 亿元；

2011年由于缺少上述大型城市活动的拉动作用，以及部分地区对户外广告喷绘大牌进行规范和清理，使得市场规模基本与上年持平。2009~2011年中国户外广告市场规模见图9.9。

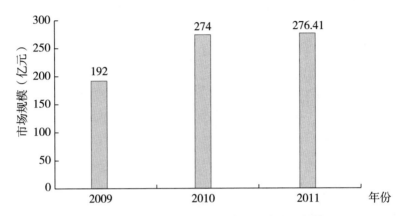

图9.9 2009~2011年中国户外广告市场规模

资料来源：中国广告协会。

在广告媒体领域，媒体形态间的融合、媒体与新兴技术的结合是大势所趋。近年来，数字技术和网络技术的迅猛发展催生了互联网媒体、移动媒体等一系列新兴媒体。此类技术与传统户外媒体融合之后，同样产生了户外领域的新兴媒体，如各类以电子显示屏为传播媒介的户外电子屏媒体，包括大型户外LED电子屏、商业楼宇电子屏、公交地铁电子屏等。

相比受到静态画面限制，仅能表现单一客户广告的传统户外媒体，户外电子屏媒体大幅度地拓展了有限点位资源的广告容量，同时凭借其多彩的视觉效果和精准的信息传播使越来越多的广告主将其列为广告投放的重要方向，从而进一步提升了户外媒体的价值。长期来看，户外电子屏媒体将对传统户外媒体产生较强的替代作用。

在各类户外电子屏中，商业楼宇电子屏与公交地铁电子屏由于发展相对较早，已经占据了相对较大的市场份额。然而近两年来，随着智能手机等移动终端的迅速发展，受众对于公交地铁、机场、车站等交通枢纽或交通工具内的电子屏媒体的关注度有所下降，导致这类电子屏媒体的收入增速有所放缓。而户外电子屏媒体覆盖的人群由于主要身处室外或处于行进过程中，并未受此影响，仍保持较高的增长态势。2009～2013年户外电子屏广告市场规模见图9.10。

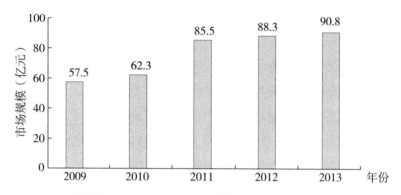

图9.10　2009～2013年户外电子屏广告市场规模
资料来源：易观智库。

根据易观智库数据，户外电子屏广告市场自2009年金融危机以来稳步增长，2010年和2011年的增长率分别达到8.35%和37.26%。2012年及2013年行业增长速度趋缓，这主要是由于市场份额占比较高的商业楼宇电子屏与公交地铁电子屏等交通枢纽或交通工具内的电子屏市场规模增速放缓所致。

重估：　投资价值分析

分众传媒是第一家顺利回归国内，并在A股成功借壳上市的较大型中概股公司，对其投资价值的深入分析有利于投资者全面、准确和客观地理解投资中概股的判断标准、风险因素和投资回报。

考虑到读者理解的方便，笔者对分众传媒拆除红筹架构及进行行业业务重整的综合融资方案加以分析，该综合融资方案如表9.13所示。

在分众传媒自美国证券市场成功完成私有化退市后，为拆除红筹架构完成回归，包括创始人江南春在内的分众传媒私有化财团即与金融机构沟通拆除架构的总体融资方案。在解除私有化退市时承担的外币银团贷款的同时，又要兼顾回到国内未上市期间，私有化财团的财务可承受能力，还要兼顾分众传媒自身发展的资金需求，并为可能因上市不顺利而被拖延带来的财务风险做预先考虑。正是在这样的多个约束条件下，最终形成了分众传媒拆除架构回归 A 股的整体融资安排。

表 9.13 分众传媒综合融资方案

	直接投资	并购贷款 A	并购贷款 B
融资主体	Giovanna Group Holdings Limited	分众传媒	分众传媒
金额	不超过人民币 25 亿元	8.92 亿美元	5 亿美元
资金用途	受让投资标的 6.25% 股权	替换境外银团贷款，其中：某银行香港分行 4 亿美元	替换星展银行（DBS）2 亿美元；某银行香港分行 3 亿美元
抵质押担保措施	—	分众传媒以下各级子公司股权质押	境内业务实体公司不少于 3 亿美元等值现金监管

除了债务性融资安排外，在分众传媒回归的整体融资方案中，为缓解公司私有化债务融资带来的财务压力，以及为后期发展的经营需要获得稳定资本支持，私有化财团安排了在上市前进行一轮私募融资，既包括出售存量老股，也包含增发新股。当然，在这一轮私募融资中，出售存量股份的设计，也让一些私有化的财务投资者成功提前溢价退出部分股权，收回投资成本的同时，锁定了后期收益。表 9.14 显示了分众传媒 A 股上市前私募股权投资的要素，可以由此对分众传媒的投资价值有更为直接的理解。

表9.14 分众传媒A股上市前私募股权投资的要素

目标公司	分众传媒
投资方/股权受让方	某金融机构境外全资子公司的附属公司
出让方/股权转让方	分众传媒原股东
投资方式	于境外向现有股东按比例收购老股
转让/受让标的	分众传媒股份
投资金额/股权转让对价	投资不超过人民币25亿元，持股不超过6.25%
目标公司估值	400亿元，等于分众传媒2014年和2015年预测市盈率的15.6倍和13.3倍，以及分众传媒截至2013年和2014年未经审计净资产（预估数）的6.4倍和4.6倍
关于投资退出	于分众传媒A股借壳上市后，3年锁定期结束后于市场退出，或在完成A股借壳上市后，以出让投资份额的形式退出
反稀释条款	分众传媒资产注入壳公司时，投资者收到的壳公司股份的当时估值不应低于投资者本轮投资的金额
与借壳上市相关的盈利承诺责任	投资者不承担未达盈利担保所引起的赔偿责任；如果证监会要求投资者作为分众股东需要承担有关赔偿，则卖方股东会向投资者做出等额赔偿
预计投资年期	预计4年，其中包括完成本轮投资后公司需要最少6个月完成借壳上市；完成借壳上市后按规定所投资股权有3年的锁定期，及在锁定期完结后以6个月时间完成退出
预计的投资回报	在基础情况下（市盈率为22倍），估计税后回报约为104%，相当于年化收益率的19%；在理想情况下（市盈率为30倍），估计税后回报约为174%，相当于年化收益率的29%

投资周期

由于分众传媒私募形成的投资是在分众传媒借壳上市前的 12 个月内进行的，所以根据《上市公司重大资产重组管理办法》，该投资在分众传媒完成借壳上市后有 3 年的锁定期，所以，比较可行的退出方案是在锁定期结束后，于二级市场出售股票实现退出。

根据分众传媒提供的借壳上市时间表估算，分众传媒完成该轮投资后借壳上市大约需要 6 个月左右的时间，再加上 3 年的锁定期，假设投资者在锁定期结束后的 6 个月内完成退出，则整个投资期约为4 年。

投资退出时，上述私募投资公司作为境外投资者，要就投资所得缴纳10%的税金，方能退出。投资公司收到的退出资金，在扣除投资公司和一般合伙人公司的相关管理费和业绩费后，将通过正常外汇审批渠道直接回流境内。

借壳上市方案

分众传媒私有化退市时，共欠银行 13.92 亿美元的私有化贷款，其中 8.92 亿美元为境外银团贷款，余下 5 亿美元为以等额存单担保的内保外贷。为了解除境内公司的股权抵押以启动重组，FMCH 向某银行香港分行提取总计 8.92 亿美元的 45 个月贷款，令 FMCH 可以代分众传媒偿还退市发生的境外银团贷款。同时，该行境内机构还提供 5亿美元过桥贷款给 FMCH 以偿还分众传媒的星展银行 2 亿美元内保外贷，以及该银行 3 亿美元内保外贷。

在分众传媒境内业务整合平台（以下简称"平台公司"）完成向 FMCH 收购境内公司的股权，并向 FMCH 支付转让对价款 5 亿美元后，FMCH 会用该款项偿还银行境内机构的 5 亿美元过桥贷款。FMCH 在取得转让款结汇前需要支付最多约 5 000 万美元的增值税，所以实际转让金额将包含税款，以确保 FMCH 取得足够现金用于境外还款。

根据分众传媒和其财务顾问华泰联合证券与中国证监会就借壳上市的非正式沟通，按照中国证监会的要求，平台公司在与上市壳公司合并之前，境外股权要简化和清晰，尽可能由各个境外股东直接持有该平台公司股权，而本轮投资亦应完成。

根据分众传媒和华泰证券当时的解释，证监会允许 FMCH 在平台公司被注入壳公司前暂时持有该平台公司的股权，以便 FMCH 在出售其持有的部分该平台公司股权后，从壳公司取得足够代价款以偿还某银行香港分行的 9 亿美元（约人民币 55 亿元）过桥贷款。由于将转让款结汇前要缴纳 10% 的增值税，所以 FMCH 转让款名义上要达人民币 61 亿元才足够让 FMCH 取得 55 亿元人民币以偿还贷款。以分众传媒当时确定的平台公司注入壳公司的估值 450 亿元计算（基础为 2015 年盈利保证 30 亿元人民币乘以 15 倍），FMCH 需持有平台公司约 13.6% 的股份。分众原股东及其他本轮投资者会根据本轮投资后各自的持股比例留存平台公司股份于 FMCH。

由于主要的私募投资者在本轮投资中加入了反稀释的条款，即其在分众传媒注入壳公司时所收取的壳公司股份的当时价值不会少于其在本轮的投资成本 25 亿元，在实际操作上，如果最终投资者收到的壳公司股份的估值低于其成本 25 亿元，卖方可能通过股份和现金的方式向投资者做出补偿。

分众传媒之后以 450 亿元估值将平台公司注入 A 股壳公司，以实现借壳上市。而分众传媒股东（包括 FMCH）在借壳上市完成后，将可取得 A 股壳公司的股份和现金，其中现金部分初步预计为 120 亿元，而 FMCH 只收取现金，以偿还银行的过桥贷款，余下约 59 亿元将按比例支付给参与私有化的股东。参与该投资的金融机构境外子公司则只会收取 A 股股份作为转让对价。

表 9.15 显示了该金融机构所进行的直接投资，从完成投资至完成以上各主要重组步骤后的持股比例演变。

表9.15 分众传媒持股股东变化表

	本轮投资后		借壳上市前		借壳上市后		完成配套融资后	
	股数	占比（%）	股数	占比（%）	股数	占比（%）	股数	占比（%）
原股东	375	93.75	324	81.02	305	87.1	305	65.4
投资机构	25	6.25	22	5.40	25	7.1	25	5.4
FMCH（还债用）	–	0.0	54	13.58	–	0.0	–	0.0
壳股东	–	0.0	–	0.0	20	5.7	20	4.3
配套融资股东	–	0.0	–	0.0	–	0.0	117	25.0
总计	400	100.0	400	100.0	350	100.0	467	100.0

注：表中数字为四舍五入后的值。

以上投资的主要假设包括：

（1）在完成配套融资前每股股价1元。

（2）壳公司估值20亿元。

（3）借壳上市时分众传媒以450亿元估值注入壳公司，当中FMCH只收取现金，而原分众传媒股东则收取59亿元现金（税前），余额收取A股股份，而投资的金融机构则只收取A股股份。

（4）如果该笔投资在注入壳公司时的估值低于25亿元，原股东会以壳公司的股份向投资机构补足。

（5）配套融资时壳公司会发行25%新股（证监会容许的上限）。

投资回报预测

根据当时投资票面估值400亿元计算，该轮的投资估值相当于2014年和2015年预测市盈率的15.6倍和13.3倍。分众传媒投资成本市盈率分析见表9.16。

表9.16 分众传媒投资成本市盈率分析

财政年度	2013年	2014年	2015年	2016年
分众传媒利润（亿元）	23.4	25.6	30	34.5
估值400亿元的投资市盈率（倍）	17.1	15.6	13.3	11.6

注：2014年、2015年、2016年数据为预测值。

在分众传媒回归之前，A股市场并无任何与分众传媒业务可直接比较的同类型和体量的上市公司。一批业务上较为接近的上市广告制作和策划类公司在收入和盈利规模上都大幅小于分众传媒，但收入和盈利增速却比分众传媒高。分众传媒与A股同类公司估值对比见表9.17。

表9.17　分众传媒与A股同类公司估值对比　　　　　　　　单位：倍

	2013 年	2014 年	2015 年
电广传媒	38.2	37.9	36.8
蓝色光标	49.0	32.2	25.8
省广股份	50.9	34.6	26.9
博瑞传播	38.5	32.1	23.8
华谊嘉信	88.2	54.8	46.2
思美传媒	47.6	46.4	41.2

注：2014 年数据为预测值。

就上市广告制作商和广告渠道经营商而言，投资者一般都会给予广告制作商更高的估值。分众传媒即使在A股上市后，其估值也未必能达到增长较快的广告商的水平，但由于该轮投资成本仅为2014年业绩的15.6倍市盈率，较A股可比同业估值36倍的市盈率，存在57%的巨大折让，再加上分众传媒作为中国室内广告渠道领域接近垄断的龙头企业，以及预期投资后6个月内分众传媒很有可能完成借壳上市，因此该轮私募投资的估值基本上是合理的。

综合分析多种因素，分众传媒在A股借壳上市后，其估值可能与同类公司相比存在一定的折让，主要原因包括：

第一，较慢的增长速度。

分众传媒在2013～2015年的复合年盈利增长率只有13%，远低于可比公司平均26%的增长率。而公司借壳后的盈利保证为2015～2017

年的净利润每年增长 15%，也仍然低于同业平均水平。

第二，较大市值和股票流通量。

分众传媒的盈利规模远超可同比公司：当时可同比公司的盈利水平都在 1 亿至 7.5 亿元人民币。由于分众传媒计划再配套融资发行 25% 股份（1 年锁定期），所以预计公司在完成上市 1 年后有大量投资者需要出售股份套现，因此可以预期，这将对公司在借壳上市后的估值带来持续的负面影响。

第三，沪港通后大型蓝筹股估值水平有可能向国际市场靠拢。

由于在 2015 年内国际投资者可以通过沪港通进行卖空的投资，所以类似分众传媒这一类大型上市公司，其估值有机会更接近国际同业，如全球最大的户外广告公司德高集团（JC Deceaux，简称 "JCD"）。JCD 的估值为 2014 年市盈率的 27 倍。

因此，分众传媒在上市后的估值较 A 股的广告市场同业可能存在一定折让。分众传媒此时较为合理的估值大约为 2015 年市盈率的 22 倍，相对于同业平均市盈率有约 34% 的折让。以此估值范围计算，相当于借壳上市后，分众传媒的市值约为 660 亿元。

假设分众传媒在借壳上市后能兑现每年 15% 的盈利增长承诺，并在 2018 年也保持 15% 增长，而股价也能反映同比例的增长，以市盈率保持 22 倍推算，则公司在 2018 年的市值将上升至 1 004 亿元。

扣除预提税 10%（根据出售收益计算）和每年境内外通道费 1.5%（根据投资金额 25 亿元计算），按当时的预测条件估算，该次投资的预期投资回报为 104%，或年化收益率为 18.3%（以投资期 4 年计算，主要假设为投资后半年完成借壳上市，上市后 3.5 年完成退出），具体结果见表 9.18。因此，虽然预期的投资回报并非十分具有吸引力，但仍属可接受范围内，而且该预测明显是中性基础上相对保守的预测。

表 9.18　分众传媒投资预测分析表

	2015 年	2016 年	2017 年	2018 年
利润规模（亿元）	30	34.5	39.7	45.6
市值（市盈率 22 倍，亿元）				1 004
所持股份市值（亿元）				75.3
升值幅度（%）				115
扣除预提税 10% 和每年 1.5% 通道费后的升值幅度（%）				96.1
年化收益率（%）				18.3

分众传媒将在该轮投资后实施股权激励计划，当中涉及在满足特定条件下向高管发行最多 10% 的分众传媒新股。若保守地假设在投资退出时该股权激励计划的条件已满足，并且完成向高管发行 10% 的新股，则该笔投资的年化收益率将下降至 15.3%。

当然，可预设该投资的理想情景：因 A 股市场当时没有直接可比公司，加上分众传媒在中国室内广告市场的巨大规模和绝对龙头地位，以及 A 股市场 2015 年的投资热情高涨，分众传媒有机会取得与已上市的其他中国广告商相近甚至更高的估值水平。

假设分众传媒在借壳上市后可以取得 A 股上市广告商 2015 年市盈率中位数估值水平 30 倍市盈率，并在 2015～2018 年保持 15% 的盈利增长，2018 年预测盈利达 45.6 亿元，即分众传媒于 2018 年年底的预期市值为 1 369 亿元，而员工股权激励计划下的所有股权均未行权，则 25 亿元原始投资的最终市值可以达到 58.7 亿元，相当于在扣除 10% 预提税和资管通道费后，投资升值 167% 或 4 年投资期的年化收益率达到 27.8%。这将是一笔非常合算的投资。分众传媒投资敏感性分析见表 9.19。

表9.19 分众传媒投资敏感性分析表

增长率（%）	2018 年市盈率					
	20 倍	22 倍	25 倍	28 倍	30 倍	32 倍
13	14.1	16.8	20.6	24	26.1	28.2
14	14.9	17.6	21.4	24.8	27	29
15	15.6	18.3	22.1	25.6	27.8	29.8
16	16.3	19.1	22.9	26.4	28.6	30.7
17	17.1	19.9	23.7	27.2	29.4	31.5

（第一列合并标题：2015～2018年盈利复合增长率（%））

投资风险分析

任何投资都是有风险的。在预估收益率的同时，也需要深入分析和评估分众传媒的投资风险。

1. 商业风险

户外媒体进入多屏时代，行业整体进入创新、整合期，视频网络行业的崛起给传统广告业务带来冲击。最近几年，分众传媒加大了在电影院线及卖场网络的投入，定位准确、效果明显。另外，分众传媒也在积极开拓新的媒体领域（如手机媒体及互动媒体等），保持其先行优势。其所面对的商业风险主要如下：

一是市场趋近饱和的风险。2014 年户外媒体行业竞争激烈，分众传媒主要客户（车及快消类产品）的广告投放量降低。市场忧虑行业增长放缓，令分众传媒收入大幅下降。

公司在积极开拓新的广告模式，逐渐从单一的用户被动接受模式向注重用户体验、传播品牌理念的模式转变，实现了广告效果的精进演变。公司年度整体运营情况良好，保持了平均11%的增长率，主要业务板块收入稳定，至 2014 年 9 月 30 日为止的所有数据均符合财务契约要求。另外，央视市场研究（CTR）媒介智讯 2014 年前三季度的中国广告市场调查报告显示，商业楼宇视频类广告的收入增长21.4%，影院视频类广告的收入增长70.6%，而分众传媒主要业务包括 LCD 视频媒体（商业楼宇）、框架媒体（商业楼宇）及电影院线媒体（影院视频），增长率分别为2.0%、27.8%及73.7%。

二是成本上涨的风险。楼宇视频媒体板块的租金成本业务上涨，对公司的利润收入造成了一定压力。分众传媒2013年营业成本上涨3.0%至3.29亿美元，2014年前三季度则上涨4.0%至2.60亿美元。有赖于其规模优势，无论是针对物业管理商还是广告商，分众传媒的议价能力都明显高于其竞争者。在租赁成本不断上涨的大环境中，分众传媒足以保证其利润在一定水平。而且，分众传媒2013年毛利率为68.2%，比2012年的66.3%高；2014年前三季度毛利率70.2%也高于2013年前三季度的67.42%，显示分众传媒有能力控制营业成本。

三是行业竞争的风险。户外媒体行业的竞争十分激烈，尤其是在分众传媒进入到三四线城市后，许多小的海报框架广告商抱团合作，与分众传媒竞争。激烈的竞争使得分众传媒的议价能力降低。在三四线城市，分众传媒以加盟的方式与当地资源整合，形成规模效应并为竞争者的进入带来壁垒。

四是管理层的专业和诚信风险。分众传媒属轻资产公司，管理层的专业水准以及诚信水平对于公司至关重要，一旦出现管理层不诚信的行为，将对公司经营造成重大不利影响。

分众传媒的核心管理层都有超过15年的行业经验。分众传媒自2009年以来复合增长率为27%并维持了高收益率（税息折旧及摊销前利润率超过50%），体现了管理层的专业水准。分众传媒的股东除了江南春之外都是国内外知名私募基金。自2013年5月第一次提款以来，分众传媒严格遵守贷款条款，如准时提供财报和合规证明、按时还本付息并提前偿还贷款。此次再融资并不是因为集团的偿债能力和财务状况发生变化，而是为了能够尽快在境内上市。

五是作为外商投资公司，未来经营互联网相关业务可能会涉及法律风险。根据现行的《外商投资产业指导目录》，"新闻网站、网络视听节目服务、互联网上网服务经营场所、互联网文化经营（音乐除外）"均属于外商投资禁止领域。分众传媒作为外商投资公司，日后如涉及互联网广告等业务，可能会有一定法律风险。

2. 税收风险

最近 3 年，公司部分境内经营实体享受高新技术公司的税收优惠政策及地方财政扶持优惠政策，对公司的经营业绩有正向促进作用。

而未来，如公司无法继续被认定为高新技术公司或无法继续取得地方政府的政策扶持，将对公司的经营业绩造成不利影响。

3. 投资风险

（1）投资难以在短时间内套现的风险。

按照借壳上市时间表，基本所有私募投资者在该次所进行的股权投资都属于借壳上市前 12 个月的投资，在分众传媒成功借壳上市后都有 3 年的锁定期，在此期间不能在 A 股二级市场出售股份。另外，由于分众传媒是第一个尝试通过借壳转到 A 股上市的案例，所以审批的时间也存在不确定性。以当时估计的 6 月完成借壳上市审批计算，该次投资期最少也约为 3.5 年。

针对这一风险的对策：如果市场许可，可以争取通过出售境内 QDII（合格境内机构投资者）产品份额或海外 SPV 份额的方式实现提前退出。

（2）无法成功完成借壳上市的风险。

虽然分众传媒满足相关监管规则中对被注入资产的基本要求，政策面当时也持欢迎的姿态，但是，作为第一家在美国资本市场退市后试图回归 A 股市场的中国公司，分众传媒借壳上市的交易在审批上仍存在一定的不确性。公司曾明确指出，证监会非常欢迎分众传媒通过重组和借壳实现 A 股上市，但由于此类审批并无先例可循，再加上分众传媒体量庞大，以及外资股东持股的架构，也使得该交易可能还需要报商务部批准，就如境内整合平台公司向 FMCH 收购境内其他公司的交易需要取得商务部的审批一样，这令分众传媒借壳上市能否顺利落地存在一定的不确定性。

同时，分众传媒以外商投资公司的身份进行 A 股借壳上市运作，部分股东持股比例未达到《关于上市公司涉及外商投资有关问题的若干意见》第二条第二款第三项明确规定的"上市发行股票后，其外资股占总股本的比例不低于10%"的要求。该文件并未废止，虽然根据过往已成功在A股IPO的案例看，该要求已不再执行，但仍有导致分众传媒A股借壳上市失败的风险。

另外，若证监会认为其资产注入的估值过高（根据公司和中介机构经验，借壳上市注入资产的估值上限为当年预测市盈率的15～16倍）或盈利承诺过于保守（15～16倍市盈率对应的一般年增长率应为20%左右），也会以委婉方式拒收文件或受理后延时审批。若分众传媒最终无法实现A股上市，则只能选择在估值相对较低的香港证券市场上市。

针对这一风险的对策：若分众传媒未能完成A股上市，仍可以在较短时间内转去港交所上市。而分众传媒和投行中介机构认为，根据与证监会的多轮沟通，其借壳A股上市为创新模式，符合相关监管政策，会得到证监会的大力支持，获得审批只是时间问题。

假设分众传媒2015年年底能够在香港上市，以笔者测算，其估值约为2015年业绩的19倍市盈率，即上市估值约为570亿元。以募资100亿元（其中55亿元用于偿还私有化退市的贷款）计算，上市前全体股东所持股权的（包括该轮投资者）价值为470亿元。由于不需要按照A股借壳上市方案的要求——将部分股权无偿注入FMCH以还债，所以投资分众传媒的估值仍为400亿元。在上述情况下，投资收益为3.5亿元，即可实现17.5%的收益率。分众传媒投资回报预测见表9.20。

表9.20 分众传媒投资回报预测

2015年市盈率（倍）	15	16	17	18	19	20	22	25
上市估值（亿元）	450	480	510	540	570	600	660	750
上市前估值（亿元）	350	380	410	440	470	500	560	650
升值幅度（%）	−12.5	−5	2.5	10	17.5	25	40	62.5

（3）A 股市场无直接可比公司，难以准确预测分众传媒估值的风险。

由于 A 股市场无直接可比的同业公司，而最接近的可比同业公司的市场地位，以及收入和盈利规模均远低于分众传媒，使得市场最终会给予分众传媒的估值难以准确预测。

针对这一风险的对策：该轮的投资估值仅为分众传媒在 2014 ~ 2015 年度业绩的 15.6 倍和 13.3 倍市盈率，大幅低于最接近的可比同业公司的估值——中国广告公司估值的中位数 36 倍和 32 倍。

（4）股权激励计划摊薄投资所持股比例的风险。

分众传媒计划在完成该轮投资的同时，拟发行规模不超过总股本 10% 的新股，作为股权激励计划。

针对这一风险的对策：股权激励计划有助于激励管理层实现经营与盈利目标，有利于提升公司业绩，只要条款合理，行权条件适当，就不会对分众传媒的投资造成过度不合理的负担。

**专栏
9.1**　　　　　　　　**分众传媒发展历程**

1997 年创立艾奇广告

江南春直系亲属成立上海艾奇广告有限公司（简称"艾奇广告"），从事广告代理业务。

2003 年 5 月更名为分众传媒

艾奇广告终止了广告代理业务，转为经营户外商业楼宇广告发布业务，并更名为分众传媒，同时江南春取得了分众传媒股权。

此后，分众传媒搭建境外红筹结构，建立与境内经营实体的协议控制关系（VIE 架构），引入战略投资者（包括高盛、鼎辉等知名投资机构）。

2005 年 4 月介入店内广告

2005 年 4 月，分众传媒开始从事大型连锁超市、便利店内的平面广告发布业务。

2005 年 7 月纳斯达克上市

2005 年 7 月，分众传媒在纳斯达克上市，发行规模为 10 100 000 份 ADS（1 份 ADS = 10 股普通股）。其中新发股份为 7 000 000 份 ADS，存量发行为 3 100 000 份 ADS，其中江南春出让了 1 281 006 份 ADS。发行价格为 17 美元/ADS，承销商折扣为 1.19 美元/ADS，分众传媒发行净筹资额为 1.1 亿美元。发行前总股本为 300 731 000 股，发行后总股本达到 370 731 000 股（未考虑期权及超额配售权）。上市后股权结构见图 9.11。

图 9.11 上市后股权结构

注：考虑了上市 60 天内可以行权的期权全部行权，图中数据为四舍五入后的值。

2005 年 10 月收购框架传媒

框架传媒总对价不超过 1.83 亿美元，其中现金对价 3 960 万美元，股份支付 22 557 003 股分众传媒普通股（按照每股 2.456 美元，即每份 ADS 24.56 美元定价，价值为 5 540 万美元）。此外，与未来业绩挂钩的潜在股份支付约为 35 830 619 股分众传媒普通股（按照每股 2.456 美元，即每份 ADS 24.56 美元定价，价值为 8 800 万美元）。

2006 年 1 月第二次公开发行

发行规模为 6 787 829 份 ADS（1 份 ADS = 10 股普通股），其中新发股份 1 500 000 份 ADS，存量发行 5 287 829 份 ADS，其中江南春出让了 1 000 003 份 ADS。发行价格为 43.5 美元/ADS，承销商折扣为 1.89 美元/ADS，公司发行净筹资额为 0.62 亿美元，发行前总股本为 400 463 000 股，发行后总股本为 415 463 000 股（未考虑期权及超额配售权）。发行完成后，江南春在分众传媒的持股比例为 24.89%。

2006 年 2 月收购聚众传媒 100% 股权

聚众传媒总对价为 2.75 亿美元，其中现金对价 4 400 万美元，股份支付 77 000 000 股分众传媒股份（按照每股 3 美元，即每份 ADS 30 美元定价，价值为 2.31 亿美元）。

2006 年 3 月收购互联网广告公司 100% 股权

互联网广告公司总对价为不超过 3 000 万美元，其中现金对价 1 500 万美元，股份支付不超过 3 000 000 股分众传媒股份（按照每股 5 美元，即每份 ADS 50 美元定价，价值为 1 500 万美元）。其中，股份支付部分取决于被收购公司 2006 年、2007 年的业绩表现。

2006 年 6 月第三次公开发行

发行规模为 6 700 000 份 ADS（1 份 ADS = 10 股普通股），其中新发股份 1 000 000 份 ADS，存量发行 5 700 000 份 ADS，其中江南春出让了 1 016 748 份 ADS。发行价格为 54 美元/ADS，承销商折扣为 1.62 美元/ADS，公司发行净筹资额为 0.52 亿美元，发行前总股本为 512 766 773 股，发行后总股本为 522 766 773 股（未考虑期权及超额配售权）。发行完成后，江南春在分众传媒的持股比例为 17.38%。

2006 年 9 月第四次公开发行

发行规模为 2 459 345 份 ADS（1 份 ADS ＝10 股普通股），全部为存量发行，出让方为前聚众传媒主要股东。发行价格为 57 美元/ADS，承销商折扣为 0.85 美元/ADS，发行前总股本为 533 983 093 股，发行后总股本为 533 983 093 股（未考虑期权）。发行完成后，江南春在分众传媒的持股比例为 16.48％。

2007 年 1 月第五次公开发行

发行规模为 6 655 700 份 ADS（1 份 ADS ＝10 股普通股），其中新发股份 1 500 000 份 ADS，存量发行 5 155 700 份 ADS，出让主要股东为前聚众传媒股东以及前框架传媒股东，发行价格为 79.5 美元/ADS，承销商折扣为 2.385 美元/ADS，公司发行净筹资额为 1.16 亿美元，发行前总股本为 542 627 083 股，发行后总股本为 557 627 083 股（未考虑期权及超额配售权）。发行完成后，江南春在分众传媒的持股比例为 12.4％。

2007 年 3 月收购好耶广告

好耶广告总对价不超过 1.83 亿美元，其中现金对价 3 960 万美元，股份支付 22 557 003 股分众传媒普通股（按照每股 2.456 美元，即每份 ADS 24.56 美元定价，价值为 5 540 万美元）。此外，与未来业绩挂钩的潜在股份支付约为 35 830 619 股分众传媒普通股（按照每股 2.456 美元，即每份 ADS 24.56 美元定价，价值为 8 800 万美元）。

2007 年 4 月变更 ADS 和普通股转换比率

变更前比率为 1 份 ADS ＝10 股普通股。

变更后比率为 1 份 ADS ＝5 股普通股。

2007 年 11 月第六次公开发行

发行规模为 13 720 873 份 ADS（1 份 ADS ＝5 股普通股），其中新发股份 5 000 000 份 ADS，存量发行 8 720 873 份 ADS，出让

主要股东为前框架传媒股东，发行价格为 64.75 美元/ADS，承销商折扣为 1.942 5 美元/ADS，公司发行净筹资额为 3.14 亿美元，发行前总股本为 618 144 062 股，发行后总股本为 643 144 062 股（未考虑期权及超额配售权）。发行完成后，江南春在分众传媒的持股比例为 10.53%。

2010 年 9 月第七次公开发行

发行规模为 8 100 000 份 ADS（1 份 ADS =5 股普通股），全部为存量发行，出让方为江南春，发行价格为 18.9 美元/ADS，发行前总股本为 715 886 975 股，发行后总股本为 715 886 975 股（未考虑期权及超额配售权）。发行完成后江南春在分众传媒的持股比例为 14.05%。

2013 年 5 月私有化退市

Giovanna Acquisition Limited（为进行私有化而专门成立的控股公司）以每普通股 5.50 美元或每 ADS 27.50 美元的价格收购 FM-HL（分众传媒的上市主体），收购金额较分众传媒 2012 年 8 月 10 日每 ADS 23.38 美元的收盘价高出 17.6%。

此次私有化，收购方对分众传媒的估值（含已发且尚未行权的期权）约为 37.37 亿美元，发生私有化费用为 1.15 亿美元，对应 2012 年度公司 2.38 亿美元的净利润以及年末 14.68 亿美元的净资产，公司退市时静态市盈率为 15.70 倍，市净率为 2.55 倍。

此次私有化，新进入的 PE 机构（包括凯雷投资、方源资本、中信资本、光大资本）现金出资 11.81 亿美元，原股东江南春、复星集团和高管以持有的原上市公司股票出资 11.17 亿美元，Giovanna Acquisition Limited 申请银团贷款 15.25 亿美元，合计 38.76 亿元。

私有化完成后，FMHL 吸收合并 Giovanna Acquisition Limited，银团贷款则全部转入 FMHL 名下。

规则与理性

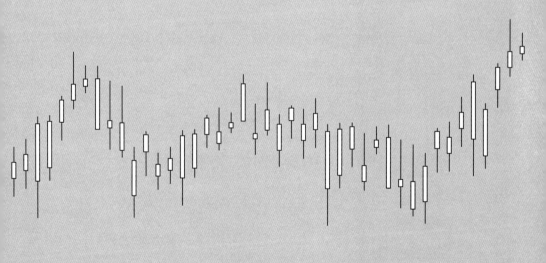

随着国内证券市场调整和监管政策转向，轰轰烈烈的海外中概股回归与投资热潮已趋于平静。但是，在这看似平静的表象下，中概股公司无论是出于本土化的战略选择，还是基于跨境套利的市场冲动，回归的愿望都并未就此消失。

之所以如是说，一方面是因为一批已经回归但尚未登陆 A 股的公司还在积极谋求上市；另一方面是因为已经宣布回归或是已经做好回归准备的公司，并未彻底放弃"A 计划"梦想，仍在等待"东风"到来。

可以预见，一旦政策环境转变，或是市场条件允许，中概股回归必将再次开启。这背后折射出的既有对战略选择的坚韧，也有对估值套利的追逐。无论是中概股公司、投资者进行市场决策，还是监管者进行政策选择，都应坚持理性思维和公平规则，这是资本市场趋于成熟的标志。

中概股： 回归冲动与理性抉择

作为曾经的资本市场明星，经历海外上市荣耀的中概股公司，不管当下在海外证券市场如何尴尬与艰难，或是回归 A 股市场面临怎样的吸引与冲动，回归决策都是一项关乎公司长期发展，甚至成败的战略性选择。基于简单套利思维出发，进行草率决策，最终都是要付出高昂代价的。

客观而言，一部分中概股公司在海外市场确实没有得到国际投资者的真正认可，这制约了公司的发展和战略实现；也有一部分公司因价值被严重低估，进而影响公司再融资和发展计划的实施。而与此同时，当然也有一部分公司在海外市场的估值并不算太低，尽管可能略微低于中国作为新兴市场的估值水平，但对公司价值的评判是相对公允的。这类公司是否应该回归，或是否有必要选择回归，要仔细思考、慎重选择。特别是那些登陆海外证券市场只有一两年时间的中概股公司，在国际市场还没有充分认识到公司价值的时候，就匆忙选择回归，没有战略决策的定力，盲目跟风，甚至只是紧盯国内外市场的估值差，忽视公司战略，这样的思维和选择一定是不可取的。

以理性的态度，从公司发展战略需要的高度出发，站在更长时间周期角度，客观评估公司未来发展环境，才能做出理性决策。漫长的回归周期、再次上市的不确定性、多变的市场环境、不明确的监管政策都将危及公司生存。因此，投机思维、短线考量、冲动决策，忽视回归与再上市过程中的困难与风险，以及由此可能给公司带来的巨大负面影响，都可能断送一家基础良好的公司的未来发展前景。

投资者：专业研判与理性决策

在过去两年多里，投资回归中概股曾是各路投资者最关注的热点话题之一。在市场最高潮的 2015 年，当时如果没有投资回归中概股，几乎就成为投资观念落伍或是没有抓住投资机遇的代名词。因此，无论是专业投资机构、个人投资者，还是金融机构、A 股上市公司，纷纷涉足回归中概股投资，市场一派狂热景象。

然而，这真是理性的选择吗？显然，这是很不正常的。首先应该肯定的是，有很多中概股公司资质优良，作为优质的投资标的，具有很好的成长性与投资价值，如互联网领域的阿里巴巴、腾讯、百度、京东、新浪、搜狐、网易，还包括医药、新能源等领域的优质企业，它们为国内投资者提供了很多投资机会，让国内投资者分享这些企业快速成长的价值。

此外，大部分中概股公司在海外证券市场经历了持续的规范性运作，熟悉并遵守国际市场规则，具有很好的诚信意识与行为习惯，不太会成为投资者可能踩踏的"地雷"，正如一些投资者所言，中概股公司大都是"白马"，而不是"黑洞"。

然而，尽管回归中概股公司的基本面健康，信息更透明，治理也更规范，但这并不代表投资就没有风险。盲目选择，跟风投资，高价追逐，必然要承担不应有的风险，尤其是对非专业投资机构和普通个人投资者而言，更容易出现问题。

正如本书前文所述，将投资机会层层加价，对收益层层盘剥，再加上不可控的上市周期，普通个人投资者盲目参与投资中概股，以及各类资产管理计划、信托计划、理财产品等包装的相关金融产品，是潜藏巨大风险的。尤其是，近年来发展起来的各类资产管理机构，面对复杂的回归中概股公司，连其自身都未必真正弄清楚了投资风险所在，便向普通个人投资者销售资产管理产品份额，更可能将投资者带入歧途。

即使是有一定风险识别和风险承担能力的上市公司、实体企业，如果轻率做出投资中概股的决定，也可能带来不利的后果。一些上市公司动辄投资几亿美元，如果中概股公司不能如期上市，投资无法顺利退出，将直接影响公司正常经营，尤其是那些现金流较弱、负债率已经很高的公司。将经营性资金挪作中概股投资，更多是投机性安排，这种"短期投机"最后很可能演变为"长期投资"，挤压公司正常业务经营所需资金，非常不利于公司健康发展。目前，市场上已投中概股投资份额、各类中概股投资"收益权"转让市场暗流涌动，就是这种窘境的真实反映。

因此，无论投资回归中概股是处于高潮期，还是平静期，市场和监管政策是鼓励还是不欢迎，投资者都应该结合自身实际，进行专业分析、科学判断，并做出理性的投资决策。

监管者： 政策连续与规则透明

中概股回归从兴起到平静，期间市场与政策风向转变之快不仅令中概股公司感到困惑，也让很多投资者措手不及。尽管中概股回归牵涉证券监管、外汇管理、跨境投资等诸多部门，是一项需要协调的复杂性工程，但无论是站在投资者的角度，还是站在回归公司的角度，如何保持政策的连续性、清晰性，以及政策传递的及时性，是保持市场平稳、有效率的关键。

从 2015 年至今，对中概股回归的政策明显缺乏连续性，从支持与鼓励，到沉默，再到"不欢迎"，都在这一短短的时间周期中发生。一些中概股公司几乎是刚刚宣布私有化计划，便已发现回家之路已经不再通畅，而一些投资者则是刚刚落子，就发现投资难以尽快收回，政策变化成了最大的变数。短时间内变化过快的政策是不利于资本市场健康发展的。

从政策的清晰性来看，也有值得反思和改进之处。首先，尽管政策取向转变是国家调控和管理市场的权利与职责，但这种政策变化应及时地传递给市场和投资者，以引导公司和投资者及时进行科学决策，并采取合理行动。其次，政策选择应该被清晰传递，而不能含混不清、模棱两可，否则也会造成误导，或是市场理解的误区。

目前来看，对中概股登陆 A 股问题，监管政策取向是不支持"借壳上市"，不支持相关的资本市场炒"壳"行为，但并不反对与境内公司一样申请 IPO。也就是说，上市的大门并未真正关闭。然而，投资者在市场上得到的印象是：中概股回归 A 股上市被"封杀"，国家不欢迎这些公司回归 A 股，甚至一些官员在公开场合的发言，也直接传达出类似的想法。因此，各种传言满天飞，媒体中的一些标题党借机热炒，吸引眼球，舆论莫衷一是。对建设一个健康、成熟、稳定的资本市场而言，这都是有百害而无一利的。

具有连续性的稳健政策安排，及时透明的清晰政策宣示与传导，给予所有市场参与者公平的国民待遇，这才是证券市场建设与监管的基本要义。以笔者浅见，基于统筹全局的考虑，制定清晰完整的监管规则，既不排斥借壳上市，也不偏爱 IPO，合规者上，违规者罚，引导中概股理性选择，有序回归，这才是正确选择。

喧嚣的中概股回归与投资市场归于相对平静，但这也许只是暂时的，夏天已经来了，希望也许正在金秋中孕育……